Studies in American Civilization

美国文明研究论丛

从亚当斯到杰克逊
——美国早期精英政治的兴衰

钱满素　主编
汪　凯　著

中央编译出版社
Central Compilation & Translation Press

图书在版编目 (CIP) 数据

从亚当斯到杰克逊：美国早期精英政治的兴衰 / 汪凯著.
—北京：中央编译出版社，2016.1
（美国文明研究丛书 / 钱满素主编）
ISBN 978-7-5117-2831-9

Ⅰ.①从… Ⅱ.①汪… Ⅲ.①亚当斯，J.Q.（1767～1848）-政治思想-研究 ②杰斐逊，T.（1743～1826）-政治思想-研究 Ⅳ.①D097.12

中国版本图书馆 CIP 数据核字 (2015) 第 266341 号

从亚当斯到杰克逊：美国早期精英政治的兴衰

出 版 人：刘明清
出版统筹：董　巍
责任编辑：韩慧强　王媛媛
责任印制：尹　珺
出版发行：中央编译出版社
地　　址：北京西城区车公庄大街乙 5 号鸿儒大厦 B 座 (100044)
电　　话：(010) 52612345（总编室）　(010) 52612363（编辑室）
　　　　　(010) 52612316（发行部）　(010) 52612317（网络销售）
　　　　　(010) 52612346（馆配部）　(010) 66509618（读者服务部）
传　　真：(010) 66515838
经　　销：全国新华书店
印　　刷：北京时捷印刷有限公司
开　　本：880 毫米 × 1230 毫米　1/32
字　　数：187 千字
印　　张：7
版　　次：2016 年 7 月第 1 版第 2 次印刷
定　　价：30.00 元

网　　址：www.cctphome.com　　　邮　　箱：cctp@cctphome.com
新浪微博：@中央编译出版社　　　微　　信：中央编译出版社（ID：cctphome）
淘宝店铺：中央编译出版社直销店 (http://shop108367160.taobao.com) (010)52612349

本社常年法律顾问：北京嘉润律师事务所律师　李敬伟　问小牛
凡有印装质量问题，本社负责调换，电话：010-55626985

本套丛书由江苏高校优势学科建设工程资助

（项目代码 20110101）

总序：探究文明的活力

悠悠三十八亿年，地球上的生命形态从无到有、由低向高，终于进化出人类这一近乎奇迹的结果，对之我们不能不怀有敬畏之心。科学家估计，仅从早期智人进化到现代人就历经漫长的二三十万年，而现代人是惟一幸存的人属。当然，这些数字不可能那么确切，也不是生不满百岁的我们所能体验的。比较确定的是：可以称为文明的人类历史不过五千年，人类作为一个物种还很年轻。

在饥饿的驱使下，这个头脑发达、直立行走的裸猿不止一次地走出东非大裂谷，勇气非凡地散向全球各地。一切生物存在的不二法则就是适应环境，人类各群体在适应其所在自然环境的过程中，逐渐发展出了各自不同的生活方式——物质的、精神的，还有社会组织形式，这就是文明的孕育过程。所有的文明都是人类整体文明的一部分，具有某些共同的性质，否则就不能称其为人类了。人类是高智商的，但不是完美的，他智慧而狂妄，富于攻击性，动辄诉诸武力。各文明内部充满争斗，乃至残忍的杀戮；不同文明遭遇时也一样，虽有和平融合，更有暴力冲突、征服消灭，这是人类所继承的动物基因所决定的。好在越来越多有理性的人类正在试图摆脱这一宿命，以和平的方式来解决各种问题。

文明的分类颇为复杂，有的已经消亡，有的正在兴旺；有独立发展形成的，也有其他文明派生出来的"卫星文明"。美国文明一般被置于现代西方文明的大框架内，但还是有其鲜明的特点：它创建于启蒙时代，最具理性的构思设计；它没有需要甩掉的历史重负，而是充满好奇和活力地面向未来。这一人类最为年轻的文明自形成后一路高歌，发挥着日益扩大的全球影响。

对任何一种文明来说，最关键的是其初始阶段，即基因产生之际，这一点在欧洲人殖民南北美洲的历史中尤为明显。一旦胚胎形成，以后的发展便往往遵循最初刻下的轨道，除非外族入侵、自然灾害等猝然降临，才会诱发基因突变。文明基因的产生既有其必然，也有其偶然，美国文明是英国的基因在北美新大陆自由空间中的变异，而它形成的机遇则是15世纪末美洲新大陆的发现。

没有哥伦布发现新大陆，就不可能有美国，这是从时间上定义美国——它是一个产生于现代的国家，跳过了史前、古代、中世纪等历史阶段，直奔现当代而来。当然，哥伦布并非第一个进入美洲的人类，早在最后一次冰期，人类就从西伯利亚经白令海峡陆桥进入美洲，而且可能还不止这一个途径，基因研究表明，早期人类也有可能从欧洲和爪哇等地进入美洲，只是由于大陆板块的漂移，美洲与欧亚大陆彼此隔绝长达万年，相互不知对方的存在。这里重要的不是谁最早发现了美洲，而是谁的发现导致了最大的影响。毫无疑问，哥伦布在1492年踏上美洲大陆的意义绝非早期进入的人类可比，这次发现不仅打通了欧美两大洲，还将地球上各自为阵的人类整合成一个世界，从此改变了人类的视野和生活。究其原因，离不开文明发展的落差，地理大发现时的西欧文明已经强大到足以改变美洲，他们的知识结构和科技水平都远高于原住民。假设反过来，15世纪的美洲文明水平高于西欧，那么登陆后的哥伦布船队又会遭遇何种结果呢？也许就是美洲人来叩开欧洲的大门了。

英国并不是第一个殖民美洲的西欧国家。当时的海上霸主是西班牙，哥伦布是受了西班牙女王伊莎贝拉的赞助才发现了美洲，虽然他本人以为到达了目的地印度，于是便有了奇怪的"东印度、西印度"

之称，原住民也莫名其妙地成了印第安人。西班牙、葡萄牙，还有荷兰、法国，都争先恐后来到美洲开疆辟土，掠夺财富，横扫了中南美洲的印第安文明。西班牙和葡萄牙签订协议，狂妄地瓜分美洲，他们将本国的人口、君主制和天主教移植到此，开始直接的殖民统治。

直到1588年战胜西班牙无敌舰队，英国才有了更多插手美洲的机会，这时距离新大陆的发现已近一个世纪。有人问起：英国派了哪个将军、多少部队前往北美为殖民开道？学历史需要想象，而想象往往基于头脑中已经储存的信息，这一联想大概来于鸦片战争。答案是否定的：没有军队，因为没有这个必要。当时的北美大陆上不存在国家，不存在政府，当然也没有军队。原住民尚处于部落和部落联盟的组织形式，他们人数不详，估计不足千万，也就是不到今天北京人口的一半，想来是山南海北，踪迹难觅。他们散落在整个北美大陆上，主要以狩猎为生，逐水草而居。他们有语言而无文字，有陶器而无铁犁，也没有土地私有的概念。殖民者初到时和原住民一样，都只是随时准备自卫的平民小群体。

英国在北美的殖民与在印度不同，不是去统治原住民，那里也没有南美的财富，英国是放手让移民去荒原上开辟自己的居住区，从而扩大英国的海外领地。作为新教国家，英国的殖民也从一开始就与南美不同，新教具有权力分散的特点，陆续建立的十三个殖民地虽然成立时方式各不相同，有皇家特派的，有以公司名义建立的，还有作为领地的，但具体的治理方式都是地方自治。弗吉尼亚的第一拨殖民者创建了北美大陆上第一个议会，英国议会政治在此扎根。史称"朝圣者"的第二拨移民在到达普利茅斯前，就在五月花号船上签订公约，宣布了立约自治和依法治理的政治原则。第三拨移民是一批有组织有理想有纲领的清教徒，他们创制的"新英格兰方式"更是奠定了美国文明的基础。不同的文明基因就此在北美和南美分别播种、成长、发展，形成了如今南北美洲的不同景象。

但是，既然人类文明是适应环境的产物，英国文明就不可能在新环境下保持原样不变。适合人口密集区域的领主与佃农的土地契约关系，到了广袤的自由土地上便很难维持，谁能阻挡人们去一望无边的"无主土地"上开垦自己的家园呢？人口的分散使自上而下的教会管束变得不那么容易，牧师们对几十英里外的教徒鞭长莫及，而教会自治本来就是新教的信念。在这个自耕农占大多数的社会里，个人摆脱人身依附，自由自主被认为理所当然。随着社会等级的藩篱被打破，人们对自由平等的向往水涨船高。然而，在种种新关系的形成中，劳动力的匮乏导致了黑奴的输入，给这个原本比较健康的文明带来了严重的出生缺陷。

在长达一个半世纪的殖民时期里，大部分北美人享受了自治的权利，习惯了自治的方式，任何来自大洋彼岸的国王和国会的干预都变得越来越无法忍受。他们的政治思想日臻成熟，超越了王权专制，他们对共和的信念精炼地表达在1776年的《独立宣言》中。独立战争使他们最终挣脱了英国的统治和王权的束缚，赢得彻底的自治权。接着，他们将自己的理想付诸实现，成立了现代世界第一个超大型共和体制——美利坚合众国。

为了一个更完美的联邦，他们反复斟酌，精心制定宪法，作为新国家的根本大法。在限制政府权力和保障公民权利上，宪法设置了一系列巧妙的关卡来分权制衡，既要保证国家的稳定，又要保护公民的创造力。在19世纪结束前，新世界的美国人一直以代表未来的姿态反观旧世界，保持着警戒之心。

239年过去了，美国经历了无数次考验：西部开发既有拓荒者的艰辛，也包含对原住民的无情驱赶，还有耀武扬威的侵略战争；一场无比惨烈的内战结束了奴隶制，而南方的重建又伴随着尖锐的种族冲突；多次规模空前的移民潮冲击，大量身无分文的贫民从世界各地涌向这"穷人的乐园"，带来了不同性质的文化和生活方式，有待磨合相融；还有工业化、城市化、大萧条、世界大战……等等。如今，它的疆土扩大了不止三倍，人口从三百万增加到三个亿，经济繁荣，科技发达，稳居世界榜首。美国人以四年重复一次的总统选举替代了王朝兴衰的重复，有效地避免了破坏性的社会震荡，这办法看似简单，却蕴含着巨大的智慧，体现了全社会高度的政治共识。于是我们看到一个似是而非的美国：表面上常现混乱，却并不妨碍它根基的稳定；内部的反对者层出不穷，却从无将其推倒重来的企图，因为天下已经为公。每次面对问题与挑战，美国人以实用主义的心态，寻找解决之法，也每每能有惊无险，继续前行。这一切的奥秘在于，自我更新所需的竞争与变革机制就设置在合众国宪法之内——人民的自决权、官员的竞选产生、宪法的修正案等。若无宪法对自由、开放、多元的保障，美国就不可能保持活力，也就不可能如此稳定，哪一个专制王朝能够在开国239年后不陷入内乱外患的颓势呢？事实上，美国建国后的体制与殖民时期一以贯之，如果加在一起，已经超过四百年。

汤因比在《历史研究》序言中剖露了自己作为一个史学家的良知："在1915和1916年，我学校中的朋友、同事约有一半死于战争。在其他交战国当中，我的同代人死亡的比例也不亚于此数。我在世上活得越久，我对恶毒地夺走这些人生命的行为便越发悲痛和愤慨。我不愿我的子孙后代再遭受同样的命运。这种对人类犯下的疯狂罪行对我提出了挑战，我写这部书便是对这种挑战的反应之一。"汤因比活到了1975年，目睹第二次世界大战的浩劫后，想必他更加发奋著书。当我们将人类不同部分纳入一个整体来观察研究时，我们更容易超越国界，突破自身局限，摆脱自我中心，在平等的基础上客观对待其他文明，而不是那种妄自尊大，居高临下，以各种借口挑动文明斗文明，给人类造成灾难。历史上的教训已经太多了。

在研究各种文明的兴衰后，汤因比发现："自决能力的丧失是判断文明衰落的最终标准。"任何文明在走向解体之前，必先经历停滞，而停滞的先兆就是封闭。当个体的自决权被取消，当一个社会统一到毫无异议，便意味着这个社会不再有创造力，也就失去活力。无论处于何种发展阶段，一种长期停滞的文明在具有活力的外来文明冲击下都是不堪一击的。美国文明还能走多久，完全在于它是否能保持其活力，继续容纳多样性，拒绝封闭。

文明研究，包括美国文明研究，在国内还是一个比较新的学术领域，有待大家的探索。本丛书是南京师范大学美国文明研究所的最新成果，它们跨越了美国四百年历史，涵盖多个重要题材：从美国的精神源头清教开始，延伸到社会的世俗化进程、自治传统的保持、政党政治的形成、对教育的高度重视，以及现代社会保障及福利制度的形成演变，试图对认识这一文明本身作一些深入的努力，希望能引起读者的兴趣和批评。

目录
Contents

总序：探究文明的活力　　　　　　　　　　　　　　1

导论　　　　　　　　　　　　　　　　　　　　　001

第一章　精英政治与北美殖民地的精英政治传统　　014

第二章　约翰·亚当斯：美国早期精英政治的理论家和忠实倡导者　028
　　第一节　亚当斯政治思想来源及其体现　　　　030
　　第二节　亚当斯政治思想的形成与发展　　　　040
　　第三节　美国宪法原则与亚当斯的政治思想　　053
　　第四节　亚当斯精英政治思想的实践及其影响　067

第三章　托马斯·杰斐逊：美国早期政治的改革者　084
　　第一节　杰斐逊民主的思想根源　　　　　　　086
　　第二节　杰斐逊民主的保守性　　　　　　　　091
　　第三节　杰斐逊民主的两面性　　　　　　　　118

第四章　亚当斯与杰斐逊的对立　　　　　　　　　　124
　　第一节　对法国大革命的分歧　　　　　　　　　125
　　第二节　政府组织原则的分歧　　　　　　　　　136
　　第三节　分歧的实质　　　　　　　　　　　　　146

第五章　安德鲁·杰克逊：美国大众政治的开创者　　150
　　第一节　杰克逊时代精英的衰落和大众的崛起　　153
　　第二节　杰克逊及其民主的内涵　　　　　　　　158
　　第三节　杰克逊民主与杰斐逊民主　　　　　　　168
　　第四节　杰克逊民主的影响　　　　　　　　　　174

结语　　　　　　　　　　　　　　　　　　　　　184
参考文献　　　　　　　　　　　　　　　　　　　189
后记　　　　　　　　　　　　　　　　　　　　　197
索引　　　　　　　　　　　　　　　　　　　　　200

导 论

纵观美国历史，其建国距今不过区区两百来年，如果算上最早的殖民者到达北美大陆，也不足四百年。但是就在这几百年间，美国完成了从分散到统一继而走向强大的过程。九层之台，起于累土，殖民地时期到建国时期是美国发展的重要阶段，主要的民主思想、政治理念、建国原则等均在此时形成，为整个国家以后的发展奠定了基础。因此，对这一阶段的历史进行深入研究可以从本质上理解美国民主政治的发生、发展和演变，也可以为了解当前美国社会流行的社会思潮提供参考，并对其发展趋势作出合理的预判。

与美国历史上其他时期相比，殖民时期显得十分重要，尽管它只有一百多年，"但这还不仅仅是个时间长短的问题，更重要的是这个时期是美国民族的初创阶段，或者说奠基时代，故而孕育了美国日后发展的所有基因，决定了美国的未来。"[1] 当第一批清教移民来到北美大陆时，他们也带来了一整套传统的英国治理模式。与英国的清教徒为信仰而不惜诉诸武力所不同的是，移居北美的清教徒们只需按照自己的意愿来建立自己理想的国度，上帝的选民与建立山巅之城[2]的使命感是支持清教徒在荒野之地生存下去的坚定信念。由于新大陆幅员辽阔，任何信仰都能在此地找到容身之所，哪怕与清教格格不入的学说也是如此。对此，

---

[1] 钱满素：《美国自由主义的历史变迁》，三联书店 2006 年版，第 4 页。
[2] "山巅之城"出自圣经《马太福音》第五章 14-16 节，原文如下："你们是世上的光。城造在山上，是不能隐藏的。人点灯，不能放在斗底下，是放在灯台上，就照亮一家的人。你们的光也当这样照在人前，叫他们看见你们的好行为，便将荣耀归给你们在天上的父。"

史学家丹尼尔·布尔斯廷（Daniel J. Boorstin）认为，"在英国，一场会导致清教内部产生一个新教派的争论，在新英格兰却只会产生另一块殖民地。周围广袤无垠的空地和荒野使新英格兰的牧师们无需在自己的神学中形成容纳变种的宽容性……"[1]新英格兰清教的宽容有具体的历史、地理原因，但这并非意味着清教信奉绝对的自由，在对异端的迫害上，清教是毫不宽容的。一些史学家认为清教的不民主或是寡头政治，实际上限制了美国民主化的进程，考虑到当时的传统和现实，这种观点难免有失偏颇。众所周知，清教徒在欧洲遭受的迫害是他们背井离乡的主要原因，正因为有切肤之痛他们才会分外珍视这荒野之地的自由，也无法容忍弥足珍贵的信仰受到异端邪说的冲击。另外，移民初到北美时遭遇到的恶劣的自然环境，以及由此产生的非自然减员，使得诸如约翰·温斯罗普（John Winthrop）等清教领袖们决意通过维护信仰的纯洁性和惟一性来凝聚人心，从而站稳脚跟。实际上，清教所谓的寡头政治并非维护专制制度，它所反对的也不是民主制本身，它的不民主主要体现在对直接民主的反对，或者说是对普通民众的不信任。从根本上而言清教民主政治属于精英政治的范畴，它认为当时的民众还无力自治，这一点可以从清教神职人员的产生方式、信徒资格的确立等看出。温斯罗普在1645年的一次集会中将自然自由与道德自由作了区分，对这两种自由，史学家埃里克·方纳（Eric Foner）认为，"前者是'一种走向邪恶的自由'，而后者则是'一种只行善事的自由'。这种自由定义的基础是对自我的否定和对道德的选择，与当时那种对言论、宗教、运动和个人行动自由的严格限制是非常吻合的。"[2]这是自由相对性的体现，也是清教民主相对性的体现。在清教统治的殖民地，权威不容许蔑视，否则会被科以刑罚。由于清教的特殊成因和发展，使得其本身充满了悖论，它一方面强势地控制信众的意识形态，另一方面则显示出民主的特点。虽说清

---

[1]〔美〕丹尼尔·J.布尔斯廷著，时殷弘等译：《美国人：殖民地历程》，上海译文出版社1997年版，第11页。

[2]〔美〕埃里克·方纳著，王希译：《美国自由的故事》，商务印书馆2002年版，第24页。

教对待异端毫不宽容,但是在其成员内部则实行宽松政策,最明显的就是代议制的实施。民主选举产生的村镇议会成为地方决策机构,神权政府的成员由从大众中脱颖而出的,少数最优秀的人组成。他们凭借物质和道德上的优势对殖民地民众实行思想上的绝对控制,使得后者不能有丝毫越雷池之举。

清教神权政治通过严格控制信仰,党同伐异,在一段时期内保持了其思想上的纯洁性。但是,随着移民数量的增加,异见者不断出现,清教得以维系的基础开始动摇,如何在不断增长的民众面前保持清教的地位,成为了清教寡头们殚精竭虑的问题。这说明,少数精英再也不能像以往那样独断专行、我行我素了,他们开始适应大众化社会的潮流,开启了清教世俗化的进程,这也表明出民主政治在殖民地已经出现了初步的萌芽。1730年代殖民地出现的大觉醒(Great Awakening)宗教复兴运动,不仅没有强化清教的统治,反倒从客观上提高了普通信众的地位。随着清教世俗化进程的加快,其所包含的民主、自由的色彩日益凸显,民主思想在殖民地不断延续。

清教的民主基因得到传承,殖民地的民主意识空前高涨,然而英国政府对待北美一贯采用打压政策,试图将殖民地变为政治上没有发言权的附属。对此,视维护自由为己任的有识之士纷纷撰文,在批判英国的同时也极大地唤起了民众对政治的参与热情。史学家伯纳德·贝林(Bernard Bailyn)在《美国革命的思想起源》中对流行于革命时期的思潮进行了深入细致的分析。通过选取舆论宣传的主要工具——小册子作为研究对象,贝林发现这些看似凌乱、随意的宣传形式实则具有鲜明的主题和明确的目的,即其一,英国政坛业已腐败,直接表现就是对殖民地肆无忌惮的压迫;其二,殖民地的使命在于恢复原本纯洁的政治体制,以有效地抑制腐败。阴谋论和使命论是贯穿于革命论战始终的两大要点,一些原本在英国毫无市场的思潮,如乡村派思想在北美却大行其道,成为革命者理论的主要基础,并且在实战中作用明显。为何这些并非新生事物的革命理论受到革命者不遗余力的宣传，并且产生了数量如此庞大的受众？究其原因还是在于受萌芽于清教时期的民主思想的影响。从为了实现山巅之城的目标而建立殖民地到村镇自治制度，从对思想严格控制到教会制度的改革，清教神权政治的这一系列变化使人感受到，先前远离民众的政治逐渐受到提倡并成为他们生活中的重要部分，民众不再被动地受制于精英，政治精英们在议政的同时也必须考虑民众的情感与诉求，革命期间许多小册子的宣传对象就是普通民众，目的是激起他们对母国的反感，从而为新的革命方式奠定群众基础。

在林林总总革命著作中，后来成为美国独立后第二任总统的约翰·亚当斯 (John Adams) 撰写的《论教规和封建法》(*A Dissertation on the Canon and Feudal Law*) 无疑是殖民地人民追求自由、民主的典范之作，它充分表明了当时民主思想在殖民地已经深入人心。亚当斯的立论之处在于美洲自清教以降的自由传统，即移民到达新大陆的根本原因。正是由于此文的强烈民主意识，它在反印花税的斗争中发挥了奇效。尽管亚当斯并非严格意义上的清教徒，但由于家庭背景以及所接受的教育，亚当斯亚继承了许多清教精英政治的主张，在去除了其专制、垄断的消极面的前提下，突破性地将其中的理性、秩序、平衡的因素发扬光大，形成自己独特的民主思想。亚当斯身上体现了许多精英政治的特色，其表现在于维护既定的秩序，通过和平的手段实现革命的目标，反对一切诉诸暴力。因此他总能在群情激奋之时保持清醒的头脑，有时甚至是与大众背道而驰，他在波士顿惨案中的表现是为一例。当然，这种态度并非是脱离大众，它实际上充当的是大众情绪狂热之时的镇静剂。因为群体的热情一旦被煽动，革命者固然可以从中实现目的，但若不加注意，民众的激情瞬间便会失控从而导致难以预料的后果。

美国建国之后，亚当斯和亚历山大·汉密尔顿 (Alexander Hamilton) 等联邦党人在构建新政府的计划中充分借鉴欧洲古典政治传统，将分权与制衡的原则淋漓尽致地发挥了出来，并由此确立了美国民主的内涵。这种成果也是通过唇枪舌剑的论战取得的，只不过这一次是在内部。在当时的历史背景下，联邦党人代表工商利益，维护联邦权而非州权。他们认为，一个统一的合众国能更好地维护法律，促进经济，实现国家的长治久安。联邦党人的代表在当时的美国政坛具有极大的影响力，他们以华盛顿和富兰克林等德高望重的人物为后盾，以一批年富力强且善于运作的人物如亚历山大·汉密尔顿、詹姆斯·麦迪逊 (James Madison) 和约翰·杰伊 (John Jay) 等为得力干将，以《纽约邮报》等报刊为阵地，向美国民众发动了声势浩大的宣传攻势。相比之下，反联邦党人大多是农民和产业工人，就凝聚力而言，反联邦党人缺乏有足够政治影响力的人物作为代表，其中有些人甚至达不到参加选举代表所要求的财产数额。在这场力量对比悬殊的较量中，孰胜孰败一目了然。联邦党人以自身的魅力，严密的组织以及上层的支持而获胜，而反联邦党人则被看作是失败者，逆潮流而动之人。但是实际情况并非简单的成王败寇，两派之间的论争其实质是精英与大众的一次对垒，联邦党人位高权重，大多出身富有之家，代表东部政治精英，反联邦党人多是无名之辈，他们充当的是大众的代言人。虽然后者缺乏有效的组织和杰出的人物，但他们凭借直觉和已有的思想积累，敏锐地感觉到了大政府、集权制对大众可能产生的负面影响，并以此为依据来质疑联邦党人的观点。虽然他们在与联邦党人的论战中失败了，但值得庆幸的是联邦党人并未忽视他们的担忧，而是以审慎的态度来考量其观点，在随后的宪法制定过程中充分考虑了统一、强大的中央政府对州以及个人会产生的消极影响，并将这些观念贯彻至宪法的指导思想中。一些措施，如两院制、官吏的人数、产生方式和任期、权利法案等，都渗透着反联邦党人的思想和智慧。赫伯特·J. 斯托林 (Hebert J Storing) 在《反联邦党人赞同什么》一书中认为，"反联邦党人至少看来有兴趣作为前现代、前工业以及前自由世界残留原则的辩护人。……反联邦党人是传统意义上的自由派。"[1]的确，反联邦党人这个标签很容易招致误读，实际上，他们并非彻底地反对联邦制，反对宪法，从根本上而言，他们充其量只能算是联邦主义者阵营中的保守派。他们立足于传统自由观，以维护个人自由，州自由为己任，对强大的中央政府可能产生的消极作用保持着高度的警惕。但是他们并不主张分裂联邦，取消宪法，当联邦党人承诺将权利法案加入宪法后，他们也表示接受。这场精英与大众的第一次交锋最终以后者的妥协而结束，独立后的美国消除了争端，在精英们的带领下逐渐走上了正轨。

精英主导政治的好处在于其理性，深受欧洲民主思想熏陶的有识之士对既往政治制度的优劣稔熟在胸，故而能精妙地设计出新世界的种种制度以免重蹈旧世界的覆辙。然而，随着民智逐渐开启，处处显示高人一等姿态的贵族政治似乎离民众愈来愈远。第二任总统亚当斯在位时期通过的旨在限制民主共和党人的客籍法和反颠覆法(The Alien and Sedition Acts)，因其带有明显的限制大众参政，压制大众舆论的色彩而饱受诟病。对此，托马斯·杰斐逊(Thomas Jefferson)秘密起草了肯塔基决议案(Kentucky Resolution)，詹姆斯·麦迪逊也起草了弗吉尼亚决议案(Virginia Resolution)，强烈谴责了上述破坏民权的法案和联邦政府无视州权的行为，开启了州权对抗联邦权的先例。另外，亚当斯本人的贵族做派也令反对者深感不满，各地的民众也对联邦政府的重税和高压政策怨声载道，宾夕法尼亚州甚至爆发了农民起义，结果遭到了联邦政府的镇压。精英政治至此在美国已经走入了歧途。联邦党人的错误在于一意孤行地推行精英政治理念，过分强调中央政府的重要性，忽视各州利益，对民众的诉求不加重视，因此当更贴近大众的杰斐逊在1800年取得总统选举胜利时，民众不禁拍手称快。

代表精英政治的联邦党人退出政治舞台后，素来以重农轻商以及亲

---

[1] 〔美〕赫伯特·J.斯托林著，汪庆华译：《反联邦党人赞成什么——宪法反对者的政治思想》，北京大学出版社2006年版，第132页。

民思想著称的杰斐逊很快主导美国政坛。杰斐逊及其支持者将选举胜利称之为1800年革命，这表明他们在刻意与当时的政坛精英们保持距离，以获取民众的支持。从成立民主共和党起，杰斐逊始终以不懈的努力来挑战汉密尔顿和亚当斯派蔑视民众的观念，尤其是汉密尔顿认为民众是一只贪婪愚昧的巨兽的观点。这本是联邦党人为预防多数的暴政所作的辩护之辞，但是时过境迁，他们忽视了民众力量的成长，不信任民众的参政能力。杰斐逊正是以此为突破口，对联邦党人的措施逐条驳斥，并且表达了同情人民，相信人民，政府的首要职责应是维护人民权利的自由主义的政治主张。虽然杰斐逊出身于名门望族，但他本人毫无颐指气使的做派，一直与民众保持最近的距离。他将精英划分为天然的贵族和人为的贵族，他极力反对传统世袭的人为的贵族，在担任弗吉尼亚州长期间，他废除了具有浓厚封建贵族特色的长子继承制（Primogeniture）和限定嗣续权（Entail），使得大土地所有者的财产逐渐被分散，减少了新贵族产生的可能性。尽管由于历史原因，长子继承制度并未真正在北美殖民地生根，但杰斐逊的出发点无疑带有明显的平民化色彩。另外，在像美国疆域如此辽阔的国度能否实行直接民主的问题上，杰斐逊持有坚定的肯定态度。孟德斯鸠（Montesquieu）认为直接民主只能在小国寡民中实行，杰斐逊坚持认为，在美国这样国土面积广阔的国家，民众有能力选举出德才兼备的代表来行使治理国家的权力。任职总统后，杰斐逊颁布法令取消了直接税，深受西部人民的欢迎。针对前任财长汉密尔顿用国债还国债的做法，杰斐逊通过削减开支，平衡预算来减少不断增长的国债压力，同时也获得了民众的支持。杰斐逊民主的独特之处在于充分吸收了英国自由主义，法国民主，同时以一种浪漫主义的思想来构建农业社会的蓝图。它的胜利与南方社会的认同以及正在崛起的西部民主信仰的普及是分不开的。当然，西部的崛起是一个相当复杂的历史过程，期间所造就的社会阶层也是多种多样，他们只是面对共同的对手（东部精英们）时，才暂时团结在杰斐逊的周围，从而在政治上获得更多的与其经济努力相匹配的重视。然而一嗣时机成熟，他们就会选择自己的政治代言人。

虽然精英政治在杰斐逊派的打击下一蹶不振,但这并非意味着其影响力的消失,杰斐逊本人在就职仪式上表示,"我们都是共和派,我们都是联邦派。"因为尽管杰斐逊派赢得了选战的胜利,一种代表大众的新型的自由主义成了美国政坛的新兴力量,但是它能维持多久,以后又该何去何从,都是未知数。为了保持政策的连续性,杰斐逊沿用了联邦党人倡导的共和主义的原则,力图在党派分歧中保持中立的姿态,避免出现党同伐异的局面,这些在杰斐逊的就职演说中都有明确的表述。更重要的是,曾经被联邦党人用于防止直接民主不良后果的多数的暴政理论也为杰斐逊所用,只不过这一次暴政的主体成为了大城市的暴民,这是杰斐逊出于对工商业的发展会侵蚀美国农业社会的担忧。但具有讽刺意味的是,"当城市'暴民'开始发展时,杰斐逊本人成了'暴民'的哲学偶像,不仅他的普通平等思想受到重视,而且其农业独立理论也受到了重视。"[1] 这种颇为混乱的局面实际上表明,以民主主义者自居的杰斐逊同精英政治理念并未划清界线,反而采纳了原本属于精英的诸多政治理念来为己方服务。虽然杰斐逊对工商业不以为然,但现实的发展使他不得不重新调整政策,承认工商业的必要性,为此后东部和西部的工业发展奠定了基础。凡此种种都表明,成为总统后的杰斐逊已不再是从前稍显激进的民主主义者了,他不再强调精英与大众的对立,而是力图消除两者之间的差异,中和业已存在的矛盾,他的努力也收到了效果。杰斐逊的巧妙之处在于借民主主义之名,行精英政治之实,他与亚当斯和汉密尔顿的分歧不是根本性的,只是对特定概念存在理解上的差异。实际上精英与大众在杰斐逊身上找到了平衡点,他并未抛弃联邦党人的观点,民众也将其视为代言人。加之突如其来的外敌入侵,美国国内主要矛盾发生了转变,英国成为了共同的敌人,人们暂时忘记了内部的差

---

[1] 〔美〕路易斯·哈茨著,张敏谦译:《美国的自由主义传统》,中国社会科学出版社2003年版,第111页。

异而一致对外。杰斐逊以不懈的努力在赢得了国人的尊重的同时，也恢复了与政坛宿敌亚当斯的友谊，这两位美国政坛巨人在晚年尽释前嫌，并于1825年美国国庆日之际先后悄然离世，这当然是一种巧合，但也许在这巧合之中蕴含着某种形式的默契。

　　杰斐逊的农业理想国几经阐释已经发生了很大的变化，继任者麦迪逊除了忠实地执行既定政策，还走得更远，他签署了一系列保护中小工商业的法案，加快向西部扩张的步伐，客观上促进了西部新兴资产阶级的产生。与此同时，麦迪逊竭尽全力带领民众反抗英国的侵略，维护美国的权利。然而，面对民族主义情绪高涨的国民，以精英自居的联邦党人依然坚持倾向英国，对数量不断扩大的民众指手画脚，拉开了与民众的距离。联邦党人的困境根源于其内在的不足，因为他们不明白，"他们（联邦党人——作者注）有关'暴民'的指责也特别荒谬，因为这个'暴民'同他们一样是自由主义的……这就使他们失去了所有无论是保守主义还是自由主义的支持者。"[1] 联邦党人这种观念及其指导之下的言行，客观上造成了分裂社会的结果，与当时面对强敌英国的进攻需要高度团结的形势格格不入，最终只能无奈地从历史舞台上消失。联邦党人的失败说明纯粹意义上的精英政治在封建残余最少，等级观念淡漠的美国失去了市场，他们所起的作用在于在缔造并维护一个统一的联邦，待使命完成后便逐渐消失了。联邦党人失势后，美国政坛也因此消除了表面的分歧，嗣后的詹姆斯·门罗（James Monroe）总统是政治形势的直接受益者，《芝加哥哨兵报》上的和谐时代概括了美国国内的情形。对内门罗与反对派联邦党人达成和解，化解了新英格兰地区从联邦分离的危机，为了鼓励本国工业发展，门罗政府大力推广先进技术的普及，并且大幅度提高关税，保护本土工业免受外国尤其是英国工业的冲击。对外，除了继续加大扩张的力度，他还提出了著名的门罗主义，巩固了美国在美洲事务中的领导地位，宣言所反映出的反干涉、防守的策

---

[1]〔美〕路易斯·哈茨著，张敏谦译：《美国的自由主义传统》，84—85页。

略具有资本主义处于上升时期的民主特点，排除了资本主义发展的外部干扰。

大好的形势让原本淡出的精英们重拾失落的信心，在民众面前将优越感表露无遗。门罗的继任者约翰·昆西·亚当斯（John Quincy Adams）继承了其父老亚当斯的精英政治理念，也许是为了显示贵族政治的高人一等，他甚至刻意与民众保持距离，为此他拒绝了马里兰州一年一度的展览会的邀请，理由是总统必须超越世俗利益。这种姿态在素有等级观念的欧洲大陆或是英国，或许能使民众感受当权者潜在的威信，从而怀有伴随而来的安全感，但在美国显然行不通。亚当斯式的天然贵族的可贵之处在于其超脱的心态，公而忘私且不屑于计较私利，但这也正是其可悲之处。他们以民众的代言人自居，殊不知民情业已改变，民众参与政治的热情也因对于财产限制的淡化而日益高涨。同时北方制造业的发展造就了一大批新兴产业主和工人，加之西部在相对沉默中的崛起以及州政府的影响逐渐扩大，这些都打破了原本的政治均势，使得一方独大的精英政治无法为继。

和睦时期西部、南部成为联邦新的经济增长点，一些在杰斐逊时期就已形成的新兴工商业者队伍进一步壮大。当他们不断上升的经济地位使得他们不再满足于东部精英决定国事时，新的问题出现了。东部与西部的矛盾，南方和北方的矛盾变得突出，虽然密苏里妥协（Missouri Compromise）暂时缓和了奴隶制与工业发展的矛盾，但这绝不是一劳永逸。这些斗争的背后显示的还是大众对精英的进攻，与以往相比，它显得更猛烈，甚至欲将精英置之死地而后快。然而，所谓时势造英雄，历史总是不乏临危受命、力挽狂澜之士，第7任总统安德鲁·杰克逊（Andrew Jackson）便是其一，特殊的身份背景，独特的人格魅力使其立即成为美国政坛的核心，将大众与精英紧密地团结在一起。如果说小亚当斯的形象是学识渊博、经验丰富且沉默寡言，那么杰克逊身上则体现了许多大众的色彩，他出身平庸，缺少足够的教育，性格暴躁易怒，但是却意志坚强，斗志旺盛，能为了目标进行坚持不懈的努力，是一位不折不扣的自我成才的典型，也是民众当之无愧的代言人。1828年，杰克逊在选举中击败小亚当斯当选总统，四年任期届满后他继续谋求连任并以极大的优势如愿。两届任期内，杰克逊创造性地发展了诸多美国政治制度，其中包括总统选举的党内提名制、总统内阁的分肥制、总统搁置否决权的使用、废除合众国银行、打压国会、维护联邦统一等，力度和魄力都是以往不可想象的，这种行政权至上的做法引起了反对者的指责，他们将杰克逊冠名"国王安德鲁一世"，并成立辉格党以示与王权的对立。就连杰斐逊也认为杰克逊性情火爆，不适合做总统，他对群众如此欢迎杰克逊感到很恐惧。但是，杰克逊使得民众的政治热情被煽动到了极致，有的人甚至步行几百英里只为目睹杰克逊总统的白宫就职典礼，在这场被称之为暴民君临天下的运动中杰克逊无疑是最大的赢家。如理查德·霍夫施塔特 (Richard Hofstadter) 所言，"当杰克逊离任时，他已成为了美国社会中、下层心目中的英雄，他们的信念是以平等权利求扩大发展的机会。"[1] 大众队伍的不断扩大，其同质性不断加强，他们不再顺从、追随、尊重那些天然的精英，而是谋求取而代之，不论精英是否接受，这都是现代民主的必然。当杰克逊上台时，传统的精英们纷纷哀叹世风日下，并且成立新的政党以对抗杰克逊的民主党，但面对强势的杰克逊，他们的努力均以失败告终。东部贵族在与西部、南部民众的斗争中全面落败，直至湮没在茫茫的人海中，至此，美国的精英政治至少从形式上已过渡至大众政治。

从表面上看，杰克逊的胜利也就是大众对精英的胜利，但是这种胜利不是非此即彼、你死我活的，因为大众在欢庆之时，他们似乎忽视了对自己的政治偶像的考察。"实际上，就阶级出身而言，杰克逊这位田纳西中部的富翁，他并不是典型的西南部下层民主人士的典型，而是开拓者和上层阶级怪异混合的典型。"[2] 另外，从成长的环境而言，杰克

---

[1]〔美〕理查德·霍夫施塔特著，崔永禄、王忠和译：《美国政治传统及其缔造者》，商务印书馆1994年版，第67页。
[2]〔美〕理查德·霍夫施塔特著：《美国政治传统及其缔造者》，第45页。

逊的家乡北卡罗来纳是杰斐逊民主思想的重要阵地,杰克逊很早便深受杰斐逊思想的熏陶,在许多方面如:自由市场经济、农业立国、小政府等他与杰斐逊看法类似,只是在实行的手段上显得更加激进。以杰克逊第二届总统任期的中心议题为例,他认为金融界精英尼古拉斯·比德尔(Nicholas Biddle)领导下的合众国银行(Bank of the United States)就像一只垄断怪兽不断吞噬劳动人民的利益,并且偏袒制造业,使得包括农业在内的其他行业深受其害,因此必须将其清除才能根治经济中的弊病。在任内他不断发表攻击合众国银行的言论,并将联邦储备分散至各州银行。1836年合众国银行特许状到期后,杰克逊置国会参议院的反对于不顾,毫不犹豫地否决再次授予其特许权,最终使其寿终正寝。对于废除合众国银行的后果暂且不论,其实质说明了杰克逊维护自由市场经济的决心,在这一点上他与杰斐逊之间形成了一致。另外,在就任后的具体措施上杰克逊也并未彻底到推倒与重建的程度。虽然他在竞选之前指责小亚当斯与亨利·克莱(Henry Clay)之间存在肮脏的交易,极力与他们划清界线,将自己塑造成民主主义精神的象征,是以东部贵族为代表的精英政治的死敌。但是待到入主白宫后,他依然沿用上任的政策,并没有大规模更换内阁成员,这种相对保守的方式也表明杰克逊无意颠覆既有秩序,从而使民主改宗。因此,霍夫施塔特认为,"1828年选举既算不上西部对东部的反抗,也算不上边疆部分的胜利……就民主政治的兴起而言,杰克逊的当选与其说是起因倒不如说是结果。"[1]

杰克逊民主是美国民主发展的重要环节,也是关键的转折点,"杰克逊的政治遗产主要是杰克逊民主,亦即大众政治之滥觞。"[2]杰克逊民主的胜利是以传统精英们的失败而实现的。虽然杰克逊民主并非全新类型的民主,但与以往的传统民主观念相比,它具有独特的魅力,它的出现是精英政治为大众政治所取代的必然结果。在这个过程中,清教精英

---

[1] 〔美〕理查德·霍夫施塔特著:《美国政治传统及其缔造者》,第55页。
[2] 钱满素:《美国自由主义的历史变迁》,三联书店2006年版,第37页。

们首先确立起民主的基本准则,即作为自然人所应享有的基本权利。这种民主理想起初只是理论上的,但随着精英们坚持不懈的努力,它逐渐被大众所接受,并成为社会的共识。大众意识最终成形是在现代社会,其形成源自少数精英的培养。对此,阿列克西·德·托克维尔(Alexi de Tocqueville)认为,"十七世纪在美洲定居下来的移民,从他们在欧洲旧社会所反对的一切原则中析出民主原则,独自把它移植到新大陆的海岸上。在这里,民主原则得到自由成长,并在同民情的一并前进中和平地发展成为法律。"[1]这种与生俱来的大众意识是美国民主的坚实基础。其形成过程具有清晰的脉络,它萌芽于清教时期,在革命时期被唤起,建国时期得到进一步发展,到杰克逊时期成形,并对美国政治的走向产生了举足轻重的影响力。它的胜利是在大众与精英的斗争中所取得的,或者说是美国精英妥协的结果。与欧洲所不同的是,精英与大众在美国并非是绝对的对立双方,他们之间也有融合,有时一方甚至能从对方阵营中找到自己的代言人,杰斐逊、杰克逊等在民众心中极具号召力。从纯粹意义上而言,精英与大众在美国已无法分清彼此,但通过考察美国早期政治生活中精英与大众的交锋,我们大致可以发现美国政治的缩影及其民主的实质。

---

[1] 〔法〕托克维尔著,董果良译:《论美国的民主(上卷)》,商务印书馆1995年版,第17页。

第一章
精英政治与北美殖民地的精英政治传统

加塔诺·莫斯卡 (Gaetano Mosca) 在《统治阶级》一书中指出，任何社会都存在着两个截然对立的阶级：统治阶级和被统治阶级。"前一个阶级总是人数较少，行使所有社会职能，垄断权力并且享受权力带来的利益。而另一个阶级，也就是人数更多的阶级，被第一个阶级以多少是合法的又多少是专断和强暴的方式所领导和控制。"[1] 相对于大多数而言，统治阶级具有一定的物质、知识甚至道德优越性。这些杰出者凭借自身的素养，对人数占优的大众发挥着无处不在的影响。无独有偶，奥尔特加·加塞特 (Ortega Y Gasset) 在《大众的反叛》一书中也认为："社会总是由两部分人——少数精英与大众——所构成的一种动态平衡：少数精英是指那些具有特殊资质的个人或群体，而大众则是指没有特殊资质的个人之集合体。"[2] 按照加塞特的定义，精英与大众是社会属性，存在于任何一个社会中，精英以质取胜，大众以量见长，精英有着颇为独特的气质，大众也不乏广泛深入的影响。两者自诞生之日起，便在进行着激烈的博弈，结果也是互有胜负。莫斯卡关于统治阶级的描述同样也具有普遍性，尽管在不同的时代它被赋予了不同的称呼，但其实质依然没有变化。美国第二任总统约翰·亚当斯将统治阶级称为"贵族"，并对其定义如下："我所说的贵族，意思是指那些在社会中能凭借自身影

---

[1]〔意〕加塔诺·莫斯卡著，贾鹤鹏译：《统治阶级》，译林出版社2002年版，第97页。
[2]〔西〕奥尔特加·加塞特著，刘训练、佟德志译：《大众的反叛》，吉林人民出版社2004年版，第6页。

响,决定两个或两个以上投票权的人,这些决定因素包括:美德、才能、学识、态度、健谈、沉默、坦率、保守、相貌、身材、口才……等等。"[1] 无论是"统治阶级"还是"贵族",他们身上都体现了与众不同的特点,换言之,他们是社会中的精英。精英在社会中的存在是多方面的,其中尤以政治领域最为明显。

关于精英的界定学界有许多共识,维尔弗雷多·帕累托(Vilfredo Pareto)在《精英的兴衰》一文中,将精英划分为旧与新两类,前者在斗争中逐渐衰落,主要变现为具有态度温和与非法占有财物、大肆侵吞国家财产的两面性。也即,"一方面它(旧的精英)加重了压迫,而另一方面它维持这一压迫的实力减少了。"[2] 与此同时,新的精英开始出现,他们很快取代旧式的贵族精英,成为西方社会各方面的主宰力量。但是新的精英并非与传统完全脱离,而是脱胎于资产阶级贵族,他们是原有精英中的优秀部分,只不过前者的腐败导致他们走向了对立面。与传统精英铁板一块不同的是,新的精英既包括资产阶级中的优秀分子,也有很大一部分来自于其他阶层。同时,在工人阶级内部,也出现了分化现象,一些优秀分子凭借与众不同的品质脱颖而出,成为新的精英阶层的一员。此时的精英似乎是一个融合了各个阶级的混合体。所以,帕累托指出,"严格地说,这里并不存在一个精英阶层,而是有各种层次,它们共同组成了精英。"[3] 这些新精英在与旧精英的斗争中取得了全面的胜利,帕累托比较了新旧精英的状态,他得出的结论是,"新精英充满活力和朝气,旧精英则疲惫不堪。新精英气吞山河……旧精英幼稚地赞美'团结'。后者遭到打击时不是以牙还牙,反而感恩戴德。"[4] 帕累托在论及新精英的发展时,着重强调了工人阶级所占比重的上升,他认为,"资产阶级出身的领袖与来自工人阶级的领袖在组成新精英时,各自所占的

---

1 Charles Francis Adams, ed., *The Works of John Adams*, (Boston: Little, Brown and Co., 1856), Vol. VI, P307.
2 〔意〕维尔弗雷多·帕累托著,刘北成译:《精英的兴衰》,上海人民出版社2003年版,第42页。
3 〔意〕维尔弗雷多·帕累托:《精英的兴衰》,第64页。
4 〔意〕维尔弗雷多·帕累托:《精英的兴衰》,第69页

比例很可能会有些调整，后者的数量可能会增加，因为工人阶级在愈来愈活跃，愈来愈有文化，也愈来愈强大。"[1] 这就是西方社会不断发展的大众化倾向。特别是人类进入现代，大众化的趋势变得尤为明显，并且成为西方民主制度核心，古斯塔夫·勒庞指出，"群众势力的出现很可能标志着西方文明的最后一个阶段。"[2]

新旧精英的交替是历史发展的必然结果，这种现象背后的推动力无疑来自不断发展、壮大的大众，在近代美国尤其如此。彼时的美国正值社会变革时期，传统英国式的精英受到了来自底层民众的挑战。尽管前者为美国的独立贡献巨大，也因行为上的高风亮节而享有威望，但是后者的崛起使得精英一方独大的局面开始被打破。民众不仅不再对精英言听计从，有时甚至会对他们说不，于是精英便面临着尴尬的处境。欧洲社会也经历过与美国相似的情况，当两方对立时一般都会产生冲突，在极端情况下还会出现战争的结果。美国早期的政治精英却选择了一条与此不同的道路，他们与民众之间达成了诸多一致，并通过不断的努力来将这种关系系统化、制度化，从而对以后产生重要影响。这是大众崛起的必然后果，那么，大众的崛起是否表明曾经长期占据西方社会主流的精英的式微？两者的碰撞又可折射出什么道理？本文通过截取美国建国前后这一关键历史时期，重点考察转型时期美国各种政治思潮的交锋，以约翰·亚当斯、托马斯·杰斐逊、亚历山大·汉密尔顿、安德鲁·杰克逊等美国政坛主宰者的政治思想及主张为主线，着重分析此间大众的社会地位的演变，力图阐明美国从精英政治向大众政治转化的缘由以及由此所产生的深远影响。

美国民主思想的兴起要远早于建国时期，从第一批移民登上北美大陆并扎根于斯起，民主思想便伴随着宗教在殖民地萌芽。清教徒移居北美的原因在于宗教不自由，他们心目中的教会应该是信徒之间的自

---

[1] 〔意〕维尔弗雷多·帕累托：《精英的兴衰》，第59页。
[2] 〔法〕古斯塔夫·勒庞著，冯克利译：《乌合之众——大众心理研究》，广西师范大学出版社2007年版，第38页。

由组合，信徒能够按自己的方式阅读、理解《圣经》，可以与上帝直接交流，从而发现、捍卫真理。这种思想的实质是对个人的尊重，是将个人的发展置于重要地位，其民主性是显而易见的。另外，《五月花号公约》(Mayflower Compact) 所明确的移民"自愿结为民众自治团体"，契约论在清教中的提倡等均是民主政治在北美大陆的先声。清教徒们认为政府（无论宗教抑或世俗）与民众是平等的缔约双方，他们不仅有明确的责任与义务，而且当一方违约时还要受到惩罚。在清教徒的努力之下，罗马教会森严的等级制度在北美被取消，教会的牧师等神职人员都是由选举产生，信徒之间关系平等。就教会与政府的关系而言，虽然清教的将神权置于政治之上，要求世俗政府应服务于宗教，但是在清教徒眼中，宗教有别于政治，不可将二者混淆。这种看似矛盾的态度反映出了清教徒的政治观点，即世俗事务具有相对独立性。就此而言，清教的神权政治实际上不同于欧洲传统的政教合一模式，它也蕴含有民主的成分。伯克维奇认为，"从神学角度看，清教的使命是为适应某一特殊教派的幻想而对基督教传统进行的一次根本改造；从意识形态角度看，它是为满足某一社会制度的需要而设计的舆论模式。"[1] 这是清教自我适应的体现，也在一定程度上体现了其民主性。譬如，对于代议制民主，清教就是直接的践行者，民主选举产生的村镇议会成为地方决策机构，政府由一些少数最优秀的人组成，这反映出民主政治在殖民地已经出现了初步的萌芽。随着民众数量的扩大以及清教世俗化进程的加快，其所包含的民主、自由的色彩日益突出，从半约[2] 到大觉醒[3]，从清教徒

---

[1] 〔美〕萨克凡·伯克维奇著，钱满素等译编：《惯于赞同—美国象征建构的转化》，上海译文出版社 2006 年版。
[2] "半约"（Halfway Covenant）于 1662 年由一部分清教会成员提出，所罗门·斯托达德 (Solomon Stoddard) 牧师认为，殖民地世风日下，人们热衷于世俗物质追求，背离了宗教的初衷。到了第二代移民，教会资格已不被重视，清教政教合一的政权面临严重威胁。对此，清教领袖在 1662 年规定，凡是教会会员的子女都能成为"半会员"，并有机会成为会员。这被称为"半约"。
[3] "大觉醒"（Great Awakening）兴起于 1730 年代，代表人物是乔纳森·爱德华兹 (Jonathan Edwards)，他不仅是斯托达德牧师的外孙也是其衣钵继承者。爱德华兹通过向民众宣扬宗教教义，描绘上帝的愤怒，使得民众纷纷忏悔皈依。

到新英格兰的扬基，都表明民主思想的延续与发展。

虽然清教蕴含有明显的民主基因，但是清教的民主与现代意义上的民主还存在很大的不同。例如在对异端的迫害上，清教是毫不宽容的。史学家丹尼尔·布尔斯廷在《美国人：殖民地历程》一书中，对马萨诸塞州的清教徒不遗余力地迫害贵格会传教士进行了详细地描写，安妮·哈钦森 (Anne Marbury Hutchinson) 和罗杰·威廉斯 (Roger Williams) 也曾因为持不同看法而遭到清教徒的放逐。这种对异端的惩戒是基于清教徒的严格而纯洁的宗教信仰，因为他们在英国受到了不公平的对待，清教徒决定另寻他途来重新建立一个不同于欧洲的教会。1630年，约翰·温斯罗普在驶往新大陆的"阿贝拉"号上，向全体乘客发表了《基督仁爱之典范》(A Model of Christian Charity) 的演讲。在这篇著名的演讲中，温斯罗普号召清教徒们团结一致建造一座令世人瞩目的山巅之城，将圣经的历史延续下去，这也成为了美国例外论的源头。作为清教首领，温斯罗普十分清楚维持团体纯洁的重要性，他首先就认为人与人之间存在差别，高低贵贱乃生而有之，是上帝荣耀的体现，各人理应安守本分，切不可僭越。在明确等级差别的基础上，清教徒将圣徒分为两种：不可见圣徒和可见圣徒，前者是上帝的恩宠，与个人努力无关，是可遇而不可求的，后者则是个人努力的结果。然而，并非所有人都属于这两类，只有教会会员才是可见的圣徒，普通人能成为教会一员的是少之又少。并且，成为教会成员需要经历极其严格而繁琐的过程，但马萨诸塞的清教徒们却乐此不疲，因为"严格的成员审批制度是与清教神学以及清教徒自认为承担的改造人类、拯救人类的神圣伟业相匹配的，目的是确保神权统治的延续。"[1] 这些经过严格筛选的人也就构成了清教社区最为核心的部分。

清教神权政治无疑是不折不扣的精英统治，在高度封闭的定居点中，清教寡头根据对《圣经》的理解来建立一个政教合一的独立王国。

---

1 钱满素：《美国自由主义的历史变迁》，三联书店2006年版，第7页。

清教政治的精英色彩主要可以从以下几方面看出。首先从成员的构成来看，清教社区具有明显的等级色彩，处于上层的是牧师阶层，他们是头等公民和精神领袖，具有绝对的权威。政治学家梅里亚姆（Charles E Merriam）认为，"清教徒所采用的政府制度也许可称之为僧侣政治性质的。只要随便观察一下，就可以看出教士居于至高无上的地位……他们支配着社会的政治生活以及文化和宗教生活，一切公共政策问题……都得向他们征询意见。"[1] 为了强化统治，教会成员们每年举行四次聚会，不断地制定和修改新的法律。并且，他们每年选举出一名总督和副总督以及18名成员，构成殖民地的议事机构来管理日常事务。也许是地域或制度欠缺的原因，母国和殖民地都缺乏对清教寡头们的有效制约，因此他们的地位实际上已经类似君主，只不过没有世袭而已。例如在马萨诸塞殖民地，主宰事务的只是温斯罗普和十来个成员，他们拥有无限的权威，"只要他们遵守程序，制定法律时不与英国的法律相违背，他们就可用任何自己认为合适的方法来管理马萨诸塞。"[2] 当然，清教权威的产生也要经过选举的程序，但并非所有人都有权参与选举，只有一少部分人才有选举的权力。因此，通过这种范围极其狭小的选举，清教徒们可以保证权力在其内部流转，从而将其他人排除在外。至于对待持不同意见者，他们是毫不宽容的。清教徒在排除异己方面是言出必行的，并且有充足的依据，正如布尔斯廷所描述的那样，清教徒们认为，"这里是个根据其成员的自由意愿组成的社会；难道他们不该把危险人物、或具有危险思想的任务排除在外？"[3] 清教这种政教合一的神权政治使得宗教的影响在殖民地中无处不在，有些殖民地（如马萨诸塞）甚至还通过立法来保证教会的绝对权威，任何与主流教派思想相违背的观点都会被

---

1 〔美〕查尔斯·爱德华·梅里亚姆著，朱曾汶译：《美国政治学说史》，商务印书馆1988年版，第5页。
2 Edmund S. Morgan, The Puritan Dilemma The Story of John Winthrop (Boston: Little, Brown and Company, 1958), P86.
3 〔美〕丹尼尔·J. 布尔斯廷著，时殷弘等译：《美国人：殖民地历程》，上海译文出版社1997年版，第10页。

排斥,甚至严加惩戒。布道者安妮·哈钦森和罗杰·威廉斯便是因为散布异议而遭到清教总督温斯罗普的驱逐,后者只能来到罗德岛,建立新的殖民地,来实践宗教自由的理想。另外,一些关注清教的文学作品对清教社区不民主的状况也有表述,美国作家纳撒尼尔·霍桑 (Nathaniel Hawthorne) 在小说《红字》(*The Scarlet Letter*) 一书中对清教领袖在社区中的主宰地位有详细的描述。当时,一旦有异教徒或是教规的违背者出现,他们就会毫不留情地加以惩罚,甚至处以极刑,小说主人公海斯特·白兰 (Hester Prynne) 的遭遇便是例证。

其次,清教的理论来源及其影响具有精英色彩。清教将威廉·廷代尔 (William Tyndale)、约翰·诺克斯 (John Knox) 以及约翰·胡珀 (John Hooper) 的理论奉为圭臬。他们从廷代尔处继承了对圣经的绝对服从和约的概念,约是清教徒与正统的加尔文教派的一个重大差别。在清教徒看来,上帝可以与人类缔约,只要承认上帝的绝对权威并以行动服从上帝,人类是可以获得救赎的。不可否认,约的概念对清教乃至整个北美殖民地的民众都产生了巨大的影响,有的学者就认为,"契约理论是民主政治的先声……(它)彻底否认了君权神授,将治者与被治者的关系视为双方自愿的契约关系。"[1] 这是完全正确的,是清教徒对世俗政治的重要贡献。但是,如果仔细考察清教徒契约观的实质,便可以看出他们的本意并非仅仅在于倡导民主或是追求平等。相反,其民主的外衣掩盖之下的却是精英专制的实质。在清教契约神学中的三大契约基础中(天恩之约、教会之约和公民之约),公民之约直接与世俗事务有关,也体现了其明显的精英色彩,因为,"公民之约是信徒们作为公民在成立世俗政府时立的约,在马萨诸塞殖民地早期,只有教会会员才有在政府任职的权利。"[2] 清教徒强调契约的概念,其目的是为了维护宗教的纯洁性,防止世俗政府无端干涉宗教。但是这种契约观念带来的一个结果却

---

[1] 钱满素:《美国自由主义的历史变迁》,三联书店 2006 年版,第 9 页。
[2] 钱满素:《美国自由主义的历史变迁》,第 9 页。

使得教会成员与普通民众区分开来,这与当时的形势发展不无关系。据统计,北美清教徒的数目在 1640 年为 17800 人,到了 1700 年便上升至 106000 人,底层人口规模的扩大使得教会上层急于对阶层作出区分,以便巩固其地位。约的形式有利于将人口分类,每个阶层的成员都有自己的位置,不能有任何越级、越权的行为。那些以温斯罗普为代表的殖民地的精英们并不相信普通民众,他们认为政府的权力来自于上帝,而不是被治者,只有上帝才是万事万物的主宰,而他们的职责只是强化与上帝之约。

第三,清教的教育理念也带有明显的精英色彩,清教徒对教育对象的选择上具有针对性。虽然他们强调教育对人的重要作用,也认为儿童必须掌握基本的阅读技能,否则将会与野蛮人无异,但是他们的目的并非完全是为了提高大众的知识水平。一方面,接受教育者必须严格以《圣经》等宗教经典为参照来检点自己的行为;另一方面,这些受过教育的人士可以为殖民地的未来提供人才来源。所以,清教徒不遗余力倡导教育的出发点在于通过普及来挑选智识超群者,从而延续其神权统治。温斯罗普认为只有与自己类似的人士才能承担上帝赋予的管理世俗政府的职责,民众难堪大任。因为,"他们(民众)中最优秀的总是人数最少的,而最优秀的人之中,明智者更是少之又少。"[1] 所以教育的最终目的就在于选拔最明智者,并使其成为殖民地各方面事务的管理者。他们开办教会学校的目的也在于净化宗教群体,完善殖民地的社会生活,使清教成为殖民地惟一正统的宗教,从而置广大信众于绝对服从的地位。

第四,清教徒对待世俗事务上的态度具有封建专制特点,意在维护宗教的权威地位,加强其统治地位。清教实行的是政教合一,教会领袖兼任殖民地的思想领导者。他们坚持认为,作为上帝的选民,他们有责

---

[1] Edmund S. Morgan. *The Puritan Dilemma The Story of John Winthrop* (Boston: Little, Brown and Company, 1958), P89.

任去按照上帝的意志去管理世俗事务。这种政教合一的形式使清教徒对大部分殖民地事务拥有绝对的控制力。并且，几乎每一位宗教领袖都在不断地致力于强化对世俗事务的控制。沃侬·路易·帕灵顿(Vernon Louis Parrington)在《美国思想史》中对温斯罗普倡导的总督—长老制有细致的分析，他认为作为总督的温斯罗普忽视了民众的参政渴望，"温斯罗普对所有这些民主矫饰抱以蔑视，尽管他难以否认总督统治的专横性质。"[1] 也许是出于对清教的维护，温斯罗普固执地认为，清教神权政治遵循的是传统，是依照长期以来形成的固定模式运作的，也是千百年人们普遍接受的方式，因此，它不可能是专横的。从这个方面可以看出清教领袖坚持的是传统的精英掌权论，维护的是既定的秩序，意在将民众排除在权力之外。清教徒对民众持不信任态度，他们不相信一切人生来平等的论调，梅里亚姆认为，"清教徒似乎是通称'精神平等'的信徒；即使在这方面，他们也赞成平民堕落，贵族得救，因为唯有上帝的选民才被视为获得拯救。"[2] 直至 17 世纪后期，随着商业化进程的发展，清教强烈的保守色彩显得不合时宜。虽然乔纳森·爱德华兹(Jonathan Edwards)牧师的大觉醒运动在短期内重新燃起了一部分民众的宗教热情，但这已是强弩之末，无法挽救清教精英当政的颓势。当然，这些都是后话，它说明了形势都在发展变化之中。但是，从清教地位的变化来看，可以说它在相当长的一段时期内对殖民地的一切拥有至高无上的影响力，带有明显的精英专制色彩。

最后，一些新英格兰地区独有的的制度也带有保守特点，是清教徒用于维护既定秩序的有效工具。长期以来，乡镇自治制度一直被认为是新英格兰地区的独创，它为美国的政治民主制度奠定了坚实的基础。但是，在其诞生之初，乡镇自治也具有一定的保守性，它的建立与清教

---

[1] 〔美〕沃侬·路易·帕灵顿著，陈永国等译：《美国思想史》，吉林人民出版社 2002 年版，第 46 页。
[2] 〔美〕查尔斯·爱德华·梅里亚姆著，朱曾汶译：《美国政治学说史》，商务印书馆 1988 年版，第 14 页。

徒控制信众的目的不无关系。早期的清教徒来到北美时，并非是一盘散沙，相反，他们相信联合的重要性，尤其是在广袤无垠的新大陆。因此，他们急于建立一个根植于社区和家庭的共同社会，这个社会不能太大，实行的应该是教民自治，并且不需要一个全国性或是中央教会所管辖，乡镇制度便发轫于此。建立乡镇的过程并不复杂，教徒首先提出成立乡镇的申请，获得批准后再按照若干标准来划分土地。乡镇是殖民地的基本组织形式，也是传播清教思想的重要场所。乡镇自治是清教徒的一大创举，它也是美国革命期间兴起的民主制度的实验室。法国政治学家托克维尔在《论美国的民主》一书中对美国的乡镇进行了详细地分析，他认为在欧洲，统治者本身就缺乏乡镇精神，因为他们害怕乡镇强大后会威胁到中央政权。托克维尔指出，如此环境下培养出的只是顺民，而不是真正的公民。反观新英格兰的乡镇制度，人们通过各种方式参与殖民地事务的管理，乡镇官员则独立于选民之外履行自身所赋予的管理职责，这是托克维尔所推崇的模式，因为，"新英格兰的居民依恋他们的乡镇，因为乡镇是强大的和独立的；他们关心自己的乡镇，因为他们参与乡镇的管理；他们热爱自己的乡镇，因为他们不能不珍惜自己的命运。他们把自己的抱负和未来都投到乡镇上了，并使乡镇发生的每一件事情与自己联系起来。……他们体会到这种组织形式的好处，产生了遵守秩序的志趣，理解了权力和谐的优点，并对他们的义务的性质和权力范围终于形成明确的和切合实际的概念。"[1] 托克维尔认为乡镇的形成是自然作用的结果，是民众在长期的生活中自发形成的经验总结。尽管新英格兰的乡镇对自由有着积极作用，但在它形成之初就含有保守的倾向。首先，成立初期的乡镇在分配土地时的标准就缺乏平等，一般地位高或是在殖民地投资较多的人享有更多的土地，这使得普通民众难以与那些显赫世家相抗衡，长此以往难免会产生两极分化。其次，当新的乡镇出现后，它势必难脱其他农业乡镇的窠臼，新英格兰的农业社会一

---

[1]〔法〕托克维尔著，董果良译：《论美国的民主》，商务印书馆1995年版，第86页。

直受到清教价值观和习俗的严格控制，一旦出现脱离控制的倾向，清教徒就会竭力加以平息，这样就造成了乡镇的高度同质性，不利于民主思想的培养和发展。其三，在乡镇中，政治仍然从属于宗教。例如在马萨诸塞殖民地，为了避免教会与政府产生冲突，法律规定牧师不得出任官职。但是法律又规定政府的使命在于强化民众的宗教信仰，并且要求所有乡镇都应建立一所配备有专职牧师的教堂。同时，乡镇的稳定与和谐是清教徒关心的重点，那些批评教会或是政府的人都会被驱逐。孩子们自小便被灌输虔敬长辈和权威的观念，要是稍有叛逆的表现，便会被训诫。这些不仅是宗教的约束，还通过法律的形式予以强制实施。试举一例，1648 年的马萨诸塞和 1671 年的普利茅斯都规定，16 岁以上的子女若咒骂或殴打亲生父母的将会被处以死刑。这种严苛的刑罚含有明显的宗教色彩，与《圣经》出埃及记中的惩罚暴行的条例规定如出一辙。[1]

由是观之，新英格兰清教神权政治之所以不宽容有着深刻的历史原因，是因为，"他们孤注一掷地远航三千英里去寻求自己的机会。他们希望不受干扰地实行自己的正统观念，根据自己的模式建立天堂。"[2] 也是出于这个考虑，清教徒在接纳定居者的时候有着严格的限制。对于那些定居申请者，他们有着一套完善的甄别方法。例如，马萨诸塞州议会于 1637 年通过了一项法令，禁止任何人未经行政官核准便在殖民地内定居。通过这些严格的法令，清教徒实现了保持殖民地纯洁性的目的，但同时也造成了居民高度的同一性，这也是其党同伐异的根源所在。在严格的清教神权控制之下，北美殖民地的政治没有太多突破，基本仿效英国的制度，强调维护传统，排除异己，民众的选举权受到财产的严格限制。史学家戈登 · 伍德（Gordon Wood）在《美国革命的激进主义》

---

[1] 据圣经《出埃及记》第 21 章第 15 节：打父母的，必要把他治死。第 17 节：咒骂父母的，必要把他治死。

[2] 〔美〕丹尼尔 · J. 布尔斯廷著，时殷弘等译：《美国人：殖民地历程》，上海译文出版社 1997 年版，第 50 页。

一书中对美国革命前后的政治形势进行了仔细地分析,他按照历史顺序把美国革命前后划分为三个时期,分别对应三种制度:君主制度、共和体制和民主制。他认为殖民地时期的显著特征就是以庇护制为显著特点的君主制。当然,伍德所谓的君主制并非与欧洲的君主制完全一致,但它或多或少地带有欧洲君主制的某些色彩。例如,在殖民地官职的任用上就有着严格的区分与规定,大部分重要职位都控制在殖民地的精英阶层手中,普通人只能担任一些无足轻重的职位。约翰·亚当斯曾经写道:"能担任民兵中的一个副官对小人物来说也是梦寐以求的,就好像花环、勋章和绶带是大人物的梦想一样。"[1]普通民众只能在有限的范围内做出选择,但殖民地的重要职位均由世家子弟担任,"他们依靠威望和个人影响力来管辖老百姓。"[2]一旦某位显贵担任了一个重要职位后,他都会很快去任命一批亲信在其手下任职,这样就构成了类似于封建分封制的体系。亚当斯对此也曾写道:"3个富商托马斯·汉考克、查尔斯·阿普索普、托马斯·格林一旦联合起来便可轻而易举地主宰任何选举……6个或最多12个家庭控制着整个康涅狄格。"[3]应该说,清教神权政治时期是精英统治在北美的鼎盛时期,原因除了清教本身的特点,还有其政治对手的弱小。据统计,当时在北美各个殖民地,人口超过1万的城市只有4个,波士顿人口大约1万8千,最大的城市费城的人口也不过4万2千。城市以外的人口大部分星罗棋布地分散在广袤无垠的荒野地区,毫无凝聚力可言。此外,大众传播媒体的欠缺也加剧了民众的分散与隔离。在美国革命前,所有殖民地只有37家报纸,政治家们主要是通过书信来了解政治状况,只有显贵们才能在第一时间获得重要信息,从而做出适当的反应,普通民众在这方面不过是拾人牙慧而已。即便如此,报纸所刊登的文章也并非普通人能轻易理解的,因为"(它们)也是彼

---

[1] 〔美〕戈登·伍德著,傅国英译:《美国革命的激进主义》,北京大学出版社1997年,第78页。
[2] 〔美〕戈登·伍德著:《美国革命的激进主义》,第83页。
[3] Charles Francis Adams, ed., *The Works of John Adams*, (Boston: Little, Brown and Co., 1856), Vol. III, P215.

此熟悉的绅士们的私人书信的一种扩展形式……充斥着个人的旁征博引、拉丁文的引语和对西方文化遗产晦涩的隐喻。"[1] 因此,伍德得出的结论是:"政治实际上仍然是由占统治地位的上层社会精英所独占的领域。"[2]

新英格兰清教神权政治在第一代移民心中享有崇高的地位,然而此后,情况发生了很大的变化,这种变化主要是由人口数量激增与成分变化所引发的。据统计,"从1650年到1770年,英属西印度群岛和北美殖民地的总人口从不到10万增加到260多万人,人口的年平均增长率为2.8%。"[3] 要知道当时英国本土的人口增长率才不过0.2%。到美国革命前夕,殖民地人口以从当初不到英国人口的2%增长到了40%,其中仅在新英格兰地区,人口就增长了25倍。这一数字与北美其他地区人口增长相比也许显得较低,因为按照统计,在同一时期,"南方北部地区增长了50倍,中部殖民地则增长了135倍。"[4] 但是有一点不能忽视的是,新英格兰地区是移民最早定居的地区,其人口基数比其他地区要大得多,虽然增长率不如其他地区,但其绝对人口数是最多的。另外,在人口的构成比例上,新英格兰地区也有不同。南方人口增长的原因主要是黑人奴隶的加入,到革命时期,黑人已占南方总人口的90%。而在新英格兰地区,黑人从未超过总人口的3%。这说明,新英格兰地区白人数量的增长大大超过其他殖民地,在这些新的移民中有大量的是自耕农和契约奴 (indentured servant),他们的到来给原本铁板一块的清教神权政治带来了巨大的冲击。自耕农在经济上是自由的,他们自然想获得与经济地位相适应的政治地位。至于契约奴,虽然在刚到北美时,他们要依附于他人,但经过一段时间的辛勤劳作,他们很快便摆脱了人身依附关系,并且成为了土地所有者,也积累了相当的财富。有学者对17

---

[1] 〔美〕戈登·伍德著,傅国英译:《美国革命的激进主义》,北京大学出版社1997年,第89页。
[2] 〔美〕戈登·伍德著:《美国革命的激进主义》,第89页。
[3] 〔美〕斯坦利·恩格尔曼著,高德步等译:《剑桥美国经济史(卷一)》,中国人民大学出版社2008年版,第170页。
[4] 〔美〕斯坦利·恩格尔曼著:《剑桥美国经济史(卷一)》,第171页。

世纪早期到达马里兰州的契约奴的地位变化进行了研究，得出的结论是，"几乎所有那些获得自由后仍在马里兰州居住 10 年或更久的早期前契约奴，都担任了一些政府的职位或成为陪审团的成员……这些早期契约奴中的一些人，成为殖民地早期管理马里兰州的精英分子，甚至加入了统治殖民地的议会行列。"[1] 在这种情况下，清教徒如果还坚持严格的教会程序，由少数精英掌握大权，势必会让新的移民产生反感而威胁到其统治。于是他们对宗教和政治进行了一系列的改革，拉开了世俗化的大幕。世俗化是清教神权政治发展过程中的一个重要环节，它体现了民众意愿的不可违背性，正是因为有了民众的不断发展，清教徒们才开始审视自己的政治观念。他们意识到任何思想的贯彻和推行都不能缺少民众的支持，否则只会成为无本之木、无源之水，被时代所抛弃。在随后的发展中也印证了这一事实，从亚当斯到杰斐逊再到杰克逊，这一条线索清楚地表明，正是因为有了民众的推动，美国早期的政治精英们才会不断地修正政治理念，完善政治制度，从而实现了两者的融合，形成了美国早期独特的政治环境，并对以后的发展产生了深远的影响。

此后，独立战争爆发，一批经过清教思想熏陶的革命者开始在政治上崭露头角，他们将清教神权政治进行扬弃，开创了早期政治制度改革的先河，这其中就包括被誉为美国政治学之父的约翰·亚当斯，从他的身上我们可以看出清教政治发展变化的具体体现。

---

[1] 〔美〕斯坦利·恩格尔曼著:《剑桥美国经济史（卷一）》，第 188 页。

第二章
约翰·亚当斯：美国早期精英政治的理论家和忠实倡导者

当谈及美国的革命家时，现代政治学家对富兰克林、华盛顿、杰斐逊、麦迪逊以及汉密尔顿等向来不吝溢美之词，他们或关注其伟大的人格魅力，或深究其深邃的政治思想，相关研究不断深入，成果斐然。然而令人感到不解的是，很长一段时间以来，被誉为美国政治学之父的约翰·亚当斯却鲜有关注，且不说亚当斯专项研究的阙如，就连其本人的作品也凌乱而分散，没有相对系统的出版物。这些承载其政治理念的论文虽出现在不同的场合，被不同的政治家引用，但却没有形成一部全面的作品集，这对于想全面了解美国早期政治现实的读者而言不能不说是一种遗憾。实际上，亚当斯是美国建国时期一位重要的政治理论家，被誉为美国政治学之父，他在美国早期政治家中享有崇高的威望，托马斯·杰斐逊曾将他称为国会之础石。《独立宣言》签署人之一的本杰明·拉什 (Benjamin Rush) 曾表示，"当时的一代人都认为无论是有关古典还是现代知识而言，亚当斯都比宣言的起草者（此处指杰斐逊——作者注）学识更渊博。"[1]《独立宣言》的另一位签署人理查德·斯托克顿 (Richard Stockton) 则认为，"这个国家获得伟大独立最应感谢的人就

---

[1] Joseph J. Ellis, *The Passionate Sage: The Character and Legacy of John Adams* (New York: W. W. Norton, 1994), P29.

是约翰·亚当斯，我把他称为美国独立的巨人。"¹ 就是这样一位美国独立的伟人，由于其特立独行的个性和行事作风遭到了包括史学家在内许多人的误解，但是随着时代的进步，近年来亚当斯逐渐得到了应有的重视。史学家帕灵顿认为，"最尖刻的批评家也不能否认约翰·亚当斯优秀的精神和情感特质。"² 美国传记作家戴维·麦卡洛 (David McCullough) 对亚当斯作出了公允的评价，"亚当斯遭受了某些总统所承受过的最恶毒的攻击……可他那根深蒂固的正直和独立精神……依然没有改变。"³

亚当斯是美国建国时期一位重要的政治理论家，他身上体现了许多精英的特色，其表现在于维护既定的秩序，主张通过和平的手段实现革命的目标，反对一切诉诸暴力。因此他总能在群情激奋之时保持清醒的头脑，有时甚至是与大众背道而驰。这也是为什么他在民众心中不如杰斐逊那样高大而富有亲和力，但是，这并不能说明他的政治成就有任何逊色。实际上，他的政治理念在很长一段时期都是美国政坛的主流，其政治生涯也体现了清教政治的特点，只不过这些政治观点是在殖民地的形势不断变化之后的表现。虽然它与严格意义上的清教神权政治有着很大的区别，但是两者实质上有着千丝万缕的联系，也可以说后者是前者在经历世俗化之后的具体体现，也即在殖民地民众的规模不断增大，政治权利不断提高之后，前者所作的让步的体现。亚当斯的政治理念并非像有些人（如杰斐逊）所认为的那样热衷于君主专制，以缔造一个等级社会为目标。相反，它反映出的是亚当斯对清教神权政治进行改造，将民众的意愿纳入进制定政治制度的原则之内，它适应了当时形势的发展，也对其后的美国政治产生了深刻的影响，也可以说它是民众影响的一种体现，是民众推动的结果。美国革命期间是亚当斯政治思想最充分

---

1 Charles Francis Adams ed., *The Works of John Adams, Second President of the United States* (Boston: Little, Brown and Co., 1850-56), P56.
2 〔美〕沃侬·路易·帕灵顿著，陈永国等译：《美国思想史》，吉林人民出版社2002年版，第269页。
3 〔美〕戴维·麦卡洛著，袁原、戴晓征译《约翰·亚当斯》，中国社会出版社2003年版，第444页。

展现是阶段,他在这一时期曾大量撰文,向公众宣传革命理论,是一位不折不扣的公共知识分子,有学者认为,"如果塞缪尔·亚当斯和帕特里克·亨利代表了独立运动的精神,约翰·亚当斯则体现了美国革命的思想。"[1]

就内容和表现而言,亚当斯的思想大致可以以美国革命为界进行划分,它们之间有联系但也存在明显差别。下文将结合亚当斯本人的撰写的论文、书信和他在现实政治领域的行为来对他的政治思想进行梳理,以图较深入地了解其政治理念的本质。

第一节　亚当斯政治思想来源及其体现

从根源来看,亚当斯的政治理念带有明显的精英色彩,它与清教神权政治有着不可分割的联系。亚当斯1735年10月出生于马萨诸塞州的布伦特里,其家族有着深厚的清教渊源。早在1638年,亚当斯家族便开始在此定居,他们属于最早移民北美的清教徒。据考证,亚当斯的先祖亨利·亚当斯是最早一批来到北美马萨诸塞殖民地的移民,其兄托马斯·亚当斯曾多次在温斯罗普担任总督的清教政府中担任要职。到约翰·亚当斯的父亲这一辈,已经是第五代移民。虽然家道中落,但仍不失为名门之后。亚当斯的父亲虽然目不识丁,但为人正派,在担任当地教会执事期间公正无私,深受当地民众的信任。亚当斯对父亲敬爱有加,他写道,"就他所在的生活圈子和所受教育而言,我再没有听说过比他更睿智、虔诚、仁爱和慈善的人了。"[2]亚当斯的母亲则有英国贵族的血统。少年亚当斯的道德观、价值观和对人生的理解受到清教文化的

---

[1] John Adams, *The Revolutionary Writings of John Adams Selected and with a Foreword by C. Bradley Thompson* (Indianapolis: Liberty Fund, Inc, 2000), Pix.
[2] 〔美〕戴维·麦卡洛著,袁原、戴晓征译:《约翰·亚当斯》,中国社会出版社2003年版,第16页。

极大影响,他从小便推崇理智、勤劳、节俭和勤奋等清教美德。若干年后,亚当斯在写给友人的信中表示,是宗教使得整个亚当斯家族保持了长期的和睦、健康以及宁静。可以说清教在年幼的亚当斯心中具有重要的地位。亚当斯在马萨诸塞的海边农庄度过了愉快的童年,直至16岁那年进入哈佛大学求学。在哈佛这所清教徒创办的高等学府,亚当斯初步形成了独立的人生观和价值观,为以后参与殖民地事务奠定了良好的基础。

与华盛顿、杰斐逊、汉密尔顿等美国的诸位"国父"们一样,亚当斯的政治生涯与美国革命密不可分,其经历也就是美国的建国史。如果说华盛顿的功绩在于超凡脱俗的人格和勇于牺牲的奉献精神,杰斐逊的成就在于起草《独立宣言》并不懈地贯彻农业立国的宗旨,汉密尔顿的贡献在于运用精明的头脑去管理国家财政,并且大力提倡工商立国的思想,那么,亚当斯的独特之处则在于系统提出构建政府的基本框架及其具体运作的方式,是不折不扣的美国政治理论的开创者,这些政治理论和实践带有明显的精英政治色彩,与清教神权政治有着一定的联系。

亚当斯最早成名于法律界,一些政治家如詹姆斯·奥蒂斯(James Otis)、杰雷米亚·格莱德利(Jeremiah Grady)等是他的良师益友,他们的政治观点对他以后的政治生涯影响深远。亚当斯早期的法律知识也是其政治哲学的源头,他保有相当数量的英国法律经典之作,爱德华·科克(Edward Coke)、弗朗西斯·培根(Francis Bacon)以及威廉·布莱克斯通(William Blackstone)都是他的阅读对象。当时,由于途径的单一,亚当斯的政治观点主要是通过一些宣传性的文章包括书信等来表达的。他公开发表的文章虽然不是太多,但每篇都是针砭时弊,具有鲜明的主题,如《论教规和封建法》、《对政府的思考》(Thoughts on Government)、《为美国宪法辩护》(*A Defense of the Constitutions of Government of the United States of American*)等,无一不是美国政治史上里程碑式的作品。

与大部分革命领导人一样,亚当斯在与英国当局斗争的过程中形成了自己早期的政治观点，其主要表现为君权与神权的关系，封建与教会法规的消极作用等。《论教规和封建法》是亚当斯的第一篇政治著作，有的史学家认为是他最杰出的作品。从该文论述的目的和严密的逻辑来看，这种评价应该不为过。《论教规和封建法》的发布有具体的历史背景，当时英国和法国之间为了争夺北美殖民地和海上霸权，爆发了七年战争，双方为此付出了沉重的代价。为了弥补战争中的损失，1765年，英国议会颁布法令规定北美殖民地的所有报纸、大印刷品、广告、证券、小册子、契约、法律文件等都必须贴足一定数额的印花税票。这种赤裸裸的剥削行径立刻受到了殖民地人民的坚决反对，人们纷纷开始反抗，以各种形式表达他们的不满。人们的反抗意识激发了成为律师才两年的亚当斯的政治意识，他开始审视英国对殖民地压迫的根源所在，《论教规和封建法》便诞生于这种背景之下。在文中，亚当斯首先指出"无知和轻率是导致人类毁灭的两大因素……自基督教传教以来，两种独裁制度便出现了，即教规和封建法。"[1] 亚当斯认为，前者是罗马教会为了加强其统治而制定的，是教会愚民政策的体现，它使普通民众处于愚昧无知的境地，心甘情愿地屈从于教会的独裁。后者在与原始野蛮人斗争中有过积极作用，但很快被君主们利用，由封建法衍生出的分封制度使得各级统治者联合起来，共同统治依附在土地上的民众。不仅如此，宗教和封建统治者总是趋向于结成同盟，狼狈为奸，导致殖民地民众正在面临存亡的危机。亚当斯在本文中高度赞扬了宗教改革，认为它驱散了时代的黑暗，为民众抵抗教规与封建法提供了依据。尽管亚当斯本人并非清教徒，但清教对基督教的净化使他相当推崇的。在亚当斯看来，清教徒的坚定意志和顽强、勇敢的精神是他们反抗教会与君主专制的有力武器。同时，清教徒的思想贯穿于他们构建社会的整个过程中，两者具有高度一致性。这表明，清教徒不仅仅是逃避者，更是建设者，他们在

---

[1] Charles Francis Adams, ed., *The Works of John Adams*, (Boston: Little, Brown and Co., 1856), Vol. III, P335.

反抗宗教迫害中,也在建立自己的山巅之城。为了继承清教徒的这种反抗意识,亚当斯在文中认为,必须要在教会与君主专制以外确立第三个权力,以便起到相互制约与监督的作用。这第三个权力就是公民权力,只有公民权力得到保证,才能消除君主制中的消极因素,实现所谓的温和的有限君主制。而当前的美国,则正处于教规与封建法的双重压迫之下,最明显的例证就是"印花税法"的颁布。

纵观美国的殖民史,宗教不自由和专制政府的迫害是清教徒从欧洲来到新大陆的两个主要原因,也是他们建立新的宗教和世俗机构必须要消除的负面因素。当清教徒刚到北美大陆之时,他们就开始着手建立自己的政治体系,其中既有神权机构也有世俗政府。他们深受古希腊古罗马历史学家、演说家、诗人和哲学家的影响,认为世俗权力必须与教会相平衡、相制约。与欧洲社会不同的是,清教徒不仅认为新大陆的教会应该忠于《圣经》,而且政府应该更加体现民众的意愿,彻底摆脱旧的教规和封建法的影响。这是清教政治的积极面,也是其世俗化的中心内容。虽然到美国革命前夕,清教的神权政治在民主化的进程中逐渐退出了政治领域,但它的一些理念被深受其影响的新兴政治家所接受,亚当斯就是其一。他反对英国政治制度中的专制色彩,主张在美国实行更为民主的制度,包括政府组织原则。实际上,亚当斯撰写《论教规和封建法》的目的就是借批判英国政府在殖民地的任意妄为,来初步提出建立新政府的原则,譬如宗教与政府的关系,组建政府的出发点等。尽管这些只是初步的设想,并没有在实际中得到应用,但这是亚当斯首次正式地提出政治观点,具有重要的意义。

在随后的不同的场合和作品中,亚当斯继续站在殖民地和民众的立场,来批评英国对殖民地的政策。殖民地人民反对印花税斗争的不断加强,此时已是律师的亚当斯给即将启程去往波士顿参加地方议会的代表写了一封信,在这封名为《布伦特里给其代表的指令》(*Instructions of the Town of Braintree to Their Representative*)中,亚当斯更加明确地表达了自己的政治观点,包括对具体的议会制度和司法制度的看法。他首先将矛头指向了英国政治制度的核心——代议制，指出它有明显的缺陷。民众的力量是亚当斯立论的出发点，他认为英国政府忽视了殖民地的民众，野蛮剥夺了他们在母国应有的政治权力，因此，殖民地也没有必要承担纳税的义务。应该说议会制度对西方民主的发展产生了积极的影响，它使君主、贵族和普通民众之间实现了某种政治上的平衡，很大程度上避免了暴力的发生。在最初的代议制之下，代表均是来自各个选区，他们或是本选区的居民或是在本地区拥有产业。总之，他们与自己所在选区的利益休戚相关，因此也会在议会中竭力维护本选区的利益。但是进入到15、16世纪，在英国这种中世纪时期风行一时的代议制发生了很大的变化。关于下议院的议员必须代表其选区的限制被取消了，理论上而言，他们既可以是自己选区的代表也可以代表所有的选民。这种所谓的虚拟代表成为了英国当局控制权力的有效工具，因为议会中所有的人都代表整个国家的利益，整体的利益，而不是某些地区或团体的利益，这就使得政府能够借助国家的名义对民众实行强权统治，民众对此毫无还手之力，只能任由政府宰割。当英国政府将自己的一套议会制度套用到北美殖民地时，由于双方对代议制的具体形式存在分歧，冲突便出现了。

长期以来，殖民地深受清教神权政治的影响，许多政治制度都是清教徒在参照母国制度的前提下，依据殖民地具体实际以及清教思想而制定的。这些政治制度与英国的制度不尽相同，有的甚至存在原则上的差异，清教的乡镇自治制度就是一个例证。史学家伯纳德·贝林在《美国革命的意识形态起源》中认为，早期殖民者的政治实践并非是原封不动地移植英国当时的制度，而是力图重建中世纪时期英国实行的政治制度，尤其是代议制。在北美，每一个乡镇在殖民地政府的议会中都有自己的代表，从而确保乡镇的权益得到有效的保证。虽然议员属于少数显贵阶层，普通民众很难成为其中一员，但他们实实在在归属于每个乡镇，并随时对中央政府保持警惕，"他们（议员）认为自己与中央政府共同利益甚少，于是便致力于维护地方利益，将自己的行为与地方利益紧密结合起来。"[1]从历史上看，英国的政治传统向来是自由的，国王、贵族和平民构成了相对稳定的结构，只要三者保持独立性，人民的福祉就可以保全。然而18世纪英国的现实是作为行政机关的内阁通过贿赂议员不断地扩充权力、僭越本职，上架空国王下愚弄百姓，将原本稳定的架构击破从而导致腐败，英国的反对派借此著书立说抨击朝政，虽然这些学说在国内并没有引起多大反响但在大洋彼岸却迅速传播。因为像维持常备军，印花税法等法令在一贯崇尚自由的殖民地人民看来无疑是专制的代名词。尽管税额很小且对其默许者也有之，但革命者认为其实很危险，易导致人们对其失去应有的警惕之心从而一步步失去财产乃至自由。更可怕的是教会会成为此法令的最大受益者，其搜刮行为会因此而名正言顺，最终建立起基督教会与专制王权之间的紧密连接。平心而论，殖民地革命者的逻辑相当合理，缺乏监管的行政权力势必造成腐败，更何况应该派驻殖民地的官员大多对环境不甚熟悉，有的甚至是在母国行为不端而被打发至此的品德败坏之徒。

行政权力的泛滥从侧面反映出司法权的衰落，殖民地的司法尤其如此。长期以来英国议会在母国法官和殖民地法官的地位上实行双重标准，殖民地法官无法享受与母国法官相同的权力，虽然英国当局对此百般狡辩，但明显的厚此薄彼激起了殖民地的愤怒，于是宾州率先发难。1760年代它首先通过法律授予殖民地法官与母国法官相同的地位，但旋即遭到英国的否决，由此引发了舆论的一片哗然。更有甚者，母国设立了一个凌驾于殖民地司法之上的海事法庭，这一切让革命者难以容忍，在他们看来司法受到侵害远比印花税法更大，因为司法独立性受到破坏显然使其无法承担起有效遏制行政的职责所在，而"仰人鼻息的法官是软弱无力的。"[2]如果说印花税、常备军、腐败的吏治以及软弱的司法是导致革命的连锁反应的话，那么被舆论过分渲染的波士顿大屠杀则

1　Bernard Bailyn, *The Ideological Origins of the American Revolution*, (Cambridge: Harvard University Press, 1992), P164.
2　Bernard Bailyn, *The Ideological Origins of the American Revolution*, P107.

如同浇在火堆上的沸油彻底击碎了殖民地对英国政府的幻想。革命者认为北美离自由已越来越远，约翰·亚当斯撰文："自由无法脱离美德和独立而存在，就如同身体无法离开灵魂。"[1]而将自由寄希望于英国的确所托非人，因为代议制已遭到破坏。英国当局粉饰的整体代议制使得当选议员与其所在选区的关系日益淡漠，相反，当局可以借此而名正言顺地颁布苛刻法令。这种挟天子号令天下的做法在英国国内的反对派以及北美殖民地看来无异于是集权主义的另一种翻版，结果只能是使自由横遭践踏，而英国也将同罗马帝国一样走向衰落。富兰克林也反对继续与英国保持联系，认为，"将两者联系起来只会腐化、毒害我们自身。"[2]至此一种较为清晰的目标在激烈的论战中逐渐浮出水面，即殖民者认为自己背负着神圣的使命，注定要在历史上留下特殊的地位。北美人民将在英国的废墟上建立自己的国度，她将采用去除了负面因素的法典对邪恶保持警惕，从而走向兴盛之路。"上帝之手指明开创历史新纪元的时代已经到来！"[3]

在斗争中，殖民地民众通过阅读英国反对派的著作，了解了英国的政治现实，他们对英国的不满日益加深。他们认为，在英国政府中没有北美殖民地的代表，也就没有能够维护其权益的议员，议会所制定的法律也缺乏公正性。所以，亚当斯在《布伦特里给其代表的指示》中写道："我们认为，议会对我们征税既不符合习惯法，也与宪法相违背，因为我们在议会里没有代表。"[4]除了批判英国的议会制度以外，亚当斯在文章中还对《印花税法》的违宪性进行了剖析。对宪法的尊重也许是殖民地与母国为数不多的几个共识之一，亚当斯据此认为北美殖民地理应享有英国宪法赋予的各项权利，包括在没有征得任何一位自由人同意的情况下，不得对其征税，这是宪法的基本原则，而《印花税法》违

---

[1] Bernard Bailyn, *The Ideological Origins of the American Revolution*, P135.
[2] Bernard Bailyn, *The Ideological Origins of the American Revolution*, P136.
[3] Bernard Bailyn, *The Ideological Origins of the American Revolution*, P141.
[4] Charles Francis Adams, ed., *The Works of John Adams*, (Boston: Little, Brown and Co., 1856), Vol. III, P346.

背的恰恰就是这一原则。同时,英国政府不顾殖民地人民的反对,执意设立海事法庭,强制规定在没有陪审团的前提下,法官可以对案件作出判决,这是对殖民地司法制度的肆意践踏。从英国政府的种种行径,亚当斯看出,"近来政府的许多条例有明显地剥夺我们最重要的权利和自由的倾向,若执行这些法令,就会夺走我们地区的全部金钱、财产,人民沦落为奴隶。"[1] 面对不公,代表们应当据理力争,因为"我们忠实于上帝,但我们也绝不是奴隶。"[2] 该文产生了亚当斯的著名观点,即"无代表,不纳税",这也成为了殖民地人民反抗英国不公行为的有力口号。很快,许多城镇都采纳了该提议,与英国政府展开斗争,直至迫使英国当局废除了该法。

通过对上述两篇作品进行分析,我们不难看出亚当斯早期政治思想的特点。首先,亚当斯是一位在北美殖民地民众掀起的狂热反英斗争中,为数不多的几个保持清醒头脑的领导者之一。他对革命中的煽动行为和暴力冲突有着天生的排斥心理,这表明他并不想以民众的代言人而自居,或者说是他在刻意地与易于失去理性的大众保持距离。当时,整个殖民地因印花税法的出台而陷入了狂乱,愤怒的波士顿群众在煽动之下,发生了许多过激的行为。他们组织集会,攻击当地的官员,甚至将副总督的房屋摧毁。在这种情况下,亚当斯并未像他的表兄塞缪尔·亚当斯那样火上浇油,而是理智、冷静地分析形势,引导民众失控的情绪。他坚持自己的原则,为了不违背事实,他有时甚至不惜站在民众的对立面。他一直认为文明社会的法律不应受喧闹的公众意见所左右。他并不是一个煽动家,在对待民众狂热的激情时与其他领导人相比显得冷静和理智。在为波士顿惨案(Boston Massacre)中涉案的英军士兵辩护时,他描述了当时与英军对垒的一群人,"我们用了许多词汇,却回避把这样一群人称为'暴民'。有人叫他们理发师,有人叫他们天才。

---

[1] Charles Francis Adams, ed., *The Works of John Adams*, P347.
[2] Charles Francis Adams, ed., *The Works of John Adams*, P348.

如果用简单明了的英语来说,先生们,他们更可能被称为一群乌合之众……"[1]这是亚当斯首次公开在法庭上称呼民众为"乌合之众",对于其他当时风起云涌的大众运动的领导者而言是不可想象的,但是事实证明亚当斯的判断是正确的。在《论教规和封建法》一文中,他并没有号召人们举行集会,也没有提出武装斗争的主张。当然,这不能说明他会屈服于英国的高压统治。相反,他采用了一种较高明的策略来反对英国的横征暴敛,即通过少数有识之士合理的辩论这种和平的方式来解决问题,这是基于其自身坚定的宗教信仰和良知的行为,它贯穿于亚当斯政治生涯的始终。例如,他毫不犹豫地拒绝了殖民地总督聘请他出任海事法庭辩护律师,尽管这一职位薪水丰厚,前途无量,但是亚当斯毫不犹豫地表示拒绝,他拒绝的理由是"无法接受取悦于政府的束缚。"他认为,英国政府与自身对于公平、正义以及政策的理念背道而驰。同样是亚当斯,在波士顿惨案爆发后,但却冒着被革命者指责为叛徒的罪名,欣然接受为在惨案中向手无寸铁的民众开枪的英国士兵辩护的请求。

其次,亚当斯首次提出了制衡的原则,虽然还远远谈不上成熟,但这是其政治理论的核心。他在考察人性的基础之上提出了对君权和神权进行制约的论点。他将权力形象地比喻为一张吞噬一切的大嘴,随时会剥夺人们思考、言论和写作的自由。他认为,清楚、简洁而明智的政府是基于人的天性和理智,是人所共知的。同时,政府的成立是以民众的同意为前提的,如果政府的行为违背了人民的正当意愿、信任以及利益的话,人民就有权废除他们让渡给政府的权力。在亚当斯看来,治者与被治者是平等的缔约双方,他们彼此不仅有维护和履行契约的义务,也应承担违约所带来的后果,任何一方都不能凌驾于契约之上,这种与清教契约神学紧密相连的思想也是亚当斯构建政府理论的核心内容。

---

[1] 〔美〕戴维·麦卡洛著,袁原、戴晓征译:《约翰·亚当斯》,中国社会出版社2003年版,第46页。

第三，针对英国政府设立海事法庭，践踏殖民地司法的行为，亚当斯在此时还提出了司法独立的思想。他之所以不愿在英国海事法庭任职，是因为他认为海事法庭的官员由国王支付薪水，使得其必然受制于当局，成为行政权的帮凶。事实也是如此，政府授权海事法庭可以不经过陪审团而直接判决殖民地的案件，这样司法的独立性被破坏，民众也就失去了自由。上文提及亚当斯在拒绝担任海事法庭律师和为"波士顿惨案"中的英军士兵辩护的做法，正是他对司法尊重。他认为，"在一个自由国度，法庭是受到指控的人士最需要的。……每一个律师不仅要对国家忠诚，也要将忠实于法庭这一庄严神圣的地方。"[1]

最后，有一点值得明确的是，虽然亚当斯对民众的信任是有限的，但他对民众的谨慎态度并不说明他蔑视民众，而是认为普通民众还不具备参政的素质。为此他也提出了解决方法，和清教徒重视教育一样，亚当斯一直以来都在倡导对民众加强教育。在《论教规和封建法》一文中，他呼吁，"让我们研究习惯法，深入了解英国宪法，阅读古代史，仿效古希腊，古罗马来思考……"[2]亚当斯认为民众只有通过教育，具备基本的政治素养，才能成为合格的参政者，否则他们只会与暴民无异。可以说，亚当斯较早地看到了民众在推动民主进程中的力量，并且主张对民众的行为进行合理的引导，从而实现殖民地政治民主化的目的。

1　John Adams, *The Revolutionary Writings of John Adams Selected and with a Foreword by C. Bradley Thompson* (Indianapolis: Liberty Fund, Inc, 2000), Pxi.
2　Charles Francis Adams, ed., *The Works of John Adams* (Boston: Little, Brown and Co., 1856), Vol. III, P344.

第二节　亚当斯政治思想的形成与发展

《论教规与封建法》不仅初步阐明了亚当斯早期的政治理念，也标志是他步入政坛的开始。从此以后，他积极投身于美国的独立事业，与英国殖民当局展开了一系列政治斗争。这是在此过程中，亚当斯的政治思想形成并完善，这一时期对亚当斯尤为重要。

1774年，亚当斯作为马萨诸塞地方议会选出的5名代表之一，被派往费城参加第一届大陆会议。当时，殖民地与英国之间的关系异常紧张，战争一触即发。在此期间亚当斯以诺万格鲁斯(Novanglus)为笔名给《波士顿日报》写了一系列的信件，再一次表达了他的政治观点和对北美殖民地革命形势的看法。也许是受到革命形势的影响，一向显得冷静的亚当斯也开始撰文表达对英国政府的强烈不满。尽管他没有直接鼓动民众开展武装斗争，但他在文章中直接将矛头指向了英国政府及其在殖民地的辩护者，言辞激烈，慷慨激昂。这个时期是亚当斯政治理念的修改和逐渐成形期，主要表现为重视民众的力量，顺应历史的发展。实际上，民众的推动一直都是美国早期民主发展的主要原因，也是影响以亚当斯为代表的美国早期政治领导者确立政治观点的主要因素。他们在政治实践中，结合时代的潮流，不断地修正观点，形成了有别于其他各国的政治理论和现实。

革命期间，亚当斯的政治观点主要是在与殖民地一些亲英派的论战中表述的。在《致马萨诸塞海湾殖民地居民》(*Addressed to the Inhabitants of the Colony of Massachusetts Bay*)一文中，针对亲英分子认为，民众心中暗藏的不满被别有用心的所谓革命者利用的说法，亚当斯进行了驳斥。虽然他厌恶暴力，也反对民众毫无理智的冲动行为，但是他认为亲英派混淆视听，将所有人不加分别地划分为暴民，这是极其错误的。因为，

"如果人们有理解力,判断力,能察觉对错,分辨是非、善恶,这将是上帝最好的恩赐。"[1] 亚当斯认为,民众天性渴望自由,只要对其加以正确的引导就不会出现混乱。革命领导者的使命就在于激发民众的信心,使其认识到自身的伟大,然后明确人生而平等,国王就如同教会中的牧师一般,他们的权力由民众赋予。当权力被用于压迫时,人们有权将其收回并给予他人,或者干脆自己保留。亚当斯相信经过开启的民智有能力去完成革命,实现追求自由的使命。针对英国政府的做法,亚当斯指出世界上只存在两种人:自由人和奴隶。英国议会在未经殖民地人民同意的情况下将法律强行施加在他们身上,并大肆宣传英国制度的美好,这种双重标准无异于将殖民地居民视为奴隶。从亚当斯对民众的观点,我们可以看出,亚当斯对民众的界定是有一定标准的。不是任何人都能参与革命,那些对事件缺乏理解力,行为受制于盲目与冲动的人并不是合格的革命者,只有经过认真学习了解形势,具备基本政治素养的人方能从事革命活动,这一方面反映了他重视民众的力量,认为革命的发展离不开他们,另一方面也或多或少地体现了其带有精英色彩的政治观。

革命期间,亚当斯除了驳斥亲英派的言论、维护民众追求自由的权力之外,还就建立政府的基本原则进行了深入的研究。1774 年召开的大陆会议对政府的构成有过激烈的争论,但由于战争形势的发展,讨论没有任何结果。此后,亚当斯也曾多次在写给友人的信件中阐述了关于政府的基本构想。1775 年 11 月 15 日,亚当斯在给理查德·亨利·李 (Richard Henry Lee) 的一封信中写道:"立法、行政和司法应当组成一个综合体,三者彼此牵制,就能抑制人类独裁的天性,使自由得到维护。"[2] 这是亚当斯较早提出三权分立的思想。三权分立并非亚当斯首创,孟德斯鸠在《论法的精神》中有精辟的论述,这也成为了西方政治实践

---

1 Charles Francis Adams, ed., *The Works of John Adams* (Boston: Little, Brown and Co., 1856), Vol. IV, P12.
2 Charles Francis Adams, ed., *The Works of John Adams*. P128.

中的核心。英国的政治传统向来是自由的，国王、贵族和平民构成了相对稳定的结构，只要三者保持独立性，人民的福祉就可以保全。然而18世纪英国的政治现实是作为行政机关的内阁通过贿赂议员不断地扩充权力、僭越本职，上架空国王下愚弄百姓，将原本稳定的架构打破从而导致腐败。腐败的政策蔓延至殖民地，引起了民众的普遍不满。他们坚信权力与自由历来就是一对死对头，前者有着侵略的天性，若不加以遏制它将蔓延成灾，犹如一张贪婪的大嘴吞噬着人民弥足珍贵的自由。他们认为，两者之间此消彼长的关系使得它们不具备可调和性。另外，行政权力的泛滥从侧面反映出司法权的衰落，殖民地的司法尤其如此。长期以来，英国议会在母国法官和殖民地法官的地位上实行双重标准，殖民地法官无法享受与母国法官相同的权力。虽然英国当局对此百般狡辩，但明显的厚此薄彼激起了殖民地的愤怒。于是宾夕法尼亚州率先发难，1760年它首先通过法律，授予殖民地法官与母国法官相同的地位，但旋即遭到英国的否决，由此引发了舆论的一片哗然。有识之士纷纷对此表示强烈不满，在他们看来，司法受到侵害远比印花税法更大，因为司法独立性受到破坏显然使其无法承担起有效遏制行政的职责所在，而仰人鼻息的法官是软弱无力的。尔后，英国当局无视殖民地的自由，在波士顿强行推出了协助搜查令状，规定只要海关官员认为必要，就可以进入任何一家进行搜查。这种对殖民地司法的践踏彻底激怒了革命者，他们成立了请愿团体，派出代表向总督陈述该令状干涉了波士顿的司法，对当地无效。亚当斯也是其中的一员，但是由于他资历尚浅，只能目睹詹姆斯·奥蒂斯等人慷慨陈词的场景，但这无疑也使他对司法独立有了更深的认识。

作为海事法庭的总辩护律师，奥蒂斯对协助搜查令状中无端侵犯民众权力的内容感到十分反感，他辞去职务，参与到殖民地的反对浪潮中，并于1761年2月在法庭上发表了《限制搜查和扣押的要求》的辩护词，虽然后来败诉，但这种精神鼓舞了一大批致力于维护殖民地权利的人士，亚当斯便是其一。他参加了诉讼，写道。"奥蒂斯是一团火焰！

美国独立就是在那个地方，那个时候诞生的；爱国者和英雄的种子就是在那个地方，那个时候播下的。反对大不列颠蛮横无理的要求的第一个行动就是在那个地方，那个时候发生的。"[1]

如果说印花税、常备军、腐败的吏治以及软弱的司法是导致革命的连锁反应的话，那么被舆论过分渲染的波士顿大屠杀则如同浇在火堆上的沸油彻底击碎了殖民地对英国政府的幻想。革命者认为北美离自由已越来越远，约翰·亚当斯撰文："自由无法脱离美德和独立而存在，就如同身体无法离开灵魂。"[2]而将自由寄希望于英国的确所托非人，因为代议制已遭到破坏。英国当局粉饰的整体代议制使得当选议员与其所在选区的关系日益淡漠，相反，当局可以借此而名正言顺地颁布苛刻法令。这种挟天子号令天下的做法在英国国内的反对派以及北美殖民地看来无异于是集权主义的另一种翻版，结果只能是使自由横遭践踏，而英国也将同罗马帝国一样走向衰落。本杰明·富兰克林(Benjamin Franklin)也反对继续与英国保持联系，认为，"将两者联系起来只会腐化、毒害我们自身。"[3]至此一种较为清晰的目标在激烈的论战中逐渐浮出水面，即殖民者认为自己背负着神圣的使命，注定要在历史上留下特殊的地位。北美人民将在英国的废墟上建立自己的国度，她将采用去除了负面因素的法典对邪恶保持警惕，从而走向兴盛之路。"上帝之手指明开创历史新纪元的时代已经到来！"[4]在与英国当局的斗争中，亚当斯的政治思想开始系统化，这意味着他对各种现象有着自己的判断，很难被他人煽动或左右。

亚当斯政治思想的逐渐成熟可以从他对托马斯·潘恩的的看法中得到体现。1776年1月，托马斯·潘恩(Thomas Paine)发表了《常识》(*Common Sense*)一文，这本50来页的小册子立即在整个殖民地引起了轰

---

1 〔美〕戴安娜·拉维奇编，陈凯等译：《美国读本》，国际文化出版公司2006年版，第17页。
2 Bernard Bailyn, *The Ideological Origins of the American Revolution*. (Harvard University Press, 1992), P135.
3 Bernard Bailyn, *The Ideological Origins of the American Revolution*, P136.
4 Bernard Bailyn, *The Ideological Origins of the American Revolution*, P141.

动。该书3个月内售出了10万册，总共售出了50万册，要知道当时北美殖民地的居民仅250万。《常识》之所以得到殖民地民众的热烈欢迎主要在于它迎合了当时民众的普遍感受，将民众长期以来积蓄在心中的对英国的不满淋漓尽致地表达了出来，全文充满了斗争的激情和乐观的革命心态。在书中，潘恩详细地列举了英国君主制的种种弊端，控诉了英国政府对殖民地的压迫，乐观地分析了殖民地在人力、物力和财力上的优势，最后得出结论：殖民地应该宣布独立并且必将赢得独立战争的胜利。

《常识》第一次公开提出独立的主张，客观上使一大批在与英国关系上态度摇摆的人痛下决心脱离母国，为殖民地的斗争提供了舆论支持。然而，与民众狂热的态度形成对比的是，作为大陆会议代表的亚当斯对潘恩的主张却不置可否，甚至在私人信件中表达了对该文作者的肤浅认识的不满。他在《自传》中这样表述，"我很喜欢本书关于独立的观点，但是这本书的1/3充斥着用旧约全书去证明君主制的不合法，另外1/3则是策划成立由独立的州建立的一院制政府。他对旧约全书的看法很荒谬，不知是故意为之还是出于无知。而关于政府的组成形式我认为是出于无知，仅仅是为了取悦于那些'民主'人士。"[1] 亚当斯的这些话不啻对群情激愤的民众迎头浇了一盆冷水，就如同他在波士顿大屠杀事件中的反应一样，他并没有乘势推波助澜，而是进行了审慎和冷静的思考。

从亚当斯对潘恩及其作品的反应，我们也许可以看出两者立场的不同。亚当斯对潘恩的厌恶主要有二：其一是宗教，其二便是政府架构。在《常识》中，潘恩对英国君主制的谴责是基于他对《圣经：旧约全书》的理解，例如他认为，"君主政体在《圣经》中被认为是犹太人的罪恶之一种。"[2] 并且花大量的篇幅引用史实对此进行解释，在他看来

---

[1] Charles Francis Adams, ed., *The Works of John Adams* (Boston: Little, Brown and Co., 1856), Vol. II, P333.

[2] 〔美〕托马斯·潘恩著，何实译：《常识》，华夏出版社2004年版，第18页。

君主都是十足的恶棍，不能期待能出现善待百姓的国王。他甚至认为，"《圣经》的这些部分都记载得清楚而肯定。它们不容许有任何模棱两可的解释。要么是上帝确曾在这里对君主政体提出过抗议，要么是《圣经》伪造的……君主政体无一例外地是政治上的天主教会制度。"[1] 他批判天主教会一直都在向世人掩盖真相，是君主政体不遗余力的卫道士。针对潘恩对君主制的理解，亚当斯认为他完全歪曲了基督教的历史事实，是极其荒谬的。虽然亚当斯是清教徒的后裔，也深知宗教迫害的残酷，但他还没有彻底到曲解《圣经》以为己所用的地步。潘恩则不然，他出身于社会最底层，有一种天生的反叛意识。在英国、北美包括法国他都曾亲身参与到斗争中，有些是为革命者摇旗呐喊，有的甚至是亲力亲为，似乎哪儿有混乱，哪儿就能见到他的身影。当然，潘恩具有坚强的斗争意志，愿意为斗争而献身，虽遭受迫害但仍然不放弃自己的信念，这一点是难能可贵的。

　　亚当斯对《常识》反感的另外一个原因就是其对政府的构成的设想，他认为潘恩对政治如此妄下结论简直就是无知。他在若干年后写给友人本杰明·拉什的信中表述了这样的观点，"我认为，与其反宗教的作品相比，潘恩的政论作品危害更大。他既不懂政治，也不懂宗教。他用心险恶地撰写了煽动性的演说词，让所有的人都感到恐慌。"[2] 实际上，潘恩对理想政府的构想是基于他对当时英国政府的批判，只不过与当时革命者认为英国腐败的根源在于议会架空行政权，褫夺司法权相比，潘恩走得更远。他认为英国政体有三个组成部分：国王、上议院和下议院，国王体现的是君主暴政的残余，上议院体现的是贵族政治暴政的残余，下议院体现的则是共和政体的成就。前两者毫无自由可言，只有第三者才是英国自由的基础。英国政体弊病的症结所在是君权毒害共和，代表自由下议院已经被君权所控制，因此必须废除君主制人民才能重获

1　〔美〕托马斯·潘恩著：《常识》第22页。
2　Charles Francis Adams, ed., *The Works of John Adams* (Boston: Little, Brown and Co., 1856), Vol. IX, P638.

自由,因为,"任何政体愈接近共和,需要国王做的工作就愈少。"[1] 在潘恩看来,立法机构应当由来自最底层大众所构成的下议院掌握,一院制有利于防止自由受到君权的侵犯。

如果说潘恩的观点体现的是革命情绪高涨时大众的强烈愿望的话,那么亚当斯的反应则是一位革命精英的理智思考,当然这是他一贯的表现,就如同他在波士顿惨案中的反应一样。在他的《自传》中,亚当斯表达了他的观点,"我对于如此一个愚蠢的计划(一院制)会向公众推荐感到遗憾,我害怕它会产生负面影响,下定决心来纠正其谬误,于是我写了《对政府的思考》一文来反驳。"[2]《对政府的思考》是亚当斯一部比较全面地提出政府构成设想的作品,最早出现在他写给大陆会议代表威廉·胡珀(William Hooper)的信中。据亚当斯回忆,该文出版后不久,潘恩便匆匆赶往亚当斯家中向他抱怨此文与《常识》观点相左,会误导读者。而亚当斯则坦陈两文确实观点各一,并告知潘恩他撰文的出发点是觉得《常识》太武断,缺乏客观的判断,易于导致混乱。"他的计划太"民主",根本没有考虑到均衡或是平衡(equilibrium or counterpoise),一定会产生混乱。"[3] 同时亚当斯还对潘恩贬低圣经的态度感到吃惊,而潘恩对此则不以为然。两人会面的结果我们不得而知,但就《对政府的思考》与《常识》相比较,我们的确可以感觉到两者政治观点的明显差异,或者说可以看出作为政治精英代表的亚当斯在政治构想上的持重。

首先,尽管潘恩和亚当斯均认为共和制是最优越的政体,是最适合殖民地未来的组织形式,但两人在共和制具体的理解上有出入。众所周知,孟德斯鸠有言,"政体有三种:共和政体、君主政体、专制政体。……共和政体的原则是品德,君主政体的原则是荣誉,专制政体的

---

[1] 〔美〕托马斯·潘恩著,何实译:《常识》,华夏出版社 2004 年版,第 29 页。
[2] Charles Francis Adams, ed., *The Works of John Adams* (Boston: Little, Brown and Co., 1856), Vol. II, P333.
[3] Charles Francis Adams, ed., *The Works of John Adams*, P334.

原则是恐惧。"[1]亚当斯对此深表赞同,他认为美国人对以恐惧为原则的政府早已深恶痛绝,荣誉固然神圣令人敬畏,但就对民众的幸福贡献而言仍不及品德。共和制的根基在于品德高尚之士的杰出贡献,民众通过代议制将权力赋予这些明智者,由他们来行使管理国家的职责,这是共和制的基本原则。在是否采用代议制的问题上,亚当斯与潘恩没有异议,但关于代议制的具体组织形式两人有根本的分歧。潘恩对民众有绝对的信任,他认为由民众组成的单一议会完全能够胜任立法的职责,无需国王或贵族的参与,他们的参与只会妨碍共和政体的运行。亚当斯则不然,他细数了一院制的种种弊端,总结起来大致如下:一院制易于导致罪恶,易于导致贪婪和逃避职责,易于导致野心膨胀和对权力的永久渴望,易于导致效率缺失,过多的人数易于导致在司法实践中委决不下,易于导致大权独揽,超越行政和司法来为自己谋利。一言以蔽之,一院制表面带有彻底的革命精神,但民众是否有能力参与政治事务或者说能够管理好国家,是值得怀疑的。在政治精英与民众之间谁更能胜任管理国家的职责问题上,亚当斯无疑是倾向前者的。他认为如果立法权归属单一议会,势必会与行政权产生冲突,这时若没有一方在两者之间充当调停的角色,形势就会失控,从而导致战争。但是,司法权此时难堪大任,因为它本身就受制于立法权。因此,必须在议会中成立一个独立的议院,在民众与行政权之间起到缓冲的作用,以减少不必要的对抗。与潘恩严厉批评英国政体不同的是,亚当斯认为由平民,贵族和国王组成的机构能够在各方之间维持平衡,是较为合理的政府组织形式,只不过当代的英国政府违背了该原则,导致一方独大的局面,但这并非制度的问题。因此,他认为北美殖民地的政府没有必要为标新立异而完全摆脱惯有的政治制度,在制定法律制度之时应该沿袭前例,继续实行人们业已熟悉的方式。另外,亚当斯还认为囿于当时的形势,革命者不应仓促着手制定具体的政府组织原则和相关法律,只有战争结束后,在

---

[1]〔法〕孟德斯鸠著,张雁深译:《论法的精神》,商务印书馆2005年版,第10页。

和平时期才能开始,此前惟有墨守成规。

其次,在民众的参政素质上亚当斯与潘恩也有不同看法。作为清教徒的后代,亚当斯深受清教教育思想的影响,深知教育对普通民众的巨大作用。在《对政府的思考》中,他认为公民的幸福是政府的最终目的,而幸福又源自美德,因此良好的政府应该建立在美德之上。美德的培养并非一蹴而就,需要长期的教育感化。共和代议制的优点便在于,从民众中选取受过教育兼具美德的明智之士作为政府的管理者,替民众代为行使治理国家的职责。然而,在现实中由于种种原因,教育资源极度匮乏,普通民众难以接受充分的教育,也就难以获得培养美德的途径。因此,亚当斯呼吁,"对青年人,尤其是底层民众的教育是明智和有用的,对于仁慈和慷慨的培养花费再多也不为过。"[1] 与亚当斯不同的是,潘恩认为选民和代表的范围越广泛越好,他担忧少数所谓的名门望族会联手操纵议会,继而将民众的利益置于不顾。他以发生在宾夕法尼亚州议会的一幕为例,证明了有限代表的缺陷。当时,宾夕法尼亚各郡在州众议院的代表极不平均,其中博克斯郡和契斯特郡就占了整个 28 名与会议员中的 15 位,因此,面对民众递交的请愿书,尽管只有这两个郡的议员反对,但由于他们的人数占优,便使得民众的愿望化为泡影。因此,他认为,"同一群人同时具有代议和选举的权力,这种权力是不是太大了?当我们在为后代作打算时,我们应该记住,德行并不是靠遗传得来或维持的。"[2] 美德不需培养,民众都已具备,这是潘恩为什么竭力主张实行一院制的原因所在,也是他与亚当斯观点的差异之处。亚当斯不仅认为美德需要长期的教育与培养,同时美德也具有潜移默化的作用,上一代人的言传身教会对后代产生积极的影响,没有经过教化的民众只能被称为暴民,与波士顿惨案中失去理智的大众别无二样。

---

[1] Charles Francis Adams, ed., *The Works of John Adams* (Boston: Little, Brown and Co., 1856), Vol. IV, P135.
[2] 〔美〕托马斯·潘恩著,何实译:《常识》,华夏出版社 2004 年版,第 76 页。

亚当斯与潘恩在代议制具体内容上的分歧反映出两人不同的立场，即政治精英与大众之间的对立，相较之下亚当斯显得更加理智和成熟。史学家帕灵顿在《美国思想史》中对亚当斯进行了精彩的概括，"在革命斗争期间，他是左翼成员；在宪法领导的初期斗争中，他是右翼成员。……（在法国大革命期间）热血的美国青年都支持法国，而他则是亲英派；别人都接受新的平均主义原则，他却探讨历史以证明社会差别和经济阶级的不可避免性；别人都满怀希望地期待着民主的未来，他却搜集资料说明贵族政治是所有社会的主导因素。"[1] 在其政治生涯中，革命浪潮汹涌之时，亚当斯总是与大众流行的看法背道而驰，为此他不惜遭到误解。只有在一切归于平静后，他的理论得到重新审视时，人们才会发现其价值所在。

就本质而言，亚当斯的政治理论很大程度上受到古罗马共和理论的影响，他的很多观点都是对古罗马政治哲学家思想的继承与发扬。在早期的学习中，亚当斯就大量阅读了有关罗马帝国的书籍，他在1755年10月12日写给朋友兼表亲内森·威布（Nathan Webb）的信中，毫不掩饰地表达了对罗马的欣赏，他写道，"纵观历史，我们会发现一些国家起初被轻视，但后来却不断强大，直至征服全世界。不朽的罗马帝国最早只是一个不起眼的小村庄，但很快便达到巅峰，文治武功，为各国之最。"[2] 他对政府构成的看法是建立在他对罗马帝国政治制度了解的基础之上，两院制、对多数保持警惕也与此有关。同时，亚当斯看似排斥大众的看法背后隐藏的是他对自由之下的民主的深深担忧，这并非他一人的观点，而是代表了一批制宪者的看法。虽然英国政府对殖民地实行苛政暴行，仍然有一些革命者并不愿完全脱离英国式的道路。如同早期的清教寡头们对民主不屑一顾一般，以亚当斯为代表的联邦主义者对绝对

---

[1] 〔美〕沃侬·路易·帕灵顿著，陈永国等译：《美国思想史》，吉林人民出版社2002年版，第269页。
[2] Charles Francis Adams, ed., *The Works of John Adams* (Boston: Little, Brown and Co., 1856), Vol. I, P135.

的民主也毫无好感,他们认为,"民主向来伴随着混乱和争吵,与个人安全、财产权水火不容。"[1] 他们这种对民主的理解是基于对古希腊民主的批判之上的,后者的泛滥直接导致了古希腊的衰败。正是在古希腊失败的教训之上,柏拉图在《理想国》中提出了混合政体的概念,该思想被亚里士多德吸收并发扬光大,成为混合政体的理论根源。古罗马在相对短的时期内征服了许多地区,与其所实行的混合政体有很大关系,混合政体保证了其在军事上成功的同时,国内仍能保持发展。罗马共和政体下培养的公民具有高度明智的判断力和参政水平,因此,在这种制度之下,"暴君很少能愚弄有美德和明智的人民。"[2]

当然,罗马帝国最终也走向了灭亡,但其灭亡并非是由混合政体导致的,而是公民美德的缺失,放纵无度的行为使然。对于这些,包括亚当斯在内的一些制宪者们深信不疑,他们认为只有选择古罗马式的共和制才能避免古希腊式的民主带来的混乱。因此,作为共和制核心的代议制也就成了争论的焦点,到底是实行古希腊式的直接民主,还是采用古罗马式的间接民主,是制宪者面临的抉择,亚当斯与潘恩之间的争论就是分歧的具体体现。值得一提的是杰斐逊对潘恩及其作品的态度与亚当斯大相径庭。在法国大革命爆发后不久,他专门给潘恩写信,表达了对其观点的支持。在1792年的一封信中,杰斐逊如是说,"事实再清楚也没有,我们这里有一帮人拼命鼓吹和宣扬关于国王、贵族和平民的英国宪法……但是,我们的人民却一致同意共和主义的原则……他们喜欢你的著作……请继续用你的笔做其他时候要用刀剑做的事情。"[3] 不仅如此,他还竭尽所能地替被认为是民主典范的法国革命摇唇鼓舌,多次表达的维护法国革命的立场。杰斐逊与亚当斯的分歧原因很多,在下文中将一一展开论述。两者之间的分歧说明,亚当斯的政治观即使是在革命者

---

1 〔美〕亚历山大·汉密尔顿等著,程逢如等译:《联邦党人文集》,商务印书馆1995年版,第62页。
2 Charles Francis Adams, ed., *The Works of John Adams* (Boston: Little, Brown and Co., 1856), Vol. VI, P318.
3 〔美〕托马斯·杰斐逊著,朱曾汶译:《杰斐逊选集》,商务印书馆2011年版,第506页。

内部，也受到了不少的挑战。

1779年，亚当斯被选为马萨诸塞州制宪会议的代表，去往波士顿参加该州宪法的起草。在总共250多名代表中，他和他的表兄塞缪尔·亚当斯 (Samuel Adams)，以及制宪会议主席詹姆斯·鲍登 (James Bowdoin) 被推举为代表成立一个小组委员会，亚当斯又被其他两人推荐为宪法起草人。如果说早先的《对政府的思考》一文表达了亚当斯政府的组成原则，那么《马萨诸塞州宪法》(*Massachusetts Constitution*) 则是这些原则的实际应用，它就像亚当斯的政治宣言，将他的政治主张表述得淋漓尽致。这些系统而严密的政治主张标志着他的政治思想逐渐走向成熟。

《马萨诸塞州宪法》在前言中表明，建立政府的目的在于保证国家的安全，人民的权力和幸福的生活。如果不能实现这些目的，人民就有权重组新的政府，来确保安全、幸福和繁荣。同时，每个公民与全体人民缔结条约，为平等的缔约双方，都有义务来履行彼此的职责，接受法律的约束，共同实现全民的幸福。前言之后便是洋洋洒洒长达30条的《权利法案》，概括起来大致可分为宗教信仰、主权在民、司法陪审团制度、代议制下代表与民众的关系、税收制度以及驻军和军事法庭的设立等等。其后便是政府的具体组织形式，包括立法、行政、司法的分权原则，两院制立法机构的构成和司法权的行使等。这些原则和方法在《对政府的思考》中都有具体的表述，只不过这一次更详细更具体，将各个部门之间的分工与合作罗列得非常清楚。

这部宪法一个独特之处还在于对教育的强调，亚当斯在第二部分第五章和第六章中着重表达了对鼓励大学教育和发展文学创作的关注。重视教育的根本在于培养清教徒长期以来倍加珍视的美德，这是建立良性社会的基础，亚当斯认为，"智慧、知识和美德存在于人们的身上，对于保存权力和自由而言必不可少。由于它有赖于全国各地教育的推广和普及,因此立法者和行政当局应以促进文学和科学为己任。"¹ 他提倡在全体社会成员中开展仁慈、博爱、慷慨、诚实等观念的培养,以期在道德层面上提高马萨诸塞乃至整个殖民地民众的道德品质。这些观点充分表明亚当斯的重视精英的政治观,他想通过教育来培养一批地方精英,参与政治事务。的确,殖民地在教育方面还存在不足,因为任何需要鼓励与提倡的行为都说明,社会在这些方面存在一定的不足,美德的培养也是如此。虽然经过将近 200 年的发展,马萨诸塞殖民地各方面都有明显的进步,民众的素质在北美各个殖民地中应该是比较高的。但在亚当斯看来,他们还远远达不到自由参政所需的基本品质,仍然需要不断地加强品德修养。

这部亚当斯主笔的宪法很快获得通过,但马萨诸塞殖民地制宪会议也对该宪法进行了少许改动,修改的这些地方都与亚当斯本人的政治观有密切的联系。例如宪法的《权利法案》第一条宣称的"所有人生来自由和独立"被修改为"人生来自由平等",这一点令亚当斯有些不快,在后来的回忆录中他表达了这种不满。因为在他看来,人生来是不平等的,换句话说有些人生来就注定比他人优秀,无论是智力也好还是美德也好,这批人是天生的领导者。他们有义务,有责任,也有能力来领导其他人,建立一个完美的社会。另外,《马萨诸塞州宪法》也明显体现出亚当斯对行政权的偏好,他在第二章的第一条就表明称呼州长时应使用阁下作为敬称。这种带有等级观念的言辞在当时受到了人们的非议,但亚当斯在马萨诸塞殖民地的威信让反对者不得已而作罢。有意思的是,当若干年后起草合众国宪法时,亚当斯欲故技重施,意欲在总统华盛顿的身上冠以类似的称号。结果招致许多反对意见,他们对此群起而攻之,认为亚当斯带有强烈的君主制倾向,最终这一次以亚当斯的失败而结束,这当然是后话了。它说明了后期的亚当斯越来越趋向保守,

---

[1] Charles Francis Adams, ed., *The Works of John Adam*, (Boston: Little, Brown and Co., 1856) Vol. IV, P168.

对待大众舆论也比以前更苛刻，也表明在形势发生变化的情况下，如果仍然忽视民众意见，墨守成规，显然难以立足。此外《宪法》草案还规定，总督对议会的决议有否决权，却未谈及议会在应对总督否决时应有的掣肘方案。对此制宪会议经过讨论后，决定增加议会可以凭借绝大多数的优势来否决总督的否决，对此，亚当斯也深感遗憾。《马萨诸塞州宪法》经过制宪会议的讨论后全体通过，成为至今仍在使用的成文宪法。更重要的是它为后来的《美国宪法》提供了蓝本，它的许多原则和方法都被合众国宪法所采纳，成为了联邦各个组成部分的共识。通过《马萨诸塞州宪法》，亚当斯将自己的政治观以宪法的形式固定下来，使其成为美国的立国之本，对美国以后的政治走势产生了深远的影响。

通过对亚当斯在革命期间的言行可以看出，在风起云涌的革命风暴和不断兴起的大众意识面前，他在不断地修正和完善自己的政治理念。的确，民众的力量是不容忽视的，《对政府的思考》也好，《马萨诸塞州宪法》也好，都渗透着重视民众的思想。正是有了民众的推动，以亚当斯为代表的精英政治家们才认识到民众对革命必不可少，在制定具体的政治制度时，不能缺少他们的作用。虽然亚当斯本人对民众持有限信任态度，但他从未在任何场合表达过忽视民众的观点。相反，他一再表示，只要对民众加强教育，培养美德，他们完全能够胜任管理国家的职责。

第三节　美国宪法原则与亚当斯的政治思想

《马萨诸塞州宪法》颁布后不久，亚当斯便被大陆会议委派为全权大使出使法国，从此开始了他长达 9 年之久的外交生涯。此间他历任驻法国、荷兰和英国公使，为美国在欧洲的利益而奔走，不断消除欧洲对新兴合众国的误解，并且获得了很大的成效。在欧洲期间，亚当斯并未停止其政治哲学的探索，撰写了大量政论文章，不遗余力地阐明他的政治理念。

1786年，马萨诸塞爆发了一场农民起义，它由独立战争退伍的老兵丹尼尔·谢司 (Daniel Shays) 发起。在很短的时间内，起义军相继攻占了一些法院和军火库，这立刻引起了当局的恐慌。虽然起义最终被镇压下去了，参与起义的老兵也被监禁，但它背后的原因却发人深省。彼时的美国虽形式上独立于英国，但在很多方面却与真正意义上的国家相去甚远。独立之初的13个殖民地依旧相对独立，由于历史原因，它们都有自己比较完善的政治体系，不仅存在形式各异的宪法，相关法律也不尽相同。这种形式上统一而实际上松散的情况，使得各个殖民地的最高长官拥有极大的权力。同时，由于缺乏有效的制约和协调，各州之间的交往较少，隔阂分明。对于以亚当斯为代表的共和主义的倡导者而言，分散的政府与他们的政治初衷是背道而驰的。

谢司起义虽然是个案，但它表明，如果不在一个统一的中央政府之下进行各州事务的管理，民众对某一事件的不满情绪势必会扩大和蔓延，继而引发严重的后果。起义的原因表面看来是农民不满州政府对他们利益的漠视，强行征收选举人头税，但深层次而言，这是民众对中央集权缺乏必要的认识而造成的。在独立战争前后，民众一直对行政权保持戒心，害怕它会如同英国政府一般吞噬各州的自由。新成立的大陆会议也因得不到支持而无法行使应有的职能，有时候在一些需要统一行动的事项上，大陆会议甚至还不得不求助于各州的立法机构。同时，一些州政府在具体事务的处理上表现得比大陆会议更迅速，更高效，两者相加使得中央政府的威信大大削弱。另外，出于一些客观原因，大陆会议在执行某些措施上的不足也让各州民众颇有微词。例如，在货币政策上大陆会议就显得不够强硬，一再推迟债券兑付的时间。由于债券的发行得不到有力的信用担保，民众也不会全力购买。作为大陆会议惟一的官方货币，大陆币的发行也是困难重重。据统计，从1777年至1779年，大陆会议共发行了1.91亿美元的信用纸币。虽然大陆会议也在发行高额的债券，并且大量地向法国和荷兰等国借债，但这仍然无法确保大陆币的安全流通，其所引发的通货膨胀很快便在各州蔓延，也使得其威信进一步下降。与此形成鲜明对比的是，各州政府在财政上的措施明显比大陆会议更胜一筹。在接受大陆币的同时，他们大多发行有自己的纸币和债券，由于兑付及时，又有看得见的信用担保，许多商人更愿意购买州政府的债券。于是商人的投机行为，加上政府的推波助澜，使得工业制成品价格急剧攀升。与此同时，由于政府战时的禁运措施和农产品低价供应军事需要，农民无法从农产品中获取足够的利润，经济每况愈下。当许多在独立战争中为国浴血奋战的农民回到家乡时，迎接他们的却是低贱的农产品价格和高昂的农业税收。谢司起义便是在这种背景之下发生的，它给邦联制下的美国政府敲响了警钟，"这样一个薄弱的邦联面对的却是立国定邦的大问题，显然它不足担此重任。……新独立的民族处于一种无序的状态，不知建立何种未来。"[1]

谢司起义得到了不少人的同情，但是远在欧洲的亚当斯对这次起义却丝毫没有表示同情，相反，他认为这正是加强行政权力的绝佳机会。他在与杰斐逊的通信中表明，"不要为新英格兰最近发生的骚乱感到恐慌……马萨诸塞州议会急于解决债务问题，征收人们无法承受的税收……这次暴乱会以政府变得更强有力而告终结。"[2]一直以来他都是强大行政权的积极支持者，但是建国后美国分散的政治形势让他倍感失望，起义给予了包括他在内的中央集权倡导者们重组合众国政府的机会，借此可以将在马萨诸塞州得到成功贯彻的若干宪法精神加以推广，让其在更广泛的空间内最大限度地发挥作用。在司法相对弱小的前提下，行政权的扩大势必意味着议会权力的让度或压缩，对此，亚当斯无疑十分清楚，他明确表示要求各州限制议会权力。

对于议会制度，彼时身在欧洲的亚当斯仍然极力主张实行两院制的

---

[1] 钱满素：《美国文明》中国社会出版社2001年版，第31页。
[2] 〔美〕戴维·麦卡洛著，袁原、戴晓征译：《约翰·亚当斯》，中国社会出版社2003年版，第286页。

议会，批判一院制支持者的观点，只不过这一次他的辩论对象由潘恩变成了法国哲学家杜尔哥。实际上，关于两院中的参议院自确立以来一直饱受诟病。对于经历艰苦的独立战争和深受自由观念熏陶的美国人民而言，英国君主制的做派令他们非常反感，母国对殖民地的经济上的横征暴敛，政治上的颐指气使，使得美国民众对任何与英国政治制度相似的地方都有天然的排斥。因此，作为英国上议院在美国政治制度中的对应物的参议院自成立之初就非议不断，一些州如宾夕法尼亚和佐治亚甚至实行一院制，彻底依靠由民众组成的众议院来管理州的日常事务。当时，大部分州在组织政府架构时，不仅将带有贵族色彩的参议院的影响力降低，就连作为行政首脑的总督（州长）的权力也受到了严格限制。一些州的州长由议会选举产生，任期只有 1 年。州长对官吏的任命权力也是有限的，有的州甚至由议会来任命官吏。不仅如此，州长对议会提出的议案也无法否决。但是反过来，议会经过特定的弹劾程序可以罢免州长。至于司法权，基本上是沿袭殖民地时期的制度，游离于立法权与行政权之间，法官或由议会任命或由政府任命，缺乏统一的产生方式，在具体的政治中也无法成为独立的一方来行使制衡的作用。由此，立法权在各州的政治事务中就占据了十分重要的地位，加之立法机关中的众议院是主要的政策制定者，从而使得大众成为了政治上的主导力量。这在以亚当斯为代表的政治精英们看来是不合理的，他们认为，民众固然重要，但如果完全依赖他们来管理国家，就会带来如同古希腊民主一样的混乱。于是，他在 1787 年的《为美国宪法辩护》一文中，借与欧洲学者争论的方式所着力论述了这个问题。

亚当斯撰写《为美国宪法辩护》的产生有具体的历史背景，1779 年的《马萨诸塞州宪法》的通过引起了各殖民地关于政治理论的热烈讨论，其中尤为着重的是有关政府性质的问题，这种争论不仅出现在美国，就连遥远的法国政治理论家也加入了进来。不过法国人对该宪法的批评多于赞扬，尤其是法国政治哲学家杜尔哥 (Turgot)。他强烈批判《马萨诸塞州宪法》，认为它只是对英国宪法拙劣的模仿，毫无创新可言。杜尔哥是绝对民主的信奉者,他赞成实行完全民主以及单一的立法制等。他还认为美国各州的宪法都是如出一辙,"它们没有将权力集中于一个部门,而是成立了若干个不同的部门,众议院、参议院还有州长。这一切仅仅是因为英国有上院、下院和国王。"[1]杜尔哥认为共和国不能照搬君主制国家的制度,因为类似英国宪法的措施只是用来限制王权的,美国则根本没有王权可限制。相反,如果在共和国实施上述措施,则不可避免会带来严重的后果。他将美国制宪者们精心设计的制衡措施看作是"以实际的危险取代想象的危险"。杜尔哥对分权措施尤感不满,认为各州不应过多干涉商业等事务,他对于一些州授权行政机构或是总督在特殊情况下,可以禁止某种商品的进口的做法感到十分反感。基于以上看法,杜尔哥认为独立后的美国根本称不上是一个国家,只不过是由若干个彼此缺乏联系的州组成的松散联盟,其法律五花八门,人们的行为、观点各异,"整个国家只是建立在陈旧庸俗的基础之上。"[2]

不过,对美国革命及其宪法的欣赏者也大有人在,譬如英国学者理查德·普莱斯 (Richard Price) 在一篇名为《美国革命重要性及其对世界的益处》(*Observations on the Importance of the American Revolution: And the Means of Making It a Benefit to the World*) 一文中,就对革命者的努力大加赞赏。正在当时,杜尔哥也给普莱斯写了一封信,即上文提及的对美国宪法原则的批驳。也许是出于辩论的需要,普莱斯在文章的末尾附带了这封信,所以杜尔哥的观点经由普莱斯的宣传,在欧洲逐渐传播开来。对此,当时身在英国的亚当斯是难以置身事外的。经过一段时间的准备,他撰写了《为美国宪法辩护》一文,文章的副标题就是"驳斥杜尔哥致普莱斯信中的攻击"。此文于1786年10月开始撰写,至翌年12月完成,历时一年。当时美国还未召开制宪会议,也没有制定出一部统

---

[1] Charles Francis Adams, ed., *The Works of John Adams* (Boston: Little, Brown and Co., 1856), Vol. IV, P177.
[2] Charles Francis Adams, ed., *The Works of John Adams*, P178.

一的宪法,所以《辩护》并非是为后来成文的美国宪法所作。亚当斯所为之辩护的是各州的宪法,虽说当时业已存在的各州宪法虽然形式各异,但他们都遵循普遍认同的若干原则,有一定的共识,这些共识也是日后美国制定宪法时的基础。因此,从这个角度而言,亚当斯的辩护词也同样适用于此后成文的美国宪法。

在《辩护》一文中,亚当斯首先便就现代君主制所包含的共和思想进行了讨论。他认为,现代以英国为代表的君主制国家已经将制衡的思想贯彻进政治体制之中。共和制的制衡理论的直接表现就是公民的财产得到了保全,自由避免被侵害,代表民众心声的公共舆论不再被官员所压制,而是受到了尊重,出版业正在产生着巨大的影响,商业也出现了前所未有的繁荣。共和制确保了政府是受治于法而非受制于人。如果说现代君主制政府有何不足之处的话,那就是宗教的不宽容,亚当斯毫不掩饰地说,若这一点得到改进,这种体制之下的政府便是完美的政府,完全可以历经数千年而不倒。英国的君主制政府采用代议制,将行政从立法中分离开来,司法则保持相对独立,这是自由政府的基础,也是美国政府所仿效的源头所在。接着,亚当斯论述了以财产等为标准的精英对于共和政体的积极作用。他认为,财产应该作为界定精英的重要依据,代议制之下的代表选择应以此为标准。对于代议制易滋生选举腐败的问题,亚当斯提出的解决方法是加大选举频率和扩大选举范围。这一点在尔后汉密尔顿、麦迪和杰伊等人撰写的《联邦党人文集》中都有体现,尤其是其中的第十篇。

值得一提的是,亚当斯着重强调了分区选举的必要性,这样既可以消除民众选举时的长途跋涉之苦,也可以有效地消除选举腐败。亚当斯认为,精英之于共和政体犹如贵族之于君主政体,是构成三权平衡的重要部分,若缺乏精英的影响,政府就会如同钟摆般游移不定,反之则如三角般稳定。亚当斯以希腊城邦后期的动荡为例,指出民众不断的骚乱就是将贵族排除在政治势力之外,导致民众一方独大。由于对权力的渴望是人的天性,也是所有罪恶的根源,民众的激情若缺乏贵族的制约就会导致动荡的发生。无独有偶,独立后的美国与希腊各城邦的情况类似,稍有不同的就是美国面积广阔,人口众多,相较希腊就更需要实行权力制衡,单一的政府不仅不能维持国家的统一,反而会加速分裂。缺乏制衡的政府就如同用丝线来维系各州,其结果必将是使国家陷入动乱。因此,必须将参议院作为共和政府的一部分,"一个由高贵、富有和能干之士组成的参议院,能够在任何情况下有权与君主协商,对各级官吏保持制约,防止权力滥用……富有者、出身高贵者和才能出众者对民众的影响巨大,他们中的杰出人士必须与大众分开,专门为他们成立参议院。"[1] 亚当斯认为,参议院的好处在于,它为杰出且有野心的人士提供了一个场所,能使他们既可以发挥才能来治理国家,又能防止他们的野心膨胀僭越本职危害国家。亚当斯之所以如此强调参议院的作用,是基于选举制度的利弊所在。因为民众必将会将本国的能力出众之士选为众议员,这些人通过众院发挥其影响力,一旦他们的野心对民众的自由形成威胁,民众就可以将其选进参议院,使其远离行政权,从而对普通民众的影响也就有限了。

针对杜尔哥主张将所有权力集中于一个中央的提法,亚当斯指出,全体人民做决定也就意味着做不出任何决定,这是两人论战的焦点所在。亚当斯认为权力集中于一个中心在封建王权制度之下是可行的,但对于美国这样一个幅员辽阔的共和制国家而言,使每个独立的个体共同行使权力是不现实的。亚当斯以自己在乡镇会议任职期间的经历,来说明单一、完全的民主的不可能。他认为,"当许多人聚集在一起时,他们之中既无政治权威也无天然权威,所存在的只是基于血缘的关系,如父母、子女等最初的权威集体是取得全体民众一致同意,由绝大部分民众投票选出。"[2] 就弗吉尼亚而言,人口有 50 万之多,且分散在各地,如果法律的制定和执行都要依靠全体民众决定的话,那显然没有容纳如此

---

[1] Charles Francis Adams, ed., *The Works of John Adams*, (Boston: Little, Brown and Co., 1856), Vol. IV, P183-184.
[2] Charles Francis Adams, ed., *The Works of John Adams*, P191.

多人数的场所,更不用说将他们召集起来了。因此亚当斯认为,简单而完美的民主不会存在于现实世界,只有将权力和责任交由若干明智之士代为行使才是民主的最佳形式。杜尔哥所谓的权力中心不过由国家来选择特定的代表,继而将政府的权力授予这些人士,由他们组成权力机关来代表实际的国家。这种逻辑是荒谬的,因为长期以来英国政府正是借虚拟代表制度,将北美殖民地居民的权力侵蚀殆尽,从而导致了独立战争的爆发,因此这种制度早已为革命者所唾弃,实在不值一提。据此,亚当斯认为从古代和现代民主制国家、君主制国家的成败来看,三权分立是不可动摇的根基,普遍存在于各种社会,任何政府的建立如果不以此为据,那都将是不完善,不稳定,终将成为被奴役的对象。三权之中妥善处理立法与行政的关系尤为重要,因为政府架构下的自由和法律均取决于两者的分立。尽管亚当斯强调行政权力必须从立法权中分离出来,但他仍然承认立法权要高于行政权,这倒不是他的观点自相矛盾,而是出于对历史和现实的考虑。毕竟立法权能更清楚地反映民众的意愿,而民众的福祉才是成立政府的目的所在,这也是亚当斯重视民众力量的体现,或者也可以说是受民众的推动而形成的政治观点。

虽然亚当斯认识到了民众在政府中的作用,但是出于其政治精英角度的考虑,在立法与行政两者的关系之上,他更加强调行政权对立法权的制约。因为按照常理,后者总是处于较强势的地位,若对其缺乏相应的制约它将很快会侵蚀、攻击行政权直至最后将其消灭。亚当斯在论述三者关系之时多次提及制约,即便是在立法机构内部也是如此。他将那些能力卓著之士称之为"天然的贵族",以区别于因家族、世袭等造成的"人为的贵族",两者可以共同成为立法机构的组成部分,这样就可以有效地抵消行政长官和普通民众的权力,从而扩大贵族团体的影响力。行政机构的组成原则也是如此,包括军队在内的各级官吏,外交使节等都必须是绅士,要确保这些富有的,出身高贵的以及受到良好教育的人士成为行政机构的一员。如果不如此的话,行政机构内部就会因相互猜忌而出现分歧和争端,处理事务的能力降低,此时平民便会趁机来取代他们。亚当斯之所以对民众抱有戒心,是因为他对人性持悲观态度,他认为从古以来人类就有自私自利、爱支配他人,滥用权力的倾向,这是人性使然。为了抑制人性恶的方面,必须重视美德的培养,因为"无论是专制制度还是民主制度,奴隶制还是自由制,如果缺乏美德,幸福就将永远无法实现。"[1]这并不是他第一次提出这种观点,在《马萨诸塞州宪法》中他就曾经提及,不过这一次亚当斯将美德的培养与制度的保证结合了起来。亚当斯认为,制度与美德之间应该是因果关系,美德的培养来自全面而完善的宪法,所谓完善的宪法,其核心应是制衡。譬如一群作奸犯科者组成共和国,如果让他们平等地参与国家的治理,其结果是可想而知的,但是如果有一部设计完美的宪法来规范他们的行为,说不定他们也会变成好人,共和制度也得以维系。因此,只有作为制度存在的宪法才能促进美德的形成,以此为依据的美国宪法无疑为世界树立了一个典范。

尽管远隔重洋,但《为美国宪法辩护》一文迅速传到美国国内,并且受到制宪者的称赞,其核心两院制、三权分立的原则成为了他们制宪时的重要参考。但是,对其反对者也不乏其人,一般亚当斯对这些意见都不会太多计较,因为参议院的设立本身就带有明显的英国特色,其贵族色彩一直以来也饱受诟病。另外"天然贵族"的提法对于自由、平等意识正在兴起的美国也似乎有些不合时宜。反对者们认为亚当斯是在借维护共和制之名,行鼓吹英国政治体制之实,意在颠覆美国的共和制度。在诸多的反对者中,来自弗吉尼亚的参议员约翰·泰勒(John Tyler)显得十分执着,他撰写了一篇洋洋洒洒长达600多页的文章,名为《美国政府原则与政策探索》(以下简称《探索》)。该文对亚当斯在《为美国宪法辩护》中表达的观点进行了批驳,在反对意见中很具有代表性。为了进一步表明自己的观点,亚当斯专门撰文回应了泰勒的质

---

[1] Charles Francis Adams, ed., *The Works of John Adams* (Boston: Little, Brown and Co., 1856), Vol. VI, P149.

询，我们可以通过两人的交锋看出亚当斯政治观中明显的精英特色。

泰勒的政治观点有别于亚当斯的政治观，作为杰斐逊的支持者，他致力于维护州权，反对强大的中央政府。他持有限政府论，认为普通公民有权参与政治，要防止权力和财富集中以及政治腐败和金融垄断。与亚当斯对人性的看法不同的是，泰勒认为人类并未堕落，他们天生具有某种善恶皆有的道德规范，并受其约束，政府成立的目的在于最大限度地鼓励人性中善的一面，充分发扬美德。他在开篇便提出"亚当斯的政治体系是将政府归结于天命自然形成，而美国政府的政策则是将政府归结于道德自由。"[1] 他认为两者是背道而驰的关系。自然便意味着它是规律的产物，也就是亚当斯所言，凡是人为所致均可避免，自然形成的则无法避免。贵族制度是符合自然的，因此也是不可避免的。泰勒反其道而行之，认为从古至今贵族制度都是多变的、人为的，是人类思维的产物，而非自然形成，因此它是可以避免的。美国的共和制度有别于以往的诸多制度，其独特之处在于自身便含有对权力的警惕，贵族制不适宜于美国。

与亚当斯类似的是，泰勒也认为联邦制下的美国政府是法制政府，在这种政府之下，几乎没有人能获得腐败的机会。这是因为，大到各州小到每个村镇社区都具有高度自治，事务由普通民众共同处理，共同做出决策，联邦政府的影响被最大限度地遏制，它不能过多干涉地方事务。普通民众与联邦政府官员之间形成一种制衡关系，官员来自普通民众，他们之间没有任何财产、身份、地位的不同。正是因为这一点，美国共和制下的民众与贵族制、君主制下的民众截然不同，他们不再仅仅依靠一院制来对贵族与君主形成软弱的制约。同时，民众也可承担维护自身权利的职责，一旦受到侵犯他们就可以组成军队来保护自己。这样就可以不用维持常备军，既可以避免庞大的开支，也可以防止军队成为当权者镇压民众的工具。这是泰勒理想的共和国的模式，但他认为这种

---

[1] Charles Francis Adams, ed., *The Works of John Adams*, P35.

完美的政治形态正在受到威胁，明显的例子便是以亚当斯为代表的联邦党人的主张。如亚历山大汉·密尔顿大力发展商业，鼓励资本借贷，成立银行等金融机构。这些措施使原本充当民众权利维护者的各州失去了力量，使得之不易的平衡被打破。于是经济上的不平等造成了高度同质性的民众之间出现差异，等级制度就会卷土重来，美国式的共和便土崩瓦解了。在泰勒看来，亚当斯对共和制度的曲解甚至比汉密尔顿更坏，因为他公开宣传人类天性不宜自治，也不值得信任，不能给予过多的民主，否则就会造成多数的暴政。令泰勒尤为难以容忍的是亚当斯对英国政体的颂扬，以及他将该制度运用到美国的政府架构之中的做法，例如行政权的扩大和参议院的设立。对此，泰勒针锋相对地提出了对应措施。他主张应尽量缩短总统和参议员的任期，已经当选的行政官员不能重复参选。政府的职责不是分配财富，而是在于保护业已存在的财富。政府应当自律，避免权力过大，要将治理权最大限度地交由地方政府。值得注意的是，泰勒与亚当斯在道德的重要性方面看法一致，二人都强调美德的培养，目的在于掌握权力的人应该摒弃私利，忠实履行职责，为民众谋取福利。

对于泰勒的指责，亚当斯首先否定了泰勒对其政治观的理解，认为泰勒曲解了自己的自由概念和美国当前的政治制度，将两者错误地对立起来。如泰勒认为亚当斯将一切政府制度都看作是自然形成，人力不可改变。对此，亚当斯认为，"我必须承认，这种看法（泰勒的观点）我无法理解。我也不知何为天命，更不知还有自然命运和人为命运。……但我可以肯定的是亚当斯先生从未将任何体系归结于各种命运。"[1] 实际上，亚当斯否认的就是将任何业已形成的制度与偶然性相连，美国的共和制度沿袭的是英国制度，是所有政治制度之中最为行之有效的，从这个角度而言，"亚当斯的制度和美国的制度本源相同，所坚持的原则具

---

[1] Charles Francis Adams, ed., *The Works of John Adams* (Boston: Little, Brown and Co., 1856), Vol. VI, P300.

有一致性，共同形成政府组织框架，实际上它们完全一致，不应分离开来，更不能使两者对立。"[1]

亚当斯认为泰勒对贵族的理解是错误的，所谓"天然贵族"即那些社会中能力超群之士，这些人能够影响到他周围的投票者，使他人的选票为己所用。当然，这种影响力也是有限的，它不可能影响到大部分的人。这也就是他区别于"人为的贵族"之处，后者完全是制度不平等的产物。从这方面来看，亚当斯所指的天然贵族实际上就是人类中的精英，他们并非那种社会独有，而是广泛存在于各种社会形态之中。按照亚当斯的说法，"我所说的贵族，意思是指那些在社会中能凭借自身影响，决定两个或两个以上投票权的人，这些决定因素包括：美德、才能、学识、态度、健谈、沉默、坦率、保守、相貌、身材、口才等等，而在你（泰勒）看来，所谓的贵族只是带有人为的头衔而已。但这些绝不是贵族，贵族从一开始到现在以及将来都与这些人为的规则毫无关联。"[2]亚当斯认为，承认人类在道德上存在差异与鼓吹等级制度是两码事，而泰勒将两者混为一谈，主观臆想亚当斯的意图在于强调等级观念，从而在美国构建类似欧洲的等级社会。对此亚当斯尤为愤慨，他指出，"这种引用是完全绝对没有根据的，亚当斯先生从未讲过或写过这样的话……相反，他（亚当斯）的政府形式或曰马萨诸塞以及美国的制度都是基于人人平等，权力平等的原则之上。"[3]亚当斯认为，在民主共和制度下，任何人都具有同等重要性的设想是虚妄的，他们也许享有相同的权力但未必具有相同的能力。

针对泰勒批判制度造成的等级差异，亚当斯认为美国制度中的等级色彩极少。参议院与英国上院惟一类似的地方只是在于其对立法的制约，仅此而已，它与任何等级秩序都无相似性。至于行政权，在英国它是无限的，而在美国，它有明确的时间限制，这也就决定了它与英国君

---

[1] Charles Francis Adams, ed., *The Works of John Adams*, P301.
[2] Charles Francis Adams, ed., *The Works of John Adams*, P307.
[3] Charles Francis Adams, ed., *The Works of John Adams*, P308.

主制的根本区别。亚当斯并不认为美国各州的行政权过大，相反他建议应赋予行政首脑更多的权力。即便是在参议院与行政之间他仍然偏向后者，尤其是参议院可以在行政职务的任命以及条约的缔结等方面对行政权产生制约，对此他十分反对，认为这种措施"不仅是毫无用处的，而且是极其有害的。"[1] 他毫不掩饰对行政权的偏爱，表示，"杜尔哥等人对我们给予总统或州长过多权力的做法感到不满，这是事实，我为此感到高兴。尽管他们（行政首脑）任期有限，但他们拥有比其他国家元首更多的行政权力。"[2] 杰斐逊在1787年的一封信中向亚当斯表达了对总统职位设置原则的担忧，"总统似乎是波兰国王蹩脚的翻版。他可以每四年当选一次，终身连任。理智和经验告诉我们，可以多次连任的行政首脑等于是终身任职。"[3] 对此，亚当斯明确地表明了不同意见，他向杰斐逊表示，"你害怕的是一人，我担忧的则是几人，我们都赞同多数必须得到完全、公平和完美的代表。因此，较之参议院，我宁愿给予总统更多的权力。"[4]

亚当斯对行政权的偏好并非说明他是君主政体的推崇者，他所提倡的是各方之间的一种均势，实际上这种贯穿其政治思想始终的就是制衡的理念。他之所以大力提倡加强行政权，只是出于行政权相对于其他两者比较弱小，无法充分承担制约之职责的考虑。所以当别人（包括泰勒）将他当作君主制的维护者来攻击时，他立刻表示反对。在泰勒看来，与君主制相关联的有国王、权力无限、任期终身等，这些都是美国制定政治制度必须要避免的。但是亚当斯认为君主制与这一切并无必然联系，世袭制也不是判断君主制和贵族制的必要因素。所谓君主或曰首脑，他们的任期是灵活的，既可终身也可以是短暂的，与欧洲的封建君主制存在明显差别。亚当斯所推崇的君主制，与贵族制以及民主制如果

---

[1] Charles Francis Adams, ed., *The Works of John Adams*, P316.
[2] Charles Francis Adams, ed., *The Works of John Adams*, P316.
[3] 〔美〕托马斯·杰斐逊著，朱曾汶译：《杰斐逊选集》，商务印书馆2011年版，第429页。
[4] Charles Francis Adams, ed., *The Works of John Adams* (Boston: Little, Brown and Co., 1856), Vol. VIII, P510.

说有何相似之处的话,那就是它们都受同一因素的制约,即社会法律,只有法治的政府才是理想的政府。亚当斯还澄清了自己对民众的态度,这是泰勒批评他的主要原因。平心而论,尽管亚当斯多次表明对大众不信任,并为此撰文辩护,但这不能说他视民众为草芥,或者像许多批评者说的试图在美国恢复封建帝王制度。一个明显的例子就是,他对美国宪法缺乏保护民众权力的条款的担忧。在1787年9月,当时还身处伦敦的亚当斯收到了从大洋彼岸寄来的美国宪法副本,虽然他对宪法所确立的制度颇感满意,但令他担心的是其中缺少有关人权的章节。他写信给杰斐逊,问道"你认为来个权利宣言怎么样?这是否有些超前呢?"[1]这说明亚当斯对民众是尊重的,他所反对的是缺乏理智的暴民政治。泰勒在《探索》一文中批判亚当斯歧视民众,别有用心地寻找到为数不多的几个愤怒民众的受害者,借机说明民主制比君主制和贵族制更为有害。针对这样的指责亚当斯指出"所有政府的组成只有一个要素,那就是人民。一切政府都来自人民的意愿,君主制、贵族制还是民主制,都是民众自愿选择的结果。"[2]无论何种政治体制,绝对的权力都有严重的危害,导致理智丧失,独裁者、君王、贵族、平民等概莫能外。亚当斯所指的危害并非专门针对大众,只不过绝对权力在大众身上表现得更凶残,更猛烈。

由是观之,亚当斯对泰勒的《探索》一文深感不满,认为作者完全误解了自己所撰之《辩护》一文的本意。但是颇有意思的是,杰斐逊却对该文推崇有加,在不同场合明确地表示对泰勒观点的支持。他甚至说,"你(泰勒)已经成功地、彻底地粉碎了亚当斯先生的秩序体系,他给每一个法制政府披上了共和主义的外衣,无论它是否与自然权利相符。"[3]杰斐逊在许多方面都与泰勒高度一致,如代表美德的培养(这一

---

[1] 〔美〕戴维·麦卡洛著,袁原、戴晓征译:《约翰·亚当斯》,中国社会出版社2003年版,第294页。

[2] Charles Francis Adams, ed., *The Works of John Adams* (Boston: Little, Brown and Co., 1856), Vol. VI, P319.

[3] 〔美〕托马斯·杰斐逊著,朱曾汶译:《杰斐逊选集》,商务印书馆2011年版,第660页。

点是三人之间为数不多的共同之处)、银行制度、公债、共和制的定义等等。与泰勒类似的是,杰斐逊也将矛头指向世袭制,他将世袭或是任期的长短视为判断制度共和性的标准。按照他的逻辑,美国各级政府中共和制特征最明显的只是众议院,其次才是参议院、各级行政部门,而法院是最违背共和制的,因为它是终身的。在对待精英与大众的态度上杰斐逊也表示后者更值得信任,他在给泰勒的信中写道,"人民大众是他们自身权利的最安全的保管人,尤其是,来自人民欺骗的祸害要比他们的代理人的那些自我主义的祸害小得多。我是赞成那种其组成中含这种成分最多的政府。"[1] 当然,不论亚当斯与他们之间存在何种分歧,有一点值得肯定的就是,他们都看到了不断兴起的民众在政治领域发挥着重要的影响,并在制定政府构成的原则时要将这些影响考虑进去。

第四节 亚当斯精英政治思想的实践及其影响

在亚当斯担任副总统期间,美国政坛基本平静,但有一件事引起了民众的关注,还差点造成了局势的动荡,这就是美英之间签署的《杰伊条约》(Jay Treaty)。按照当时美国驻英特使约翰·杰伊与英国政府达成的协议,英国答应1796年6月1日前从美国西北地区撤军,作为补偿,美国向英国开放内陆河道,并确立英国在西印度群岛贸易中的优势地位。美国船只虽然可以出入英属东印度群岛,但船只的吨位和所交易的货物要受到严格限制。《杰伊条约》损害了美国的利益,引起了美国民众,尤其是原本对英国就没有好感的民主共和党人的强烈反对。在他们的煽动下,纽约和波士顿的民众走上街头,举行游行示威,他们将杰伊的画像付之一炬,怒斥其为美国的叛徒。由于杰伊是联邦党人,

---

[1] 〔美〕托马斯·杰斐逊著:《杰斐逊选集》,第663页。

很快矛头便指向了亚当斯。此时的亚当斯面临着极大的压力,一直以来他都主张政治上仿效英国,而与法国保持距离,这次英国人的行为无异于当头棒喝,也使其开始审视自己的观点。当然,他并没有立刻改变看法,毕竟《杰伊条约》的签订使得美国能够避免与英国的战争。但是他也认为英国人迟早要为自己的傲慢付出代价。汉密尔顿对该条约持支持态度,作为华盛顿内阁的财政部长,他相信经济的发展需要和平的环境,哪怕有时为了和平也要做出一定的让步。在他的坚持之下,华盛顿决定批准该条约。为了慎重起见,华盛顿在批准条约之前,要求参议院召开特别会议来讨论此事。为此他还专门宴请亚当斯,征求他对条约的态度。显然,经过讨论,两人在条约的批准上达成了一致,因为后来参议院以三分之二的多数表决通过了条约。从条约的批准过程来看,华盛顿和汉密尔顿的努力固然必不可少,但亚当斯本人的坚持也不可或缺。虽然亚当斯对条约的内容感到不满,但从他过去长期出使英国的经验来看,与英国政府打交道的确不容易,因为美国毕竟刚刚脱离英国,政治上没有太多的话语权。另外,英国对北美殖民地的统治长达几百年,其政治上的优越感已经深深渗入进处理殖民地事务的方方面面,然而,美国陡然间完全独立,这在英国当局心中难免会留下强烈的失落感。《杰伊条约》的签订正是这种失落感的体现,英国当局是借订立条约来表明,先前的母国对脱离了的殖民地仍然有控制力,或者说是想显示出一种高高在上姿态。实际情况也是如此,当时的美国无论从哪方面来说都远远落后于英国,许多行业,如农业、制造业等都还要依赖于英国。所以,在这种背景之下订立的《杰伊条约》虽说是意料之外,但也在情理之中,毕竟,英国在一些商业条款上对美国还作出了一定的让步。亚当斯对这一切心知肚明,他也利用自己的政治影响力来促成条约的批准。对形势的把握是亚当斯支持条约通过的原因之一,另外,这也与他的政治观分不开。作为精英政治观的倡导者和代表,亚当斯一直以来都主张建立强大的行政权,直接体现就是维护总统的权威。据传记作家麦卡洛的统计,在担任副总统期间,"亚当斯一共投了31次具决定性意义的票,都是为了支持政府,他也成为了美国历史上在参议院投票次数最多的副总统。"[1]这一切都显示了他与总统的言行一致。

亚当斯独立的人格和超越党派之争的行为既赢得了对手的尊重,也使自己在民众心中的地位大大提高。当时恰逢第二任总统选举,担任了两届总统的华盛顿出于各方面的考虑,坚决请辞继续担任总统。于是,关于谁将是下一任总统的问题成了当时各方关注的焦点。围绕这个问题,联邦党和民主共和党展开了激烈的论战,为了破坏对方的形象,双方甚至不惜使用恶毒的言辞互相攻击。彼时,亚当斯仍然是联邦党名义上的领袖,但是由于他很独立并且难以被他人说服,因此他在联邦党人中显得比较另类。汉密尔顿担心如果亚当斯当选总统,其杰出的成就和无私的品质会在民众心中产生深刻的影响,因而他就无法像以前华盛顿在位时那样控制政坛。要知道,华盛顿与汉密尔顿之间的关系情同父子,在一些重大的政治问题上,华盛顿对他可谓是言听计从。出于这种动机,汉密尔顿在不同的场合利用自己的影响力来说服他人,干扰亚当斯的当选。虽然他没有公开反对亚当斯,但是他极力扶持联邦党人的副总统候选人查尔斯·平克尼(Charles Pinckney),意图借此来分散亚当斯的选票,达到自己的目的。虽然以汉密尔顿为代表的一些联邦党人在背后阴谋阻挠亚当斯当选,但亚当斯凭借正直的名声以及超脱的党派倾向和长期形成的威望,仍然在美国政坛具有极大的影响力和号召力,因此他当选的可能性要远远高于其他候选人。至于杰斐逊阵营则一如既往地对亚当斯发起攻击,将他描述成为一个十足的君主主义者,妄图在美国复辟封建君主制,甚至认为如果亚当斯当选,他将会阴谋将总统职位传给儿子约翰·昆西·亚当斯,使得世袭制死灰复燃,而杰斐逊则不存在这个问题,因为他没有子嗣,凡此种种,不一而足。然而宣传毕竟是宣传,它与现实仍然有一定的差距,民主共和党人的造谣中伤并没有削弱

---

[1] 〔美〕戴维·麦卡洛著,袁原、戴晓征译:《约翰·亚当斯》,中国社会出版社2003年版,第358页。

亚当斯在美国的威望，他的政治观在当时仍然在政治界占据主流地位。总统选举的结果是亚当斯与杰斐逊分获71票和68票，分别当选总统和副总统，这是美国历史上第一次正副总统分属不同的党派。亚当斯的当选是实至名归，是对他所持政治观点的肯定，他的政治生涯也因此而达到巅峰，但是辉煌的背后却隐含着许多棘手的问题，如党派之争、与英法两国的关系，还有地位不断上升的民众对参与政治的渴望，这些都是亚当斯需要面对的问题，如果应对不力或稍有闪失，都会造成严重的后果。

1797年3月4日，亚当斯在费城就任美国第二任总统，这个时期是亚当斯践行其精英政治思想的主要时期。他在总统就职演说中再次强调了美国政体与以往相比的优越性，也指出民选体制之于世袭制的优点，并明确表示要继续坚持美国体制。但是，这些坚决的措辞无法掩饰美国当时面临的种种难题，其中首先要解决的就是和平问题。随着《杰伊条约》的签订，英国的威胁暂时告一段落，但是与法国的关系又出现了变数。新成立的法国督政府在对待美国的态度上含糊不清，有时甚至表现出敌视。华盛顿在位的时候为了改善美法关系，曾委派拥护和平的联邦党人平克尼任驻法大使，但督政府对此不置可否。为了改善与法国的关系，避免战争的发生，美国急需派遣一位既有外交经验又有极高威望的政治家出使法国，但是人选的问题让亚当斯颇费了一番周折。按照实情，副总统杰斐逊无疑是最佳人选，他有着丰富的外交经验，又是一位著名的亲法派人士。华盛顿内阁时期的战争部长亨利·诺克斯（Henry Knox）就给亚当斯写信，直陈派遣杰斐逊赴法的必要性。他认为杰斐逊出任特使的好处主要有以下几点：第一、杰斐逊长期出使欧洲，对包括法国在内的欧洲国家形势非常熟悉。他到法国后，可以坦率地将美国的国情告诉法国政府，让他们知道对待美国态度的错误之处。第二、杰斐逊的地位是他更适合担任此项职务。当时杰斐逊已就任美国副总统，以副总统之职任驻法大使，这是对法国政府的极大尊重，他们会因此而改变对美国的态度。第三点也是最重要的一点，即如果杰斐逊的法国之行以失败告终，它也可以把美国民众联合起来，共同应对外患。这也将大大加强总统在民众心中的地位，因为他已竭尽全力来维护美国的国家利益。另外，无论是联邦党人也好还是杰斐逊派也好，都会为此感到高兴，因为它避免了美国陷入战争的危险。当然，诺克斯指出这项任命也有缺陷，就是美国民众在心理上难以接受，毕竟杰斐逊在他们心中享有很高的声望，把如此重要的人物派驻海外显得政府有媚外之嫌。不过，诺克斯也认为这是一项重要的政治使命，民众应该区别对待，并且此前也有杰伊作为最高法院法官出使外国的先例。综合各方面的情况，诺克斯认为杰斐逊是出使法国的不二人选。从诺克斯的表述来看，除了第三点显得有些不太光明正大以外，这几点理由都非常充分。考虑到党派的利益，诺克斯的主张并不为过，因为他的计划即符合国家利益，也对亚当斯本人有利，毕竟杰斐逊的存在对亚当斯而言威胁大过帮助，将其派驻国外是解决问题的最好办法。

但是出人意料的是，亚当斯在回信中明确对诺克斯的提议表示反对。他指出，首先杰斐逊本人有充分的理由不去法国，他有副总统的职责在身，无权退职。即便是亚当斯自己也无权命令他改弦更张。针对诺克斯认为派遣副总统会让法国人觉得受到尊重和礼遇的想法，亚当斯表示了否定。他的依据是，"等级影响深远，在此事上如果混淆等级的话，我们将永远得不到欧洲人的尊重。"[1]在这里，长期出使欧洲，深谙等级观念重要性的亚当斯有着切身的体会。他认为，杰伊作为最高法院首席法官不应该被派往英国担任大使，因为这造成了等级上的混乱，英国人难免会以此为据来对美国颐指气使，《杰伊条约》的签订便是明证。所以，亚当斯认为，"如果我们不想在外国人面前失去尊严，我们就不能自贬身价。试想，如果法国国王派遣自己的兄长，英国国王派遣王储威尔士亲王来担任驻外使节，那欧洲人又该如何看待他们呢？"[2]亚

---

1 Charles Francis Adams, ed., *The Works of John Adams* (Boston: Little, Brown and Co., 1856), Vol. VIII, P587.
2 Charles Francis Adams, ed., *The Works of John Adams*, P588.

当斯认为，杰斐逊的处境与此如出一辙，副总统是美国最高首脑的惟一继承人，其重要性就如同英国王储，特殊的身份和地位决定了他不适宜于出使他国。亚当斯对法国人的做派十分反感，他在给诺克斯的信中把法国人狠狠地批评了一番。他认为法国人只会考虑自己，他们只重视法国人，对其他国家的人则一概贬低。只要能为己所用，他们就大加赞赏，反之就会将其贬得一文不值。正是基于这一原则，他们大肆夸赞杰斐逊，极力贬低华盛顿，这种"顺我者昌，逆我者亡"的做法毫无客观公正可言。在1797年4月6日写给好友埃尔布雷奇·格里(Elbridge Gerry)的信中，亚当斯也表达了类似的看法，他甚至向格里坦言，他曾亲自与杰斐逊谈论关于出使法国一事，结果后者不出意料地表示了拒绝。至于理由，亚当斯没有明说，但是一个不争的事实是，时位的改变使得杰斐逊不屑于担任在外漂泊，总遭人白眼的驻外使节。当然，亚当斯也并没有真正打算让副总统出任驻法使节，出于民族自尊的考虑，他只会派遣身份地位较低的人来担任该职务。他在给格里的信中表示，"无论在我国人民心中，还是欧洲人心中，这（派遣杰斐逊出使法国）都将是失格之举，根据宪法，副总统地位太高不适宜从事外事或担任外交官员。"[1]

然而，形势的发展急转直下，法国政府居然拒绝华盛顿政府的使节平克尼进入该国，后者不得不退居荷兰等待指令。除了禁止外交使节进入该国，法国的军舰还在公海之上劫掠美国商船。法国政府的这种做法，对刚刚就任总统的亚当斯来说不啻为奇耻大辱。他很快就向美国国务院提交议案，商讨应对法国政府行径的措施，其中就包括断绝与法国的贸易关系，甚至建议开始备战。

虽然形势非常严峻，但是，亚当斯仍然对和平抱有希望，他先是打算提名首席法官弗朗西斯·达纳(Francis Dana)担任赴法特使，但由于达纳不能适应海上航行以及他的母亲卧病在床，委婉地表示了拒绝，于

---

[1] Charles Francis Adams, ed., *The Works of John Adams*, P590.

是他又派遣好友格里作为特使之一,出使法国。提名之前,1797年6月20日他又给格里写了一封言辞恳切的信,在信中亚当斯陈述了法国之行的重要性,以及需要格里作出巨大的个人牺牲。他写道,"我深知你必须作出牺牲,但我真诚地希望你不会让我失望。"[1] 当时,美国在亚当斯的提名之下,美国政府还派遣了约翰·马歇尔(John Marshall)作为特使,连同早先的平克尼共同组成三人的代表团。当格里启程去往法国时,亚当斯向他解释了之所以派出三人代表团的原因,主要是出于向世界表明美国重视对法关系,试图以此来向法国示好。当然,尊重并非意味着无原则的妥协和让步,他对格里写道,"我真诚地希望此行能达成(美法之间的)和解,但这不能以国家信念和政府尊严为代价。"[2] 他还表示,"我真诚地希望与法国保持友好,但是如果他们执意要站在我国宪法和政府的对立面,恶意中伤友善者,那么,对于与他们缔结的条约,我就要仔细考虑了。"[3] 为了让三人的外交使命顺利完成,亚当斯还向格里反复强调了团结的重要性,"三位特使之间的和谐,有好以及相互谅解非常必要,三人保持一致也至关重要,要能为重大事件而摒弃私人成见。"[4]

三人带着亚当斯的嘱托相继渡过大西洋来到法国,但是,接下来所发生的事件却是他们始料未及的。当他们抵达巴黎后,法国外交部长塔列朗(Talleyrand)并未立刻接见他们,只是过了几天后才简短地与他们会面。此后,他安排了三个代理人会见美国特使(美国使节在外交密件中将他们称为X、Y、X),并向美国索要高达25万美元的贿赂,又要求美国提供3200万荷兰弗罗林币(约合1200万美元)的巨额贷款,资助法国在欧洲的战争。作为继续谈判的条件,他们还要求亚当斯对他批评法国大革命的言论进行正式道歉。三位美国使节拒绝了这些带有侮

---

[1] Charles Francis Adams, ed., *The Works of John Adams*, P597.
[2] Charles Francis Adams, ed., *The Works of John Adams*, P599.
[3] Charles Francis Adams, ed., *The Works of John Adams*, P601.
[4] Charles Francis Adams, ed., *The Works of John Adams*, P599.

辱性质的条件,并向亚当斯回函进行了详细汇报。这一后来被称之为"X、Y、Z事件"的变故给原本变得缓和的美法关系一记重击。

在整个事件过程中,作为美国总统的亚当斯保持了相当的克制态度,他对此事的态度及言行,是导致事件没有进一步恶化的重要原因。虽然亚当斯在1798年3月就获知了此消息,而且他也对法国人的无礼和贪婪十分愤慨。例如,在事件发生后不久,他想到是否要立刻告知国会真相,并且向法国宣战。此后,他甚至还动员了业已归隐的华盛顿,准备应对法国的进攻。但是出于对国内形势的考虑,他并没有将这一对亲法的民主共和党人不利的消息立刻公开。然而战争的阴影仍然笼罩在美国人心头,联邦党人和民主共和党人对战争都持反对态度,但是他们之间却形同水火,后者竭力要求总统把"X、Y、Z事件"的外交密件立刻公之于众,迫不及待地想要把试图发动战争这顶帽子扣到亚当斯及联邦党人头上。当亚当斯应民众的要求将密件公布之后,一切都出乎人们的意料,想发动战争的并不是联邦党人。法国在民众心中的地位一落千丈,人们纷纷要求政府对法国采取强硬立场,哪怕是宣战。在举国上下同仇敌忾的氛围中,惟一显得有些异样的是民主共和党人的态度,也许是由于党派的成见,也许是出于个人利益,他们竟然将危机的原因归咎于亚当斯对法国的态度。他们认为一直以来总统对法国都缺乏好感,正是因为他在国会演说中发表了一番对法国的不当言论,才直接导致法国人肆无忌惮地向美国特使索贿,因此亚当斯必须对此事负责。民主共和党人具有超强的宣传能力,为了达到目的,他们甚至不惜造谣和发动人身攻击。在外有强敌虎视眈眈,内有居心叵测者蠢蠢欲动的背景之下,亚当斯和联邦党人采取了一项惊人的举措,这项至今仍褒贬不一的措施让他在民众心中的地位一落千丈,甚至导致他连任总统计划的失败。这就是意在限制民众自由的《客籍法》和《反颠覆法》,通过分析两法的背景及具体内容,我们可以进一步了解亚当斯的政治观。

亚当斯担任总统期间,联邦党人的地位显著上升,再加上"X、Y、Z"事件的影响,民众普遍支持对法采取强硬措施。在这种背景之下,一些联邦党人开始出现盲目自大的情绪,自认为是政坛主流,可以对反对派任意妄为。期间,他们在议会通过了几项稍显极端的法案,虽然亚当斯本人并没有主动参与议案的制订,但作为时任总统,这些法案都是经由他之手签署生效的,因此他对这些法案应当负有责任。在联邦党人通过的法案中,最臭名昭著的莫过于《客籍法》和《反颠覆法》了,史学界普遍认为这两项法案极大地削弱了联邦党人的政治影响力,是导致其逐渐淡出美国政坛的主要原因。同时,它也给伺机而动的民主共和党人一个难得的机遇,他们抓住这一点大做文章,发动舆论攻势,把联邦党人塑造为侵犯民权,实行专制的形象,从而将其取代。关于谁是这两法的始作俑者,一直以来,民众都把矛头指向亚当斯,认为是他推动了两法案的出台,联系到他原有的维护君主制、世袭制的言行,亚当斯就越发成为了攻击的对象。然而,时过境迁之后,再来审视200多年前的这一幕,考察事件的前因后果,说亚当斯遭受了不公平的对待也并不为过。首先,我们可以从当时的背景入手来考察亚当斯的意图。当时的美国已由建国之初的13州增加至16州(佛蒙特、肯塔基和田纳西相继加入),全国人口迅速上升,其中就包括大量的移民。由于与联邦党人缺乏利益上的一致性和身份上的认同感,这些移民成为了民主共和党的主要支持者,这让联邦党人深感不安。加之移民中有很大一部分来自法国,按照当时法国领事馆提供的数字,旅居美国的法国侨民数量大约有25000人。他们只需在美国居住满5年,便可获得公民身份,享有与美国人同等的权利。而当时正值两国关系紧张,一旦开战,这些人就会成为美国国内不稳定的因素,甚至有可能与美国为敌。这一点对于独立战争中经历了与"亲英派"斗争的联邦党人来说,可谓历历在目,他们不想重蹈后院起火的覆辙。为了限制新移民对政治的影响,惟有延长其归化年限,使其无法享有同美国公民一样的政治权力。同时,联邦党人担心新移民从事诽谤政府,阴谋破坏社会稳定的行为,于是便授权政府可以采取措施,逮捕乃至驱逐被视为威胁国家的人士。虽然这些措施有些极端,但也反映出当时形势的严峻和紧迫,所谓乱世须用重典。对此,亚当斯虽未亲自参与提案，但对其表示了默许，也说明他对《客籍法》是赞同的。

但是与一般的联邦党人不同的是，亚当斯对两法案的态度是有所保留的，他在事后写道，"我并不接受客籍法或是反颠覆法，我从未在演讲中倡导过任何类似的东西。但是国会接受了这两个法案，我也清楚当时需要这样的措施，因此我对此表示了同意。但是，在当时的情况之下，这些都只是战时的举措，是针对亲法者和幻想与法国媾和的人士。我能理解对法案的反对之声甚嚣尘上，我也预料到了会出现这种情形。"[1] 从字里行间不难看出，亚当斯并不是法案出台的直接推动者，相反他对此是有顾虑的。但是由于他身处特殊的位置，不由得他作出更审慎的判断。除了背景和形势因素外，反对派不顾一切的诽谤和造谣也是导致亚当斯决心批准法案的原因。尽管亚当斯当选总统后，其党派意识逐渐淡化，他也试图去调和两派之间势同水火的关系。但是，殊不知党派的力量当时正在兴起，包括杰斐逊在内的许多政治人物都热衷于搞派系斗争，无论是谁都必须清楚地表明政治倾向，再按照观点来划分。如果态度不清，倾向不明，只能是左右为难，两头受气。亚当斯就是这种处境，一方面，他虽然来自联邦党，是联邦党名义上的领导，但汉密尔顿的强势和出众的活动能力使得亚当斯的号召力大打折扣，一些重大的问题上，联邦党人对汉密尔顿唯马首是瞻，总统倒在其次，两个法案的通过就是明证。至于民主共和党人更是对总统没有好感，认为他只是凭借 3 票的优势当选总统，难以服众。杰斐逊虽然是副总统，但他与总统分属不同的党派，难以在许多事情上达成一致，有时甚至会对总统进行指责。当两个法案出台后，杰斐逊立刻起草了《肯塔基决议》，开启了州政府对联邦政府发起挑战的先例。这种正副总统貌合神离乃至相互攻讦的场面，在华盛顿任职期间是不可能发生的。所以，亚当斯有时抱怨

---

[1] Charles Francis Adams, ed., *The Works of John Adams* (Boston: Little, Brown and Co., 1856), Vol. IX, P325.

杰斐逊作为副总统并没有切实履行应尽的职责，与自己担任副总统期间时刻与总统保持一致的忠诚相去甚远。虽然亚当斯及联邦党人推行两法案带有明显的时代特色，也许是权宜之计，但是，不论如何，法案的出台表明包括亚当斯在内的联邦党人愈加精英化，他们故意地与普通民众划分界线，试图通过强力措施来确保其被治者的纯洁性，从而维持对政府的绝对控制。殊不知这种措施非但没有达到目的，反而被对手抓住把柄，成为实施暴政的证明。除了杰斐逊采取行动以外，麦迪逊也起草了《弗吉尼亚决议》，强烈谴责这种破坏民权的法案和联邦政府无视州权的行为。虽然两人强调的重点不同，前者重在维护州权，后者重在谴责法案违宪，但他们对联邦党人实施的政策造成了极大的阻碍，在拉开对手与民众之间距离的同时，也进一步使己方更贴近民众，成为了他们当仁不让的代言人。

"X、Y、Z"事件使得美国举国上下同仇敌忾，民众的爱国之情高涨，准备与法国决战，战争如同弦上之箭，一触即发。然而作为总统的亚当斯此时仍然保持清醒的头脑，他明白战争并非美国的愿望，只要有一丝和平的希望就应该争取。因此他决定派遣一位美国特使去往法国议和，这个不合时宜的举动在当时引起了轩然大波，公众纷纷指责总统不顾国体以及他们的感受，向法国低头。实际上，在派遣赴法使节的问题上，亚当斯有过仔细的考虑。此前他曾与包括杰伊在内的熟悉欧洲情况的人士交流过，了解到了法国政府的真实意图之后，才做出这个决定的。他在1799年2月18日宣布派遣美国驻海牙公使威廉·万斯·莫里(William Vans Murray)出使法国，翌日他在写给华盛顿的信中对这件事作了解释，"昨天，我决定委任莫里为驻法全权大使，这是我从塔列朗（指法国外交部长—作者注）本人的保证所做出的决定，他承诺任何担任美国全权大使的人都能得到法国政府的正式接待。当然，鉴于以往的情形，这种言辞也许带有欺骗性，我要求莫里在得到正式的保证之前不要离开海牙。"[1] 他向华盛顿保证，自己绝不会为了媾和而牺牲美国政府的尊严。他写道，"那些所谓为了和平所做的孩子气、女人般的哭闹，决不能成为缔结条约的手段，否则只会产生不合理、不公平的结果。一些人现在为和平哭哭啼啼，几个月前他们却是与英国开战的狂热鼓吹者，要是一有机会，他们也会出尔反尔。在选举产生的政府中，战争与和平密不可分，它们都离不开党派的利益。"[2] 从语句中不难看出，亚当斯对当时的形势有着自己的判断，他认为政策的制定不能为某些人的观点所左右。在他的坚持之下，美国派出了一个三人代表团赴法国议和，这让两国朝避免战争的方向又前进了一步。后来事态的发展也证实了亚当斯的判断，塔列朗给他来信表示，保证美国使节得到应得的礼遇，加之法国督政府的倒台，战争的威胁暂时消除。亚当斯在对法关系上的审时度势虽然让美国暂时避免了战争的危险，但他却不知道自己的行为使得连任的机会变得渺茫。杰斐逊和共和党人会利用与法国的媾和把亚当斯塑造为一个懦夫的形象，而亚当斯所属的联邦党则在汉密尔顿的运作之下显得与总统貌合神离。1799年是亚当斯任期的最后一年，也是他政治生涯的顶峰，他的政治观点在理论上和实践上都得到了充分的运用，这是时势使然。然而，美国当时的政治形势正在悄无声息地发生着变化，传统新英格兰地区的精英价值观受到了不断崛起的民众势力的挑战，虽然他们还只是处于萌芽阶段，但从一开始就表现出了对权力的强烈渴望。1800年大选便是这种变化的直接体现，它反映出以亚当斯为代表的政治精英与普通民众之间的关系逐渐出现对立，甚至了产生矛盾冲突。素以民众代言人自居的杰斐逊将1800年选举的胜利称作是"1800年革命"，从两者对垒的情况来看，是不为过的。亚当斯坚守传统政治观，维护行政权以及中央集权的权威，最大限度的发挥代议制的优势，充分运用分权与制衡的原则等等，这些在保持国家统一和稳

---

1 Charles Francis Adams, ed., *The Works of John Adam*, (Boston: Little, Brown and Co., 1856), Vol. VIII, P689.
2 Charles Francis Adams, ed., *The Works of John Adams*, P689.

定的同时，也让民众对政府产生了距离感，尤其是在民众的定义和范围在发生不断变化的环境下。于是他们就不可避免地渴望寻找自己的政治代言人，与传统的精英势力展开较量。1800年选举的结果非常明显地反映了这种趋势，亚当斯的65票当中基本上都是来自新英格兰地区，而南部和西部都转投他者，尤其是决定胜负的南卡罗来纳州，它的8票直接使得亚当斯和联邦党人谋求连任的希望破灭。当然选举结果的产生有着复杂的原因，杰斐逊超凡的活动能力和汉密尔顿关键时刻的倒戈也不容小觑，但是不可否认的是普通民众已成为当时美国政坛一支重要的力量，对政治的发展正在产生深刻的影响。通过对1800年选举的分析，美国政治形势的这种变化就一目了然了。

1800年的这次选举也许是美国当时最有悬念也是最有代表性的一场选举，说它最有悬念是选举人之间差距微小，谁都有当选的可能；说它最有代表性是因为选举各方运用的方式和手段不仅多样而且行之有效，成为了以后历次选举所效仿的对象。亚当斯虽然在选举中失败，但考虑到一些客观因素，也不能说他的主张已经成为了过去。

首先，党派因素制约着他，由于他是时任总统，地位决定了他必须超越党派。虽然他是联邦党人，但在决策的制订等方面他要平衡各方利益，加之副总统又属民主共和党，党派的掣肘成为亚当斯任职期间无法摆脱的阴影。若干年后，当他的儿子昆西·亚当斯因支持对英实施禁运而受到联邦党人指责时，亚当斯不无愤懑地表示，他长期以来早已与这个党派的名字、成员身份和性质都断绝了关系。应该说，党派的超脱使亚当斯保持了独立思考，也让他付出了高昂的代价，他的继任者就没有他这么高风亮节了。

其次，选举之前一系列的事件也左右着结果。上文提及的《客籍法》和《反颠覆法》，包括征税等措施，使亚当斯失去了大量的支持者，这些人转投对手阵营，就改变了选举结果。纽约原本是亚当斯的坚定支持者，但在选举中却发生了戏剧性的变化，出于对两法案的反对，民众纷纷将票投向亚当斯的对手，结果他以250票之差失去了纽约的选举人票。所以，方纳认为，"对于惩外治乱法的广泛抵制，有效地帮助了杰斐逊赢得1800年的总统大选。"¹具有讽刺意义的是，作为农业立国倡导者的杰斐逊，要依靠城市民众的支持才取得选举的胜利，这也从侧面说明了亚当斯缺乏应对大选的经验，不会针对具体形势采用变通的手段，否则选举的结果如何也许不得而知。一些史学家认为，杰斐逊获胜与奴隶制度有很大关系，"在当时，没有奴隶制，'杰斐逊和自由'是不可能指望赢得选举的胜利。如果五分之三的南部黑奴不被计算在总统选举人的名额分配之内，约翰·亚当斯则会在1800年再次当选总统。"²

第三，亚当斯在对法关系上的决定也对选举影响巨大。"X、Y、Z事件"使得联邦党人得到了民众的支持，而一贯亲法的民主共和党人却受到了打击。亚当斯本可利用这一事件来压制反对派，强化其领导地位。但他没有好好利用优势，相反，当法国表现出和平的意愿时，他迅速派遣使者，着手准备和谈。这样做不仅使他在民众心中留下了怯于迎战的形象，也拉开了与其他联邦党人的距离，后者尤其是汉密尔顿早已开始为战争做准备了，他也想借战争树立自己和联邦党的优势地位。这也是为什么汉密尔顿在选举的关键时刻四处活动，游说其他人把票投向平尼克，结果造成联邦党人选票分散，客观上有利于对手获胜。

最后，亚当斯的选举失利与其独立的性格也有着密切的关系。他对政党抱有明显的抵制情绪，不会因党派所属而改变看法。所以，当总统选举结果出来后，他十分惊讶于政党表现出的力量。在1800年12月30日给友人格里的信中写道，"党派精神的力量多大啊！多么果断而整齐划一啊！杰斐逊先生和伯尔先生均获73票，希望国家的和平与福祉能受益于此，但到目前为止我看不到这一点。"³亚当斯对杰斐逊所获选票没有异议，但却认为伯尔的票数名不副实，他认为伯尔之所以得到如此

1　〔美〕埃里克·方纳著，王希译：《美国自由的故事》，商务印书馆2005年版，第78页。
2　〔美〕埃里克·方纳著：《美国自由的故事》，第79页。
3　Charles Francis Adams, ed., *The Works of John Adams* (Boston: Little, Brown and Co., 1856), Vol. IX, P590.

高的票数，与他善于玩弄阴谋诡计是分不开的。正是因为他暗中活动，才使得选举并未充分反映真实情况，他的好运也不符合普遍的规律。对此，亚当斯感叹道，"所有老爱国者，所有有识之士，经验丰富之人，联邦党人和反联邦党人，都受到了羞辱，他们眼睁睁地看着一个机灵的人迅速上升，如同一只充满空气的气球飘在头顶。这还不是最糟糕的，它极大地挫伤了正直的努力，也鼓励了政党的阴谋与腐败。我们该走向何方，前途又在何处，请有经验的睿智之士明示，我对此感到茫然。"[1]

可以说，亚当斯在任内忠实地履行了华盛顿在告别演说中的告诫，尽力保持独立，避免党派成见影响自己客观的判断。但是，这同时也导致了他选举的失利。亚当斯的独立性格还有许多其他的表现，例如他曾多次拒绝一些朋友在政府中谋取职位的请求，也曾不顾舆论执意推行征税的法令，也许他人无法理解这些行为，但是联系到他在整个政治生涯中的表现，如波士顿惨案、宪法的制定以及对法国的态度等，这也就不难解释了。当然，独立并非意味着远离政治领域，亚当斯仍然希望保持自己的政治影响力，力图使政治观找到合适的方式来延续。为此他做了一件让对手感到难堪的事情，这件后来被称之为任命"午夜法官"的事件，不仅引起了激烈的争论，也导致了后来美国司法制度的重大变革。虽然对手指责亚当斯及联邦党人借任命政府官员一事，来刁难即将上台的杰斐逊，但从亚当斯任命的人员来看，他们也并非是平庸无能之辈，相反大部分人都曾担任过各类官员，有的还声名显赫，如担任最高法院首席法官的约翰·马歇尔。另外，他还不计前嫌地任命了一些曾公开批评自己的联邦党人，这表明亚当斯看似仓促作出的决定，实则是经过仔细考虑，并不像杰斐逊阵营指责的那样居心叵测。

亚当斯在竞选中失败了，他带着沮丧的心情离开了华盛顿，也许是心有不甘，也许是为了避免尴尬，他在杰斐逊就职当天的凌晨乘马车返乡，没有参加后者的就职典礼。而杰斐逊在发表就职演说的时候，对

---

[1] Charles Francis Adams, ed., *The Works of John Adams*, P590.

华盛顿大加赞赏，对亚当斯则只字未提，两人此时可谓是形同陌路。但是不论他们关系如何，美国这个新兴国家的指挥棒已经从信奉精英的政治观、强调个人有差异的亚当斯手中，交到了提倡民主平等、相信大众的杰斐逊手中。表面看来，1800年选举的一个突出特点就是代表民众的杰斐逊战胜了代表精英的亚当斯，民主共和党人为此欢欣鼓舞，民众也觉得取得了胜利。但是，如果仔细考察双方的代表人物，却让人觉得颇有戏剧性。正如史学家所言，"杰斐逊这样一个弗吉尼亚贵族和奴隶主、生活得像个皇族一样、尽其所能地脱离了他的同胞及其生活，却被誉为自由的倡导者、'人民的代表'。亚当斯这样一个农场主的儿子、鄙视奴隶制、身体力行美国式的简朴生活和节俭，却被嘲讽为一个贵族，还说如果有可能的话，他会去奴役普通民众。"[1]

亚当斯与杰斐逊的关系历来都是史学家津津乐道的话题，两人出身不同，性格迥异，虽然共同投身于美国的革命事业，但在许多问题上持截然不同的观点。这种分歧让他们最终走向了不同的阵营，并在整个美国早期政治斗争中始终相背而行，直至反目，断绝通信往来。到了晚年，在友人的劝说之下，他们恢复通信交往，重又和好如初，直至几乎同时去世，结局让人感慨的同时也不禁唏嘘不已。两人表面看似观点各异，行为上也是针锋相对，但作为不同阶段的代表人物，他们就如同是美国政治链条上相扣的两个环，相互独立但也密不可分，他们之间的关系变化也反映出了美国早期民主发展的轨迹。从年龄上来看，出生于1743年的杰斐逊比亚当斯年少8岁，这也决定了政治生涯中的杰斐逊始终跟随在亚当斯之后，当然，这种跟随并非意味着绝对的继承或是效仿，相反它更多地表现出一种基于否定之上的发扬。换言之，杰斐逊对亚当斯也并不是表面看来的拒绝并欲取代而后快的态度，这一点可以从考察其整个政治生涯得到体现。实际上杰斐逊在任期间并未抛弃联邦党

---

[1]〔美〕戴维·麦卡洛著，袁原、戴晓征译：《约翰·亚当斯》，中国社会出版社2003年版，第426页。

人的政治主张，而是将其发扬光大，形成了有着丰富内涵的"杰斐逊民主"，所以，"历史的辩证法是，杰斐逊在政治斗争中胜利了，结果却是帮助实现了汉密尔顿的政治宏图。"[1] 关于杰斐逊生平的著作无论在国外还是国内都是汗牛充栋，在这里毋庸赘述，我们需要重点关注的是他的言论以及在言论指导之下的具体行动，也许有时他会出现言行不一的情况，这就需要结合具体的历史环境背景进行深入地解剖和分析。

---

[1] 钱满素：《美国自由主义的历史变迁》，三联书店 2006 年版，第 36 页。

第三章
托马斯·杰斐逊：美国早期政治的改革者

一直以来杰斐逊都被看作是民主的忠实维护者，在他身上有许多明显的标签，如痛恨贫富差距、贵族制度，积极捍卫人民权利，限制政府的权力，强调州权，重农轻商，主张废除奴隶制等。在18、19世纪贵族政治依然占据主流的背景下，杰斐逊的这些思想具有一定的超前意识，为美国政治的发展做出了重要的贡献。可以说，在他的努力下，美国政治的方向开始由精英一统天下的局面转变为民众逐渐参与并成为了一支重要的力量。他在否定亚当斯一些政治思想的同时，也充分地继承了其诸多理念，并将这些思想发扬直至形成独特的"杰斐逊民主"。不仅如此，他的思想对以后的政治家有着深刻的影响。正是在理解杰斐逊思想的基础上，后来的安德鲁·杰克逊将民主政治几乎发挥到了极致，民众参与政治的热情达到了顶点。经过内战，林肯又对杰斐逊思想进一步发展，有效地消除了杰克逊时代大众政治的非理性一面，最终形成了独具特色的美国民主。可以说杰斐逊是美国民主发展过程中的重要纽带，他使得传统的精英政治顺利过渡至大众政治，或者说他有效地汲取两者长处的基础上，创造出了一种新的政治思想。理查德·霍夫施塔特在《美国政治传统及其缔造者》一书中将杰斐逊称之为"出身高贵的民主派"，这对杰斐逊及其思想是很准确的概括。的确，正如杰斐逊的《自传》所写的那样，他家境殷实，5岁便开始接受学校教育，继而又上了拉丁语学校和威廉玛丽学院，毕业后成为了律师，后来当选为县议员，此后便正式步入政坛。应该说杰斐逊的政治生涯基本上是一帆风顺，很难把这样一位养尊处优的上层精英与大众民主的倡导者联系起来。不过，虽然杰斐逊站在民众一边，以维护民众权利为己任，但他的民主思想并不是简单的推倒与重建，他的很多主张带有明显的时代特色，可以说是应时应景之作。要了解杰斐逊为何如此欣赏、同情普通民众，就必须通过了解他的生平，仔细研读他的著作，分析他在具体政治事件前后的言论和态度。

与亚当斯相比，杰斐逊的观点较复杂，有时甚至出现前后不一之处。如他不主张中央政府过于强大，认为它会妨碍州权，但在实践中却抱怨彼时的联邦政府过于弱小，犹如一条"沙绳"不能维系各州，应扩大政府权力。对于联邦宪法，杰斐逊认为应该进行严格解释，但却多次超越宪法，获得未被赋予的权力（路易斯安那购地便是一例）。至于州宪法他更是多次表现出不屑一顾的态度，也曾有过践踏州宪法的行为。他撰文表示行政与立法应当保持独立，不能相互影响，但在当选总统后却多次干扰立法机构，以致遭到国会的指责。他非常热衷于党派斗争，但却在言论中极力贬低党派的影响，认为它会使选举失去独立性。在官员的任用上，杰斐逊主张按照美德来作为考察官员是否称职的标准，但在自己的任内多次委任亲信担任政府官员。他曾极力反对亚当斯在任时颁布的《客籍法》，但后来他却起草了类似的法案，针对外籍人士的歧视与《客籍法》相比有过之而无不及。他对国家银行的态度也前后矛盾，一方面他反对设立国家银行，认为它会干扰政府，另一方面他在当选总统后又要求授予银行特许权力，以便赢得它们的支持。另外，杰斐逊在奴隶制的问题上也是含糊不清，他既公开反对奴隶制，又拒绝给予自己种植园中奴隶自由。在这方面，他与华盛顿是无法相比的，后者在去世前立下遗嘱，宣布自己种植园中的奴隶待妻子去世后便立刻成为自由人，他的妻子更是在他去世后一年便释放了所有的奴隶。不知为何，杰斐逊没有仿效前例，反倒一意孤行。史学家刘祚昌先生在著作《杰斐逊传》中对杰斐逊的思想进行了较为客观的概括，"杰斐逊是一位充满矛盾的人物，我们可以看到在他身上有 5 组矛盾：理想主义与现实主义的矛盾；急（激）进主义与稳健的作风的矛盾；崇高的抱负与脚踏实地的实干精神的矛盾；隐居思想与出仕思想的矛盾；奴隶主贵族地位与民主主义思想的矛盾。这些矛盾在他身上辩证地统一起来，这便是他的独特的风格。"[1]

总之，杰斐逊身上充满了矛盾，也给研究者带来了许多疑问。但是，这些疑问并非没有答案，要想理解杰斐逊复杂的思想就必须结合具体的历史背景、时代特点以及人物的特殊经历等多个方面，还要将其所作的各类著作作为重点加以研究，这样才能较准确地把握他的思想特点。

第一节　杰斐逊民主的思想根源

杰斐逊于1743年4月13日出生于弗吉尼亚沙德维尔一个富有的乡绅家庭，其父虽不是富家子弟，但也是一位凭借聪明才智和勤劳而富甲一方的成功者，其母则出身名门，家族的影响力可追溯至英格兰和苏格兰的历史。家族的显赫无疑给杰斐逊带来了许多先天的优势，他能接受最好的弗吉尼亚式教育，使得他顺理成章地成为了该州在联邦政府中的代言人。

在美国建国时期的13个州中，弗吉尼亚有着与众不同的特点，史学家丹尼尔·布尔斯廷在三卷本《美国人》的首卷《殖民地历程》中，专门辟出一章对该州的历史进行了详细的描述。他将弗吉尼亚定位为"种植者"，这与他在前文所提及的马萨诸塞、宾夕法尼亚和佐治亚存在明显的区别。前三个州的特点都是重观念，对美国意识形成的贡献主要在于思想与道德层面，而弗吉尼亚则以种植园这种独特的经济形式对美

---

[1] 刘祚昌：《杰斐逊传》，中国社会科学出版社1990年版，第481页。

国的形成产生影响。从严格意义上来讲，地处南方的弗吉尼亚在当时的美国应该属于边疆地区，广阔的地域适合种植园经济的发展，同时也造就了很大一批自耕农。在17世纪，弗吉尼亚的自耕农享有平等的政治权利，他们可以不受财产的限制自由选举代表。布尔斯廷把它称为"弗吉尼亚民主的美好时期"，它使得民主的思想在这个相对偏僻，与外界接触较少的地区开始生根，并对以后产生了很大的影响，杰斐逊的民主思想也许就肇始于此，他毕生所推崇的自耕农式的民主应该说也与该州的历史密切相关。种植园经济在很长一段时间内主导着弗吉尼亚的方方面面，但是随着时间的推移，有限的土地逐渐被少数种植园主开发殆尽，白人自耕农开始离开弗吉尼亚去往其他手工业发达的地区。为了填补劳力的不足，种植园主大量输入黑奴，这在客观上造成了阶级的分化，加剧了等级的差别。布尔斯廷对此毫不客气地指出，"弗吉尼亚已成为贵族统治之邦。……到18世纪中叶，不超过一百个家族控制了该殖民地的财富与政事。"[1]但与此同时，布尔斯廷又指出，"弗吉尼亚已经成为酷似英国农村的社会，但这种相似更多的是在于形式而不在于内容。"[2]这也是新贵族与旧贵族的本质区别。虽然从表面来看，土地与财富的集中造就了贵族阶层，但这些新兴的显贵与英国的贵族有着明显的不同。在他们的成长过程中，世袭制、爵位等与等级观念紧密相连的因素并未起多大作用，相反代议制、平等选举权等却植根于他们心中，因此可以说弗吉尼亚的贵族只是有名无实，他们的观念并不像传统英国绅士的观念，对待社会底层的人也多了几分宽容。布尔斯廷将他们描绘为，"弗吉尼亚绅士对办实业比较积极，不那么害怕被经商所玷污，在心理上更倾向于资本主义，对现金收支平衡表颇为精明，知识兴趣也多样化……。"[3]史学家刘祚昌也同样对弗吉尼亚的绅士阶层作出了如下评

---

[1]〔美〕丹尼尔·J.布尔斯廷著，时殷弘等译：《美国人：殖民地历程》，上海译文出版社1997年版，第135页。
[2]〔美〕丹尼尔·J.布尔斯廷著，《美国人：殖民地历程》，第136页。
[3]〔美〕丹尼尔·J.布尔斯廷著，《美国人：殖民地历程》，第144页。

价,"弗吉尼亚的这些绅士都有一种强烈的公共责任感,感到参加管理殖民地是责无旁贷、自己分内的事。"[1]

经济上的成功决定了他们必定会对政治产生有力的影响,因此这些弗吉尼亚式的绅士很快便成为了殖民地政治的核心力量,并且他们的形成和发展不仅仅局限于弗吉尼亚,更多地是借诸如华盛顿、杰斐逊、门罗等显要人士为影响力逐渐扩大至整个美国,从而形成了美国早期的政治风格。布尔斯廷指出,"这些政治习俗就是弗吉尼亚式的贵族政治的代议制,其特殊的贵族政治品格从根本上培育了美国的代议制政体。这个根可以追溯到弗吉尼亚的黄金时代。"[2] 弗吉尼亚贵族在日常经营种植园的过程中形成了一套完善的管理理念和策略,这些策略被一一用到了政治领域之中,包括选举制度、议员的产生方式、官员的任免等,所有这些政治制度背后显示出的是贵族的强势地位。令人颇觉意外的是弗吉尼亚的民众对贵族独占一切的做法却习以为常,很少有人主动对政府官员的行为进行挑战。相反,一些官员反倒认为民众没有全力支持自己,转而对他们加以指责,有时甚至是以辞职来要挟民众就范。由是观之,弗吉尼亚式的政治实际上就是贵族与民众相互合作的结果,双方都非常清楚彼此的位置。尤其是后者,他们在生活中已然形成了对贵族的顺从,一方面是出于对传统的尊重,另一方面则是认为贵族们在治理殖民地的事务之上确有过人之处,这种能力不是夸夸其谈而得来的,它是基于种植园管理的成功以及大部分贵族的个人美德。于是,双方的默契便由此形成。

现在看来,这种被布尔斯廷称为"绅治政府"的形式的确有其独到之处:其一,代表与民众没有距离感,这与英国的代议制有明显区别。中世纪英国的代议制曾在与国王、贵族的政治博弈中起过积极作用,当时的下议院议员均来自各自选区,其居民身份、财产乃至居住年限都有

---

[1] 刘祚昌:《杰斐逊传》,中国社会科学出版社1990年版,第11页。
[2] 〔美〕丹尼尔·J.布尔斯廷著,《美国人:殖民地历程》,第147页。

相关规定，因此参选者都带有强烈的本土色彩，在维护本选区的利益上也会不遗余力。但是后来这种选民与代表紧密相连的代议制逐渐变了味道，出于便于控制的考虑，代表的地域限制被取消，他们兼有选区代表和全体选民代表的双重身份，于是议会也就转变为整个国家利益的代表，离民众也就越来越远了。而弗吉尼亚的贵族通过种植园这种独特的形式与民众保持相对接近的距离，民众对他们的一言一行都很熟悉，这样就可以保证最大限度地维护本地区的利益。布尔斯廷把这种政体称之为"邻里式共和政体"，以区别于传统意义上的共和政体。其二，代表具有个人美德，受到民众的认可。弗吉尼亚绅士是一个经历了长期发展而形成的群体，他们依靠土地产出，从事经商活动，再加之凭借勤奋的美德，从而积累了大量的财富。这是一个有别于欧洲社会中上层的新的阶层：一方面，他们对土地十分重视。霍夫施塔特指出，"这一神话（土地神话——作者注）之所以有如此大的影响力，最主要的原因，是19世纪上半叶的美国人口，主要由有文化的人和在政治上有权利的农民组成。"[1]；另一方面，他们在一些问题上的态度比较开明，没有非常明显的等级意识。这些人已经不是传统意义上的世袭贵族了，而是具有一定眼光、才智的有识之士。他们在民众中享有较高的威望，能够凭借个人影响充当仲裁人，将矛盾化解在乡村层面，而不至于扩大甚至恶化，这对于社会稳定起了重要的作用。所以布尔斯廷写道，"弗吉尼亚的议员们何必轻视平民百姓，或激情鼓吹'富豪名门'政体呢？实际上他们生活在一个人民默认富豪名门执政而富豪名门又不压倒人民的天地里……他们的农村邻人们笃信能力非凡的贵族富有政治才干。"[2]

作为弗吉尼亚几个名门望族之一的代表人物，杰斐逊自小便深受这种特色民主思想的熏陶，对民众带有同情之心。他在24岁时成为了一

---

1 〔美〕理查德·霍夫施塔特著，俞敏洪、包凡一译：《改革时代：美国的新崛起》，河北人民出版社1989年版，第23页。
2 〔美〕丹尼尔·J.布尔斯廷著，时殷弘等译：《美国人：殖民地历程》，上海译文出版社1997年版，第162页。

名律师，继而当选议会议员，自此步入政坛。虽然杰斐逊出身于名门望族，但他本人毫无颐指气使的做派，一直与民众保持最近的距离。他极力反对人为的贵族，在担任弗吉尼亚州长期间，他废除了具有浓厚封建贵族特色的长子继承制和限定嗣续权，使得大土地所有者的财产逐渐被分散，减少了新贵族产生的可能性。尽管由于历史原因，长子继承制度并未真正在北美殖民地生根，但杰斐逊的出发点无疑带有明显的平民化色彩。他在 1779 年向弗吉尼亚议会提出了一个法案，建议逐渐解放该州的奴隶。且不论他提出法案的动机，就他触及的问题而言，这种对其进行颠覆性修改的提议本身在当时都是要有极大的勇气。另外，在像美国疆域如此辽阔的国度能否实行直接民主的问题上，杰斐逊持有坚定的肯定态度。孟德斯鸠认为直接民主只能在小国寡民中实行，杰斐逊坚持认为民众有能力选举出德才兼备的代表来行使治理国家的权力。任职总统后，杰斐逊颁布法令取消了直接税，深受西部人民的欢迎。针对前任财长汉密尔顿用国债还国债的做法，杰斐逊通过削减开支，平衡预算来减少不断增长的国债压力，获得了民众的支持。杰斐逊还是政党政治的开创者，他成功地通过政党带来的凝聚力使自己获得了参与政治的有效方式，同时也充分调动了民众的参政热情，正是以此为基础，安德鲁·杰克逊完善了政党机器，从而使得大众政治逐渐深入人心。所以，从杰斐逊的诸多政治行为来看，他与亚当斯存在太多的不同。正如他自己所言，1800 年选举的胜利是一场革命，这些言行使他站在了以亚当斯为代表的政治精英的对立面，以民众的代言人自居。可以说杰斐逊毕生都在致力于与高高在上的政治精英作斗争，实现自己的民主思想，维护大众的权利。但是如果我们借此就认为他在民主思想上具有彻底性，完全与传统分离，确立了一种全新的民主理念，那难免有些绝对。实际上，对杰斐逊的许多思想和实践的理解需要结合具体的历史背景。也许史学家斯蒂芬·斯科夫罗内克（Stephen Skowronek）对杰斐逊的评价较为准确，"杰斐逊实际上只是一名调和者。他做得更多的是适应先前的制度，维护原有秩序，而不是去实现该党激进的主张。"[1]这应该也是为什么斯科夫罗内克在《总统政治》一书中，将杰斐逊与亚当斯、华盛顿等一起归于贵族政治之下的原因。

第二节 杰斐逊民主的保守性

杰斐逊思想外在的激进性在国内外已经有许多学者关注，成果斐然，在这里毋庸赘述。但是对于其思想保守性的研究却不多见，或者说是淹没在卷帙浩繁的史学著作之中，很少能进入公众的视野。理查德·霍夫施塔特在《美国政治传统及其缔造者》一书中将杰斐逊称为"出身高贵的民主派"，道出了杰斐逊政治上的双重身份。一方面，他出身显赫，是大奴隶主，拥有上万英亩的土地以及数百名奴隶；另一方面他待人平等，不过分苛求奴隶并且同情大众。然而，在他的双重性中，前者应该重于后者，它是伴随杰斐逊终身的意识。这种意识在思想上的体现便是保守性，他不会因为现存制度的某些缺陷而将其彻底废除，或者说建立新的制度取而代之。以他在任职弗吉尼亚州长期间废止的限定嗣续权和长子继承权为例，如果放在欧洲，该法案的确很激进，一些人也据此认为杰斐逊是彻底的革命派。但是，在当时的弗吉尼亚，这两种制度并没有真正成为约定俗成的传统而根深蒂固，相反由于它限制了有财富者处置财产的自由，遭到了许多人的抵制，一些家族甚至向州司法部门上诉要求撤销长子继承权。也许作为其中的一员，杰斐逊清楚地看到了现实，才心照不宣地提出这一法案。结果法案顺利通过，只有为数不多的贵族是受害者，大部分家族对此持支持态度。所以，杰斐逊提案应该说是形式大于内容，是为了迎合当时地位有所上升的民众的政治需

---

[1] 〔美〕斯蒂芬·斯科夫罗内克著，黄云等译：《总统政治》，新华出版社2003年版，第71页。

求而采取了一种策略。

对于奴隶制,杰斐逊很早就表示了反对意见,1769年他在担任弗吉尼亚议会议员期间,就曾提出过解放黑奴的法案,但遭到否决。在1774年他又在《英属美利坚权利概观》(*A Summary View of the Rights of British America*)一文中重申了奴隶制的罪恶,他认为,"在有些殖民地初创时期,不幸就引进了奴隶制,殖民地最大的目标,就是把它废除。"[1]此外,在负责起草《独立宣言》期间,杰斐逊曾写过一段谴责奴隶制的话,后来大陆会议出于团结的考虑而将其删除。他还多次表示,奴隶制对奴隶造成的伤害要远比英国殖民统治对美国造成的伤害要严重得多。不仅如此,杰斐逊还认为奴隶制会造成白人的好逸恶劳,丧失勤俭的本性。

应该说杰斐逊对奴隶制持否定态度,也一直致力于废除这种制度,但是纵观其整个政治生涯,与其激进的言论相比,他在废除奴隶制方面所取得的成效却也寥寥。这当然主要是受制于制度的顽固和既得利益者的冷淡,但就杰斐逊本人而言,对待奴隶制的态度也不够坚决。以1769年的解放黑奴法案为例,虽然杰斐逊向议会提出了议案,但他似乎对提案的通过并没有抱多大的希望。因为在遭到否决之后,他并没有将此归咎于奴隶制度的本身,而是认为英国政府推行的政治体制妨碍了提案的通过,他感叹道,"的确,在帝王政府时期,任何一件开明的事都休想获得成功。我们的思想被禁锢在狭小的圈子里,习惯地认为我们必须在一切有关政权的问题上服从母国……"[2]所以看来杰斐逊对于提案被否决应该有所预料。既然他预料到提案会无果而终,那他为何还要不合时宜地与主流背道而驰呢?也许有人认为杰斐逊是为了在政治上争取民众的支持,但这只是问题的一个方面。毕竟奴隶制在弗吉尼亚早已深入人心,任何反对奴隶制的人不啻为是蚍蜉撼大树,结果也是可想而知的。

---

[1] 〔美〕托马斯·杰斐逊著,朱曾汶译:《杰斐逊选集》,商务印书馆2011年版,第301页。
[2] 〔美〕托马斯·杰斐逊著:《杰斐逊选集》,第34页。

再加之他本人就是奴隶主阶层的一员，无论如何他还不至于彻底到将革命的矛头指向自己，要是这样的话，也许他早就把庄园中的奴隶解放了，也不会在提案辩论时授人以口实。实际上，杰斐逊提出的解放黑奴的想法有一定的局限性，这种局限性是建立在他对黑人的偏见之上的。尽管杰斐逊在《独立宣言》中宣称所有人"生而平等"，但这里面是否包括黑人，他没有明说，这反映出当时社会对黑人的态度仍然停留在歧视、贬低的层面之上。杰斐逊本人就在《弗吉尼亚笔记》(Notes on the State of Virginia) 一文中谈到了对黑人看法。他首先从生理的角度列举了黑人的种种不足，例如他们的毛发较少，皮肤腺的分泌物多，从而导致身上会发出难闻的味道。黑人是天生体力劳动者，他们只需短暂休息便可重新投入到繁重的劳动当中，与之相对的是他们缺乏判断力，不会思考，没有远见，缺乏应对危险的能力。他们对爱情的渴望甚少，更多的是一种强烈的欲望，他们的悲伤也是转瞬即逝的。至于在推理和逻辑想象力方面，黑人更是要差得多，几乎没有黑人能理解欧几里得的数学定理，他们的反应迟钝、低级、反常。在绘画、雕塑等艺术领域，他们甚至连印第安人都不如，从未产生绘画或雕塑的苗子。因此，杰斐逊得出了结论，"黑人，不管生来就是一个独特的人种，抑或由于时间和环境使然而成为一个独特的人种，肉体和精神的天赋都比白人差。"[1]

无论从哪方面而言，黑人都要低人一等，这是当时的社会现实，那么杰斐逊提出解放黑奴的想法是否有些不切实际呢？实际不然，他的解决办法还是经过缜密思考之后做出的。从杰斐逊在提案中提供的解决方法来看，他主张将法案生效之后出生的奴隶全部解放，但是他们必须和父母生活一段时间以获取必要的生活技能，然后将他们移至美洲大陆的腹地，并且建立起独立的国家。为了弥补黑奴流失导致劳动力的不足，杰斐逊还建议从欧洲引进白人移民。杰斐逊之所以主张将解放之后的黑人移往国外，主要是出于对黑人与白人通婚的担忧，他害怕种族混血会

---

[1] 〔美〕托马斯·杰斐逊著：《杰斐逊选集》，第262页。

导致严重的后果。他谈道,"在古罗马人那里,解放奴隶只需要作一次努力。奴隶获得自由后可与主人通婚而不至于玷污主人的血。但是我们这里却需要作第二次努力,这是历史上所没有的。在获得自由后,他们将被迁送到不至于发生混血的地方……"[1] 由此可以看出,杰斐逊的解放黑奴的方法有明显的局限性。他并非彻底地将他们解放,而是选择了尚未出生的一代作为解放的对象,从而能够利用他们对父母的天然依附关系来保持对他们的控制。解放后的黑人依然没有与白人同等的地位,而是被放逐至荒野之地,他们与白人之间依然有鸿沟,不能与外界进行合理的交流。另外,杰斐逊之所以没有主张立刻解放黑奴,是他害怕如果宣布所有黑奴自由的话,必然会导致奴隶主的反对,社会出现动荡。但是如果对奴隶制听之任之的话,奴隶的不满情绪就可能会积聚,造成更严重的社会问题。在他看来,"奴隶主的锐气在低落,奴隶的锐气在上升,他的状况在改善,我希望在上帝的保佑下,正在为全面解放作准备,而且这将按部就班地在奴隶主的同意下做到,而不是把奴隶主彻底消灭。"[2] 其保守性可见一斑。也许这就是困扰了美国社会上百年的种族隔离的源头所在,它让美国付出了沉重的代价,直到现在仍然没有得到有效解决。

杰斐逊民主思想的另一个重要内容就是对民众的热情,他认为民众有足够的能力来判断是非。相反,他对贵族极其不信任,他认为美国的贵族是以门第和财富为基础的,并将这些人称为人为的贵族。为了促进社会的发展,应该培养具有高尚道德品质的人才,他将这些人称为天然的贵族,他建议以天然的贵族来取代人为的贵族。上文提及他在弗吉尼亚废止了长子继承权和限定嗣续制就是出于这一目的。不仅如此,他还认为普通民众之间也有天资过人者,当权者应当重视他们的存在,通过大力发展教育来促进他们脱颖而出。杰斐逊认为,"依

---

1 〔美〕托马斯·杰斐逊著:《杰斐逊选集》,第263页。
2 〔美〕托马斯·杰斐逊著:《杰斐逊选集》,第279页。

靠从穷人中挑选天才少年的那部分规划,我们希望使州得以利用人才,大自然不但把那些人才撒播在富人中间,同样也把他们撒播在穷人中间,但是如果不把他们发掘出来,予以精心培养,就会被埋没掉。"[1] 在具体培养有才能者的措施方面,杰斐逊与他终生的政治对手亚当斯看法一致,即通过大力发展殖民地的教育,鼓励充分发挥个人美德,来造就品德高尚者。杰斐逊建议在弗吉尼亚设立足够多的学校,以便在人民大众中更广泛地传播知识。按照他的设想,政府将民众按地域划分为若干个小区,每个小区大约由一百户人家组成,称为百户邑,按此标准设立学校。户邑内的家庭子女可以免费接受三年的教育,此后若想继续接受教育,可交纳一定的费用。为了确保贫寒家庭的子女既能接受教育,又不用担心经济负担过重,政府通过派驻各个学校的督察员从学生中挑选天分高,但因父母贫穷而无力继续学业的孩子,并将他们送往专门开设的文法学校。在此期间,学校要对选送的学生进行考核,挑选其中天赋最突出者,继续接受长达6年的教育,其余的学生则送回当地的学校。至于继续接受教育的学生,待学习期满后,将他们一分为二,一半作为师资被派往各个文法学校担任教师,另一半则进入弗吉尼亚的最高学府威廉玛丽学院深造,从而成为殖民地未来的栋梁。按照杰斐逊的观点,这样做的目的是,"……提供适合每个人的年龄、才能及条件的教育,使他们获得自由和幸福。"[2] 杰斐逊非常重视对民众灌输道德的基本原理,让他们在思维定势尚未形成之时就能接受相关的道德准则,当他们逐渐成长时,这些准则便可以发挥作用,指导他们去追求高尚的人生目标。他认为民众是保证政府安全运作的源泉,所以必须提高他们的道德修养,使他们参与到整个政府的管理之中,这样做不仅可以实现真正的民主,也能遏制腐败的发生,因为行贿者没有财力向数目庞大的民众行贿。

---

1 〔美〕托马斯·杰斐逊著:《杰斐逊选集》,第265页。
2 〔美〕托马斯·杰斐逊著:《杰斐逊选集》,第264页。

应该说就当时的情形而言,杰斐逊的思想带有一定的重视大众的民主色彩,但是如果据此认为他的民主具有彻底性,也并非符合实际。首先,杰斐逊所指的大众有一定的范围,正如霍夫施塔特指出的,"总的来说,他(杰斐逊)在热情赞扬'人民'的优点和能力时指的是'农场主'……"[1]由于成长的环境使然,杰斐逊对农业社会有着深厚的感情,他将农业视为美德的代表,是一切道德力量的来源。他认为,"农民大众道德败坏这种现象是任何时代、任何国家都举不出一个例子的。"[2]相反,他对商业、制造业等抱有明显的成见,认为,"道德败坏是这样一些人的标志,这些人不是像农民那样仰望上苍,依靠自己的土地和勤劳来过活,而是依赖意外事故和顾客的变化无常来从中获利。"[3]从这些言论中不难看出,杰斐逊将批评的矛头指向了依靠市场的商业和制造业,认为它们会唯利是图,扼杀美德,为野心家和阴谋家提供了工具。他甚至认为就整个社会而言,农民阶级与其他阶级之比,就是社会中的健康部分与不健康部分之比,换言之,只有农民才是最合格的公民。所以他认为,"就制造业的全面运转来说,还是让我们的工厂留在欧洲吧。"[4]因此,杰斐逊所指的人民是以是否拥有土地为标准的,他对新兴的市民阶级并不信任,在谈及民主的时候,也没有打算将他们包括在内。

其次,在论及培养民众美德时,即使是在农民阶层内部,他认为也并非是一概而论,而是有所侧重。按照杰斐逊的观点,虽然民众之中具有天赋超人的天然贵族,但这仅仅只是一少部分,就如同所谓的人为贵族的奴隶制阶层之中也蕴含有少数有识之士一般。政府不应该厚此薄彼,而是要平等地对待各个阶层,在他们之中进行人才的选拔。普通民众固然数量庞大,但在政治权力的掌握之上,也不能等量齐观,上文提及的弗吉尼亚的教育就是这种观点的体现。民众中的人才要经

---

[1] 〔美〕理查德·霍夫施塔特:《美国政治传统及其缔造者》,崔永禄、王忠和译,商务印书馆1994年,第28页。
[2] 〔美〕托马斯·杰斐逊:《杰斐逊选集》,朱曾汶译,商务印书馆2011年,第280页。
[3] 〔美〕托马斯·杰斐逊著:《杰斐逊选集》,第280页。
[4] 〔美〕托马斯·杰斐逊著:《杰斐逊选集》,第281页。

过相当繁琐的程序才能崭露头角,又经过长期的磨练方可成为殖民地决策机构的一员。那么,经过层层选拔的人才,再经过严格的教育以及道德思想的灌输,他们的看法已经与普通民众的思想有了很大的不同。他们已不再是往日的瓮牖绳枢之徒,而是一批受到教化,有高尚思想的杰出人士,毫不夸张地说他们是弗吉尼亚绅士的代表,俨然成了政治精英,对殖民地的事务发挥着重要的影响。所以,杰斐逊的民主观有一定的保守性,他所谓的大众并非毫无界限,其目的也不是要从根本上否定殖民地既定的传统,来重建新的秩序。相反,他很重视传统价值观念的培养,尤其是与农业社会相连的一整套道德体系,这也是其保守性的体现。

在其政治生涯中,杰斐逊力推了一些具有巨大影响力的法案、文件等,它们对传统有一定程度的反叛,这也成了有些史学家认为其民主理念带有彻底性的立论之据。但是,如果结合具体史实来仔细分析这些文件,这种看法也稍显片面。

杰斐逊在任弗吉尼亚州长期间通过了《弗吉尼亚宪法》,一些史学家根据对宪法内容和原则的解读,认为他主张实行普选权,让普通人都平等享有选举和被选举的权力,这是他重视大众的民主观的直接体现。的确,杰斐逊对弗吉尼亚怀有深厚的感情,并且急切地想在家乡施展自己的政治抱负。于是,当1776年大陆会议甫一发布《独立宣言》,他便立刻回到弗吉尼亚。当然,这里也有牵挂亲人的因素在内,毕竟他的妻子待产在床,急需他的安慰和照顾。但是,他赶回家乡的另一个目的便是,借民主意识风起云涌的时机来推进弗吉尼亚的政治改革。政治改革的内容之一就是推广普选制,他认为普选制是维护民众权利以及消除腐败等弊病的重要手段。推行普选制的措施之一就是缩小与选举权相关的限制因素,为此杰斐逊主张民众只需在城市拥有四分之一英亩以及在乡村拥有25英亩的土地,便可具备选举的资格,这在地广人稀的弗吉尼亚并非是一个苛刻的条件。同时,为了确保选举权能够为大部分成年男子所有,杰斐逊还建议如果成年男子的土地达不到这个标准的话,他可以从州政府领取 50 英亩的土地，这基本上也就意味着每个成年男子都具备了选举的资格。

杰斐逊的上述举措在当时精英当政的环境下，的确难能可贵。但是，考虑到杰斐逊一直以来都致力于推广其农业理想国，这个措施有一定的局限性，并不像我们认为的那样坚决而彻底。首先，还是像前文所论述的那样，彼时的弗吉尼亚仍然处于相对闭塞的环境，种植园经济是殖民地的主流，农产品基本能够自给自足，对外界的依赖性较小。经济上的相对独立使得殖民地的人口构成也比较稳定，这是杰斐逊理想中的社会模式。他对处于弗吉尼亚社会中的人们表示绝对的信任，因此他可以大胆地建议在他们之间实行普选制，他也相信这些具备基本政治素质的民众能够胜任职责。不仅如此，考虑到弗吉尼亚的政治传统及现状，杰斐逊也对自己代表的贵族阶层有充分的信心，相信他们可以凭借自身的美德和威望为群众所信赖，从而以代表的身份来管理州的事务。所以，弗吉尼亚普选制下的民主依然改变不了精英当政的事实，相反它只能会使得他们更加合理合法地独揽政治权力。其次，虽然杰斐逊的建议对选举的资格有一定程度的放宽，但还没有宽泛到没有任何限制，毕竟并非任何一位成年男子都能拥有足够的土地。布尔斯廷在《美国人——殖民地历程》一书中，对弗吉尼亚种植园主的土地使用情况有详细的描述。据他所言，弗吉尼亚主要种植的作物是烟草，需要大量吸收土壤中的养分，但种植园主们却不给土地施肥，久而久之土地逐渐变得贫瘠，产量下降，直至抛荒。由于地广人稀，种植园主对此采取的对策就是不断开垦新的土地，同时，精明的种植园主会预先留出一部分土地作为储备，只选出其中的一小部分用于种植烟草，从而造成肥沃的土地不断集中到少数人手中，可供开垦土地的数量也就日益减少。杰斐逊深知土地对于农业经济的重要性，因此他绝不可能放弃把土地当做衡量政治权利的标准。但是，随着欧洲移民源源不断来到北美，新的阶层逐渐形成，然而由于缺少土地，他们始终被排除在州管理层之外，没有合适的政治经济地位及相应的话语权，这就会从客观上造成弗吉尼亚单一、固定的社会模式，既与资本主义经济的发展不适应，也违背了其民主发展的潮流。所以，囿于当时的社会现实以及他本人的观点，杰斐逊提倡的普选制不能作为其民主彻底性的依据，他宣扬的依然是少数精英当政的政治形态，普通民众缺乏足够的参政机会。

《弗吉尼亚宪法》中另一个主要内容就是规划该州政府的组织形式，按照该法规定，州议会实行两院制，众议院由选举产生，参议院、州长以及最高法院法官则由众议院任命。从形式上来看，众议院在整个体系中享有至高无上的权力，是政治民主的直接体现。但是，让人颇觉意外的是，杰斐逊对宪法所定的立法机构的产生方式并不满意，反倒对它提出了许多反对意见。他在《弗吉尼亚笔记》中指出，议会实行两院制的目的在于将不同利益的代表包括进来，从而形成一种相互牵制、相互监督的均势。他以英国政治体制为例，解释了上院和下院的区别，"据说英国的宪法在诚实方面依靠下议院，智慧方面依靠上议院；如果诚实可以用金钱买到，而智慧是世袭的，那么，这种依靠就是合理的。"[1]这就是英国两院制的精华所在，即以财富的积累以及与其相关的美德，来确定代表民众的下议院的组成，而上议院的组成标准则是代表荣誉的世袭制及其相关的美德。但是杰斐逊认为，在美国两者的区分并非很明显，因为，"财产和智慧同样都有机会进入议会的两个院。因此，我们把立法机关分成两个院，并不从中获得那些使原则适当复杂化所能产生的利益以及那些只有它们才能抵消因意见分歧而产生的弊病的利益。"[2]简言之，弗吉尼亚实行的两院制与现实脱节，不能实现多方利益的平衡，从而只是流于形式。所以，从这里可以看出，杰斐逊的民主观并不是那么激进，他明确表示反对不加区别地将所有权力赋予来自民众的下议院，认为这样也会造成专制，它就如与权力掌握在某个独裁者手中一样沦为专制统治的工具。他指出，"173个暴君肯定和一个暴君一样地富于压迫

---

[1] 〔美〕托马斯·杰斐逊著：《杰斐逊选集》，第239页。
[2] 〔美〕托马斯·杰斐逊著：《杰斐逊选集》，第239页。

性……选举产生的专制政府并不是我们所争取的政府,我们争取的政府不仅仅要建立在自由原则上,而且政府的各项权力平均分配给几个政府部门,每个政府部门都由其他部门有效地遏制和限制,无法超越其合法范围。"[1] 这样看来,杰斐逊所主张的民主带有一定的保守性,他并不将民主等同于数量上的优势,而是将其视为一个动态的平衡体系,其中各方都有自己的代理人,他们通过特定的程序与方法来共同决定重大事务。这种三权分立的制度是杰斐逊所推崇的,它与后来联邦党人在制定美国宪法时宣扬的原则具有一致性。但是,两者还是有一定的差别,主要是出发点不同,前者是出于对强大的政府会侵害民众权利的警惕,而后者则是出于对多数的暴政的担忧。当然,不论初衷如何,归结到底两者还是达成了一致。正如霍夫施塔特所言,"在政治理论上,他与宪法制订者的分歧在于重点而不在于结构。"[2] 也许用殊途同归这个词语能恰当地表示两者之间的关系。

《弗吉尼亚宪法》中,斐逊的保守性还体现在他对行政权的看法之上。一直以来杰斐逊对行政权都持警惕的态度,这主要是基于他在寓居欧洲期间,亲眼目睹了君主制政体下民众面对专横的国王和贵族,毫无反抗之力任凭宰割的悲惨境地。这种情感也影响到了他对弗吉尼亚政府建构中行政权的态度。在《弗吉尼亚宪法》中,政府部门被一分为三,其中行政部门和司法部门均由立法机构产生。一些学者据此认为杰斐逊之所以强调立法权对行政权的限制是因为他相信民众的自治能力,表明杰斐逊带有彻底的民主思想。不过,通过全面考察杰斐逊的思想,并综合当时的具体实际,这种看法难免有失偏颇。的确,杰斐逊对行政权没有好感,害怕它会威胁到民众的自由。但是,这并不意味着他在两者关系上会厚此薄彼。他反对强大的行政权的目的在于将权力分散至各个部门,以便相互制约,不要出现一方独大的局面。所以,正如上文所分析

---

[1] 〔美〕托马斯·杰斐逊著:《杰斐逊选集》,第239页。
[2] 〔美〕理查德·霍夫施塔特著,崔永禄 王忠和译:《美国政治传统及其缔造者》,商务印书馆1994年版,第29页。

的，当宪法草案规定，政府权力掌握在下议院手中，其他两部门包括议会的上议院都受制于它时，杰斐逊明确地表示了反对意见。因为他不希望看到三权中任何一方强大到足以影响另两方职能的正常行使。杰斐逊不仅对行政是这样，就连三权之中相对弱小的司法也没有幸免，如果司法稍有越权，他便会毫不客气地对其指责。如联邦政府时期，最高法院法官马歇尔利用马伯里诉麦迪逊 (Marbury V. Madison) 一案的机会，扩大了司法部门的权限，规定最高法院可以以违宪为依据否决议会通过的法律。对此，杰斐逊表示了坚决的反对，他认为如果法院独揽司法审核权，就会造成司法寡头的出现，再进一步它就会僭越本职，直接干涉立法和行政部门的工作，从而破坏三方的均势，危害政府架构的原则。所以，我们在杰斐逊的政治生涯中可以看到一个有趣的现象，即他总是在立法、行政、司法三者之间徘徊。很难说他到底倾向于哪一方，只不过在他的政治生涯中为了与亚当斯在内的联邦党人区分开，他总是发表一些同情民众的言论，刻意拉近与人民的距离。所以很容易将他与抬高立法，压低行政和司法的倾向联系起来，将他贴上激进的民主主义者的标签，这是一种片面的看法。

在弗吉尼亚期间，杰斐逊还亲自参与制定《弗吉尼亚宗教自由法案》(*A Bill for Establishing Religious Freedom*)，他对此极为自豪，甚至准备将其与《独立宣言》、建立弗吉尼亚大学作为生平三大成就镌刻到自己的墓碑上。许多史学家将该法案看作是他反对带有封建色彩的宗教，维护民众信仰自由的有力举措，表现了杰斐逊同情民众的一面，也是其民主思想的体现。但是，如果考察一下当时弗吉尼亚的宗教状况，也许该法案并没有我们想象的那样激进。

在当时多个殖民地中，弗吉尼亚在宗教问题上有些与众不同。与新英格兰地区、宾夕法尼亚和马里兰等殖民地相比，弗吉尼亚殖民地的建立并非是为了逃避宗教迫害，寻找一方净土。相反，殖民者将英国当时的宗教制度几乎原封不动地移植到了美洲，布尔斯廷指出，"早期弗吉尼亚的宗教不是乌托邦式的，也不是'净化'的，英国的现行宗教生活成立移居美洲的英国绅士生活的一部分。……弗吉尼亚的英国国教会是个宽容的教会，它实际上与弗吉尼亚社会共生共栖，而并非众多教派中的一派。"[1] 当然，弗吉尼亚教会与英国教会也有很大的不同，其中一个最明显的特点就是教会没有严格的等级制度，主教的职位不复存在，各个教区教会都是独立和自治的组织。另外，由于担任教职后需要定期远涉重洋到英国去接受任命，而旅途期间有存在如海难、疾病等诸多风险，许多原本有志于此的人士纷纷放弃教会职位，这迫使殖民地当局不得不采取折中的措施来化解危机，于是，自治便成为了弗吉尼亚教会的一大特色。所以，到了新大陆的教会保留了教会原来的积极面，去除了其不宽容的一面，民众也都习惯了教会的各种制度。

就具体的自治形式而言，教会成员的产生方式类似于后来议会产生的方式，或者说后者与前者类似，因为它就是脱胎于宗教制度。这种制度与英国教会有很大的不同，其一，它抛弃了英国教会由少数牧师控制的做法，因为如果牧师与自己的教区缺乏人身上的依附关系就会导致腐败。将权力下放至每个独立的教区，每个教区的宗教权力机关是教区委员会，它们有权选择本教区的牧师，同时只有经过它们的同意牧师才能留任下去。所以弗吉尼亚牧师的地位并不如他们在英国的同事地位高，有时他们甚至被教区委员会看作是契约关系之下的被雇佣者，可以随时与其解除雇佣关系，这在欧洲是不可想象的。其二，英国教会内部等级明显，上层人士可以坐在家中享受庄园的物产，过着锦衣玉食的生活。而处于最底层的牧师则境地要悲惨得多，他们没有领地和庄园，只能如同奴仆般依附于教会，靠微薄的收入为生。但是，这种情形在弗吉尼亚却没有出现，当地的牧师一般地位较高。也许他们会出身穷苦，但是一旦成为了牧师就可以很轻松地通过婚姻关系进入上流社会，成为绅士阶层的一员。其三，在殖民地宗教事务中发挥重要作用的教区委员会有很

---

[1] 〔美〕丹尼尔·J.布尔斯廷著，时殷弘等译：《美国人：殖民地历程》，上海译文出版社1997年版，第164—165页。

大的自治权,它实际上垄断了殖民地包括宗教和世俗等各个方面的事务。它的成员都是一些有声望的人士,如乔治·华盛顿、詹姆斯·麦迪逊、帕特里克·亨利等,这些人既是教会成员也是世俗政府的官员,真正地掌握着殖民地大权,他们一般都是大种植园主,是殖民地的精英。例如,华盛顿本人既是费尔法克斯县的法官,又是特鲁罗教区委员会的成员。所以,正如布尔斯廷所言,"十八世纪弗吉尼亚的'自治'——宗教事务上和民政事务上都是如此——当然是居统治地位的种植园主代表其仆役和邻人实行自治。……他们具有学历、道德和财产方面的资格,看来是凭智慧和克制行使其权力的。"[1]这些精英们将宗教与世俗完美地结合起来,借助个人的美德来管理殖民地,民众也对他们充分信任,没有任何试图对精英们统治发起挑战的行为。两者在一些重大问题上彼此心照不宣,美国革命也是他们共同努力的成果。宗教的影响不仅深入人心,也反映了革命者的思想,这种思想并不是与传统完全决裂,而是在尊重传统习俗的前提下来建立新的国家。布尔斯廷因此指出,"在弗吉尼亚,默默地信奉国教——它既是古老英国传统的堡垒,又是当地独立情绪的反映——助长了对于英国法制和英国人传统权利的崇敬,而正是这种崇敬鼓舞了美国革命。"[2]所以,到了美国革命前夕,弗吉尼亚教会的统治已经被大大削弱,持不同宗教观的民众数量甚至超过了官方教会的人数,就连作为宗教权力机关的教区委员会也被持不同意见的人士所控制,宗教自由可以说在弗吉尼亚已经成为了一种趋势。

就是在这种传统和现实之下,杰斐逊不失时机地提出了宗教自由的法案。值得注意的是,杰斐逊本人也是正统宗教体制的维护者。他曾在 28 岁时的一场法律诉讼案件中,担任教区委员会的辩护律师,来谴责一位行为不端的牧师。杰斐逊利用自己对宗教和历史的熟知,旁征博引了许多经典之作,最终使得教区委员会赢得了这场官司。也许正是从这场

---

1 〔美〕丹尼尔·J. 布尔斯廷著:《美国人:殖民地历程》,第 172—173 页。
2 〔美〕丹尼尔·J. 布尔斯廷著:《美国人:殖民地历程》,第 175 页。

官司中，杰斐逊发现了可以将宗教问题作为政治观的载体而加以关注。由于杰斐逊自小在宗教氛围较为宽松的弗吉尼亚长大，他的宗教观自然也就相对开明，他曾在《弗吉尼亚笔记》中写道，"信仰的权利我们从来没有交出过，也不能交出……我的邻居宣称有20个上帝，或者一个上帝也没有，对我却并没有损害。它既偷不走我的钱包，也打不断我的腿……"[1]他还认为不应对宗教意见不同者施以武力，迫使其改变信仰，因为如果这样做的话，只会使得他们变得更极端，成为一个伪君子，而绝对不能成为诚实的人。为此，必须在他们之间开展进行理智的探讨，通过自由的言论让宗教思想彼此接受。他以基督教在罗马的传播为例，指出正是由于罗马政府的宽容，鼓励宗教自由讨论，基督教才能在罗马生根发芽。不仅如此，自由讨论还能清除基督教会的腐败，维护其纯洁性。他认为，"实际上，不同的思想对宗教是有益的。几个不同的教派可以起互相监督的作用。"[2]杰斐逊认为思想具有先天的多样性，是不能通过强制手段实现统一的。因此，必须鼓励言论的自由，放手让民众自由探索。

至此，我们可以看出，杰斐逊维护宗教自由的思想实际上是与提倡言论自由联系在一起的，这也是他争取民众支持的一种手段。他想借维护宗教自由，来阐述言论、思想自由的观点，而与其他各州相比，宗教自由在弗吉尼亚早已成为现实，是各阶层普遍接受的共识。所以，从策略的角度而言，杰斐逊可谓是找到了一个绝妙的切入点，一下子便可吸引民众的注意，产生极好的效果。但是，即便如此，他也没有因倡导自由而走向极端，或者说他的本意根本就不是去鼓吹绝对的自由。他在《弗吉尼亚笔记》中随后如是写道："人民的态度永远绝对可靠吗？政府永远绝对可靠吗？……我们的统治者会变得腐败堕落，我们的人民会变得漫不经心。"[3]可以说，杰斐逊提倡宗教自由的落脚点在于如何在民众

---

1 〔美〕托马斯·杰斐逊著，朱曾汶译：《杰斐逊选集》，商务印书馆2011年版，第275页。
2 〔美〕托马斯·杰斐逊著：《杰斐逊选集》，第276页。
3 〔美〕托马斯·杰斐逊著：《杰斐逊选集》，第277页。

与政府之间形成一个平衡点,双方能够达成一些共识,然后在这些共识之下各行其道、各司其职,从而实现长治久安。杰斐逊进而提出了处理民众与政府关系的基本原则,即双方都应遵守业已制定的法律,认为以此为据方为上策,并且当时便是实现这一目标的最佳时机。为此,他写道,"把每项基本权利置于法律基础之上的最好时机是当我们的统治者真诚老实而我们自己团结一致的时候,这句话怎么重复也不会过分。"[1]因此,杰斐逊对待宗教的态度带有明显的群众基础,这也是他敢于维护宗教信仰自由,并为之而奔走呼号的原因。但是,有些出乎杰斐逊意料的是,宗教自由法令的通过颇费了一番周折,其间还出现了被搁置的情形。直到1786年议会才通过了该法案,而此时杰斐逊早已身在欧洲,在法案通过后,他对麦迪逊写道,"弗吉尼亚制定的宗教自由法案在欧洲获得高度赞许,被热情地予以宣传……最有力地证明那些说我们处于无政府状态的报告的虚假和谬误。"[2]从字里行间可以看出,一方面杰斐逊对法案经过长期的斗争最终通过感到欣慰,另一方面也可以看出他争取宗教自由的斗争并非仅仅是为了宗教本身,更多的是提倡自由、理性的民主思想。因此,对于宗教本身而言杰斐逊并非是为了将其消除,所以也就谈不上激进与否,充其量只能算是对弗吉尼亚宗教自由现实的一种反映。

杰斐逊平生最大成就便是执笔美国的立国之本《独立宣言》,在这篇不长的意在讨伐英王乔治三世昏庸无道,并宣布北美殖民地独立的檄文中,杰斐逊淋漓尽致地展现了自己深邃的政治思想和扎实的文字功底,将英国政府的倒行逆施与殖民地民众对自由的不懈追求进行了鲜明的对比,使得殖民地的争取独立事业显得更加正义、合理。《独立宣言》分为三部分,首先是阐述对政府概念的理解;其次是对英国的谴责;最后是宣布独立。宣言最出彩的部分并非是对暴政的谴责,而是对所谓不

---

[1] 〔美〕托马斯·杰斐逊著:《杰斐逊选集》,第277页。
[2] 〔美〕托马斯·杰斐逊著:《杰斐逊选集》,第402页。

言自明的真理的总结，它基于五条基本原则：1）人生而平等；2）造物主赋予他们若干不可让渡的权利；3）这些权利包括生命权、自由权和追求幸福的权利；4）为保障这些权利，人们建立政府，政府的正当权利来自被治者的同意；5）当任何形式的政府破坏了这些目的，人民有权，也有责任改变或推翻它，以便按照以上原则重新组建政府。在美国人为数不多的共识之中，这五项原则恐怕是最没有争议的。《独立宣言》的影响极为深远，它为美国革命提供了目标，也影响到了美国的未来，其表达的精神成为了美国宪法的基本原则，推动了美国民主的进程。它对世界上其他地区的革命也产生了推动作用，具有重要的国际意义。

杰斐逊在《独立宣言》中所列举的原则并不是他的首创，而是早就存在于西方先贤的著作之中。这些原则主要源自洛克的思想，杰斐逊对其进行了适当的修改，并与美国的实际相结合，从而使之成为美国革命的指导原则。杰斐逊对洛克以天赋人权取代君权神授的观点非常赞同，这种观点在素有等级传统的欧洲要想短时间内深入人心，成为各阶层共识是很困难的。但是，在美国这却更像是对现实的一种描述，它不需要杰斐逊等人做太多努力来传播推广，因而提出来以后几乎没有任何人表示反对，直至顺理成章地成为社会普遍接受的思想。这从侧面说明杰斐逊并没有激进到提出彻底到不切实际的革命思想，他依然是以社会现实作为依据，理性地进行改革。对这一点，杰斐逊本人也没有否认。他在1823年8月30日写给麦迪逊的信中谈论道，"平克尼和亚当斯先生都认为它（指独立宣言）只是普通思想的汇编，其核心在奥蒂斯的文章中早已表述过，理查德·亨利·李指责它是抄袭自洛克的政府理论。我不知道自己是否从曾经阅读过的著作中获得启发，我只知道在撰写该文的过程中我未曾参考任何相关书籍或文章。我认为自己的使命不是在于发明新的观点，或是提出以前从未有过的思想。"[1]

杰斐逊承认《独立宣言》的思想来自前人的理论，这说明他重视传

---

[1] Thomas Jefferson, *The Works of Thomas Jefferson*, Federal Edition 1904-5. Vol. I, P243.

统，并从传统思想中去寻找自己的理论依据。当然，在复杂多样的传统思想中也有更为激进、彻底的代表，对此，杰斐逊有着清楚的判断，他选择洛克，而不是卢梭作为理论来源就是明证。《独立宣言》开篇便提出"人生而平等"的观点，认为造物主在创造人类时，就清楚地表明在上帝面前一切人都是平等的，这主要是从生理构造等方面而言，人与人之间基本相同，没有太大的差距。但是，这并不意味着他们在成长过程中以及整个人生的各个方面都能完全平等，这也是不现实的。试想，除去先天因素，人们在后天有着太多的差异，如先辈的物质积累、自身努力的程度，包括机遇巧合等。对此，杰斐逊十分清楚，他用颇有宗教色彩的词"create"而没有用更为普遍、广泛的词"born"表明他无意鼓吹绝对意义上的平等，也不想用激进的理论来支持自己的言论。在接下来的部分杰斐逊对平等的概念进行了解释，即生命权、自由权和追求幸福的权利，这种提法与洛克的思想基本相似，但也有区别。与卢梭攻击私有财产制度不同的是，洛克极力提倡保护私有财产，他认为，个人财产是人权的物质载体和发展根基，"无私产即无私权"。杰斐逊在两者之间采取了折中的路线，将洛克提倡的财产权适当弱化，提出了外延更广的追求幸福的权利。这有两方面的意思，其一，杰斐逊认为财产并非如同身体等由上帝赋予，它很大程度上取决于人们后天的努力。虽然清教徒认为财富积累得越多，就意味着上帝对你的眷顾越多，但它并不意味着财产是与生俱来的，相反，它需要通过公平的手段来获得。其二，将财产权改为追求幸福的权利，其中就隐含着政府所起的作用。财产的取得一方面取决于个人的努力，另一方面也需要政府对民众追求财产的行为加以规范，因而政府也就拥有相关的权力来管理社会事务。所以经过这样的改动，杰斐逊不仅迎合了民众对自由的追求，更重要的是强化了政府在国家中的地位，为以后美国的建国定下了基调。这也是为什么杰斐逊选择洛克而没有选择卢梭的原因，后者的社会契约论固然合理，但却不大切合实际；相比之下前者的思想更具有可操作性，尤其在民主观念深入人心的美国，民众与政府两者已经具备可以成为缔约双方的关系,因而更受革命者的欢迎。

《独立宣言》的保守性还在于其对传统的重视以及对英国民众的态度之上,杰斐逊在其中写道,"为慎重起见,不应该由于一些微小和短暂的原因就把历史悠久的政府予以改变,而且一切经验都表明,当弊端可以忍受的时候,人们宁愿忍受,而不愿通过废除他们已经习惯了的体制来纠正。"[1]这里,杰斐逊强调了既定秩序对社会的重要性,除非万不得已民众不会主动去推翻旧秩序。在选择批判对象上,杰斐逊将主要矛头指向英王乔治三世,这是很自然的,因为君主专制政体在当时已是众矢之的,在讨伐他的方式上也会无所不用其极。杰斐逊在宣言的初稿中将英王称为"暴君",这样含有人身攻击的措辞让当时大陆会议的代表感到不合适,亚当斯这样评价,"有一些措辞,如果是我的话,我不会加进去,尤其是将国王称之为'暴君'。我认为这有点人身攻击,因为无论是从脾气还是本性来说,我都不认为乔治是一个暴君。他只是受到了大洋两岸一些大臣的欺骗,从而在国家大事之上才会显得残暴,仅此而已。我认为这些话太有煽动性,就像是在责骂一般。"[2]如果说杰斐逊攻击英王是出于对封建君主专制的反感,反映了当时民主潮流的话,那么他将批评的矛头指向英国民众就值得思考了。在《独立宣言》的初稿中,杰斐逊对英国民众无视殖民地的呼声,对英国政府的倒行逆施无动于衷的行为大加指责,"我们曾经向他们的正义感和宽宏大量呼吁,我们曾经恳求他们看在血缘关系份上拒绝承认这些必然会影响我们关系和联系的侵权行为。他们对正义和血缘的呼声同样置若罔闻。"[3]杰斐逊指责英国民众的原因在于他们没有正确的行使选举的权力,把一些敌视殖民地的人士选进立法机构,从而继续他们的错误行为,对本是同根同源的北美殖民地发起侵略战争。对此,英国民众负有不可推卸的责任,并且美国应该与他们

---

1 〔美〕托马斯·杰斐逊著,朱曾汶译:《杰斐逊选集》,商务印书馆 2011 年版,第 50 页。
2 Thomas Jefferson, *The Works of Thomas Jefferson*, Federal Edition 1904-5. Vol. I, P242.
3 〔美〕托马斯·杰斐逊著,朱曾汶译:《杰斐逊选集》,商务印书馆 2011 年版,第 52 页。

撒清关系,与这些无情无义的同胞彻底决裂。这段文字在后来大陆会议的审核中被删去,大陆会议这样做的原因也许是出于战争在即,不宜树敌过多的考虑,毕竟英国民众中仍有许多同情殖民地的人士。但是,作为宣言的起草者,杰斐逊显然带有对英国民众的歧视。

实际上,杰斐逊对包括英国、法国民众在内的欧洲的百姓都有带有偏见。后来,他在出使欧洲期间曾多次在给友人的书信中提到这一点。尤其是在巴黎期间,他曾向友人表明,法国民众在知识方面比美国民众落后两个世纪。他甚至认为,"一个到欧洲去求学的美国人在知识上、道德上、健康上、习俗上和幸福上都会遭受损失。"[1]同为普通大众,为何杰斐逊会厚此薄彼呢?这一方面与新旧世界的差异有关,另一方面则是杰斐逊本人对民众概念的理解使然。当时的法国依然是处于君主制下,而杰斐逊对君主制向来深恶痛绝,所以他向友人表示,"的确,很难想象,这样好的人民,有一位这样好的国王,这样善良的统治者,这样宜人的气候,这样肥沃的土地,竟会由于单独一个祸害——恶劣的政体——而难以给人民带来幸福。"[2]杰斐逊认为法国的制度造就的是君主统治下的民众,他们缺乏民主理念作为指导,不能实现管理国家的职责。他认为在法国的2000万人口中,有1900万人的处境要比美国最不幸的人更加不幸和悲惨。法国民众如此,英国民众的境地也类似,所以,杰斐逊在宣言中对英国民众麻木不仁的行为进行了谴责,也是在情理之中。这样看来,杰斐逊民主思想中对民众的理解有着双重性,他不是将所有人的能力与水平都等量齐观,也不认为一切民众都能够自我治理。相反,他理解的民众仅限于种植园经济下的弗吉尼亚自耕农阶层,或者说是美国独立后他理想中的农业社会中的成员。他表示,"只要美国还有待开发土地,我们的政府就会保持

---

[1]〔美〕托马斯·杰斐逊著:《杰斐逊选集》,第381页。
[2]〔美〕托马斯·杰斐逊著:《杰斐逊选集》,第367页。

农业特点，只要是农业政府，其美德必将维持若干世纪。"¹ 可以说，杰斐逊这种民众的概念带有很强的理想色彩，范围也较狭小，它排除了与农业社会理想无关的一切人士，这使得他的民主太过理想而无法在现实中真正推广。当然，在他之后的政治生涯中，尤其是成为总统之后，杰斐逊逐渐修改了看法，认为商业、城市、市民阶层对美国也是有益的。但是，他并不鼓励这些农业之外的阶层在美国的发展，而是给他们一个前提，即它们的存在都应该为农业服务。可以说杰斐逊一生都未摆脱重农轻商的思想，因而其民主也就带有一定的保守性。

1786 年美国爆发了著名的谢司起义，起因在于对英战争后农产品价格的下降，导致农民收入锐减，从而无力偿还债务，深陷破产的边缘。于是，一些退伍军人在谢司的领导下发动叛乱，试图解决农民的困境。当时杰斐逊身在欧洲，但他无法对此置身事外，多次在写给朋友的信件当中表达了对起义及其暴露的问题的看法。也许是因为杰斐逊身上的民主标签太过明显，历来史学家对他言论的激进一面比较关注，并且对其进行渲染。例如他在 1787 年 1 月 30 日写给麦迪逊的信中表示，"我认为时不时发生一次小规模的叛乱是件好事，它在政治界就像暴风雨在自然界一样地必不可少……造反是对于政府的健康必不可少的良药。"² 另外，还有他在写给亚当斯的女婿威廉·斯蒂芬斯·史密斯的信中，提出了，"一两个世纪内丧失几条生命意味着什么？它意味着自由之树必须时时用爱国者和暴君的血来浇灌，使之鲜绿常青。鲜血是自由之树的天然肥料。"³ 如此激进的观点。

无疑，杰斐逊的上述言论展现了他对谢司起义的支持，说明他对这次暴动持积极的看法，但是仅凭借这一点就断定他在政治上的激进态度，未免显得有些牵强，更何况他在这些言论的背后真实意图如何，是

---

1 Paul Leicester Ford, ed., *The works of Thomas Jefferson*, (New York and London, G.P. Putnam's Sons, 1904-5), Vol. V, P217.
2 〔美〕托马斯·杰斐逊著，朱曾汶译：《杰斐逊选集》，商务印书馆 2011 年版，第 407 页。
3 〔美〕托马斯·杰斐逊著：《杰斐逊选集》，第 430 页。

值得仔细研究的。首先，如同前文所述，由于身居海外，他对欧洲社会中的种种不公有着深刻的认识，也曾亲眼目睹普通大众深受国王、贵族等特权阶级的欺压，这大大激发了他对民众的同情。于是，当美国发生民众起义的事件后，他立刻对其表示同情，这毫不意外。他在写给老师威思先生的信中，如是说道，"如果有谁认为国王、贵族或教士是人民幸福的最好保护者，那就把他送到这里来吧。……他会在这里亲眼看到这帮人是沆瀣一气，专门和人民大众的幸福作对的。"[1] 谢司事件的爆发恰逢时机，它使杰斐逊看到了希望，这种希望从某种程度上而言，对欧洲的意义要大于美国，即欧洲的民众应该从愚昧无知中觉醒，主动起来反抗专制制度，从而建立新的制度来取代它。其次，杰斐逊并不是暴力革命的提倡者，相反他鼓励的是采取和平的渐进的手段来实现政治体制的改革。他认为美国应当从该事件中汲取教训，充分保障民众有自由获取信息，表达意见的渠道，而不是对其镇压了事。在事件发生后不久，他在1787年12月给麦迪逊的信件中明确表示，"我认为，多数人的意愿应该具有决定性……我们的当务之急是要教育全体民众，让他们明白，只有他们的明智才是自由的最可靠的保卫者。"[2] 为此，他提出了鼓励发行报纸，让民众能较快地获取信息的方式。它能让治理者从中了解到百姓的诉求，民众的舆情也能得到合理表达，而不至于诉诸暴力。从这个方面而言，杰斐逊依然是站在精英阶层的立场，对统治过程中出现的问题进行反思，并且制定新的策略来巩固统治。第三，杰斐逊对政府在事件中的作用也有着自己的看法，他既不赞同民众暴力革命，也反对政府的权力过大，他所推崇的是一个有节制，合理的政府，如同他后来在给史密斯的信件中所言，"我们如今正在大政府和小政府之间游移不定，但是钟摆最终必将停留在中间。"[3]

---

1 〔美〕托马斯·杰斐逊著：《杰斐逊选集》，第388页。
2 Paul Leicester Ford, ed., *The works of Thomas Jefferson* (New York and London, G.P. Putnam's Sons, 1904-5), Vol. V, P217.
3 Paul Leicester Ford, ed., *The works of Thomas Jefferson*, P222.

谢司起义给美国当时的邦联制敲响了警钟，如何保证一个幅员辽阔，人口众多的国家在危机面前能够正确应对，将民众凝聚在一起，而不至于一盘散沙，这成了当局亟待解决的问题。一直以来，欧洲都认为独立后的美国缺乏一个强大的中央政府，这次起义也证明了他们的判断。虽然起义最终被平息，领导者谢司被判死刑但不久之后又被赦免，政治形势得到了稳定，但是革命的领导者们意识到，如果现存的政治制度不加以改变的话，类似的事件依然会再次发生，直至政权被推翻。远在欧洲的杰斐逊对此心知肚明，他多次指出事件的根源在于制度本身，并且呼吁赦免起义的参与者。在给麦迪逊的信中，他将人类社会的政府形态划分为三种：无政府状态、有政府状态以及强权政府状态。美国政府属于第二种，其好处在于大多数人能够享受自由，缺点在于容易产生骚乱。虽然杰斐逊对骚乱持部分肯定的态度，但是他的目的并非鼓励暴力手段，而是认为治理者与被治理者之间必须有所制衡，彼此相互牵制，才能实现长治久安，这个思想贯穿于他的政治生涯始终。于是当以修改邦联条例为目的的费城会议在1787年召开时，杰斐逊虽未参与但他多次表达了类似的看法，即建立后的联邦政府应当充分贯彻制衡的原则，让各方都能平等地参与到政治事务中，只要是与这个原则相违背的做法他都会反对，不论是行政权过大抑或立法权过大。而出于某些原因，他在反对行政权、司法权方面的观点被放大，反而掩盖了他的真实思想，这也是理解杰斐逊时应该注意的问题。

杰斐逊很早就看到了邦联条例的缺点，在费城会议召开的前一年，他在给麦迪逊的信中表达了对分权的看法，"为了使邦联政府最有效地行使分配给它的权力，应当把它像州政府一样分成立法、行政和司法三个部门。第一个和第三个部门已经独立了，第二个也应当独立。"[1] 不难看出，此处杰斐逊把重点放在了行政之上，也就是邦联制下的美国没有行政元首，这倒不是在于他提倡行政权至上，而是在于他本人的现实情

---

[1] 〔美〕托马斯·杰斐逊著，朱曾汶译：《杰斐逊选集》，商务印书馆2011年版，第401页。

况。首先，他当时是美国派驻欧洲的外交使节，外交事务需要有明确的目标，以及在国内能够令行禁止，国外能够代表国家的首脑。欧洲各国都有行政首脑，因而能在对外事务中以一个声音说话，具有凝聚力。美国则不然，由于缺乏有约束力的首脑，一些欧洲国家都不愿意与美国签订商业贸易条约，担心条约对各州没有约束力，这是杰斐逊在外交生涯中经常遇到的问题。如果有强有力的行政首脑，商业贸易等活动则要容易得多，这也是他提倡设立行政首脑的原因。其次，设立行政首脑的目的还在于权力的制衡，邦联条例的主要缺点之一就是对各州缺乏有效的制约，无法向所有公民个人行使权力，杰斐逊对此非常清楚。同时，他也不愿意看到国家强大到对民众的权力构成威胁，所以他认为，"使我们在对外事务方面团结得如同一个国家，在对内事务方面各行其是，这就是中央政府和州政府分权的要点。"[1] 可以说，在三方之中，杰斐逊没有厚此薄彼的意图，分权继而制衡才是他主张设立行政首脑的目的。

当 1787 年宪法通过的时候，杰斐逊仍然在欧洲，他收到宪法抄本之后并没有对其基本思想有过多的指责，只是在具体的实施措施上与制宪者有一些分歧。应该说这在情理之中，因为制定宪法本就是一个复杂、长期的过程，期间制宪者们要协调多方面的利益，稍有不慎就会导致辛苦付诸东流，实际上，在中途就曾出现过因为意见不合而导致一些州威胁要退出制宪会议。只是在各方都能适当做出让步的前提下，宪法才能得以顺利通过，而在各州的通过则又要晚得多，例如最晚的罗德岛直到 1790 年 5 月才批准宪法生效。所以这样一项牵涉面如此广泛的工程，很难说在大洋对岸的杰斐逊收到后会没有自己的意见。当然，在宪法制定前夕，他就曾多次与国内联系阐明自己的立场，但这并不能消除他对业已成文的宪法的意见。杰斐逊对新宪法最大的意见就在于他对总统职位的看法，这倒不在于他反对设立联邦总统，而是他对总统的任期期限难以理解。杰斐逊并不是提出这个问题的第一人，在制宪会议期

---

[1] 〔美〕托马斯·杰斐逊著：《杰斐逊选集》，第 401 页。

间这是让制宪者们颇费思考的问题。有人提出总统任职7年，但不能连任，还有的主张总统任职3年，可连选连任。对于前者，反对者认为这会造成当选者不思进取，或者说抱着保守的态度，在国家事务的处理上得过且过。而对于后者的担忧则在于它为君主制提供了卷土重来的机会，一旦连任便可以终身如此，甚至还可以将位置传给自己的下一代，凡此种种，不一而足。后来制宪会议删除了总统不得连任的规定，这对那些在君主制问题上耿耿于怀的人士而言，不啻为是一记重击。一直以来杰斐逊对君主制都没有好感，所以当他看到宪法中有如此条款的时候，便如鲠在喉欲吐出而后快。他在1787年11月给亚当斯的信中说，"你觉得我们的新宪法怎样？我承认，它里面有些东西使我对制宪会议所提出的文件不以为然。……总统似乎是波兰国王的蹩脚翻版。他可以每四年当选一次，终身连任。理智和经验告诉我们，可以多次连任的行政首脑等于是终身任职。"[1] 一些史学家以此为据认为杰斐逊反对行政权，表明了他倾向大众，维护民主的目的。这当然也是其思想内涵之一，但不是全部。很多人忽视了前引文中省略的部分，在这部分中杰斐逊明确地表明，联邦众议院不适合管理对外事务和联邦事务。他在1789年3月15日给麦迪逊的书信中表示，"我们政府中的行政并未独揽大权，它不是我需要警惕的首要目标。目前最让人恐惧的是立法机关的专制，而且它会持续多年。虽然行政会步其后尘，但那还很遥远。"[2] 如果杰斐逊极力维护民众利益的话，那他势必会对大权在握的众议院大加称赞，甚至会像一些代表那样，建议总统都应由议会产生。但他不仅没有这样做，还对立法机关的问题加以指责，其主要原因还是在于分权制衡的思想使然。让人颇觉玩味的是，他在另一封给麦迪逊的信中，又表达了应由人民直接选举产生更大规模的众议院的想法，并认为虽然众议院不能完全胜任对外和管理联邦的事务，但它可以保证只有人民自己选出的代

---

1 〔美〕托马斯·杰斐逊著：《杰斐逊选集》，第429页。
2 Paul Leicester Ford, ed., *The works of Thomas Jefferson* (New York and London, G.P. Putnam's Sons, 1904-5), Vol. V, P268.

表才有征税的权力这一原则。这种前后不一的看法显然与当时的形势有关，制宪会议的召开背景是在谢司起义之后，而起义的原因主要是赋税问题所致。美国独立战争结束后，积极参加战争的农民不仅没有改善生活，反而更处于困境，各种税收纷纷而来，马萨诸塞州的税收竟多达农民收入的 1/3。所以，杰斐逊将征税权上升到如此重要的位置也是情有可原的，其出发点还是在于维护稳定的需要。同时，提倡众议院的权利并不意味着杰斐逊贬低其他两个方面，他就同一封信以及写给另一位友人的信中表示支持授予总统以否决权并加强司法权，如，"总统享有对法案的有限制的否决权，但如果像纽约州那样和司法部联合起来就更好……"[1]"在赞成权力宣言的各种论据中，你漏掉了一个我认为极其重要的论据：它就是司法部手里的合法制约。"[2] 这些观点都说明杰斐逊在寻求三方在处理国事中都应享有相对平等的发言权，从而达到动态的平衡，这不是偏袒哪一方，而是分权制衡思想的体现。

杰斐逊对新宪法的不满还在于它缺少权利法案，没有将民众享有的权利以明文标注出来，这与其说是出于他对民众的同情，还不如说是对习惯与传统的尊重。因为早在 1776 年，弗吉尼亚就有了一部带有权利法案的宪法，它由乔治·梅森（George Mason）负责起草，并对其他殖民地产生了重要的影响。在它的带动下，到制宪会议起草新宪法时，各州基本都有权利法案。这也是为什么在制定宪法的过程中，当梅森提出增加权利法案的时候，大家都对此不以为然的原因。因为各州都有自己的权利法案，再制定统一的权利法案即耗时又耗精力，无异于画蛇添足。在大多数州的反对之下，这项提案被否决，而身在海外杰斐逊对此知之甚少，所以他还是坚持要将权利法案写进宪法。实际上，在这个问题上杰斐逊与其表面上的对立者应该是没有什么分歧，他们也都赞同权利法案的原则，后来在修正宪法的时候都一致同意将其加入其中。所

---

1 〔美〕托马斯·杰斐逊著，朱曾汶译：《杰斐逊选集》，商务印书馆 2011 年版，第 454 页。
2 〔美〕托马斯·杰斐逊著：《杰斐逊选集》，第 457 页。

以，现在看来我们并不能从中看出，杰斐逊与包括被贴上君主主义者标签的亚当斯在内的其他人有什么太大的区别。同时，需要指出的是，即使是在权利法案的设立上，杰斐逊也并没有要求立刻、不加任何附带条件地推行法案。他对美国的传统与现实很清楚，所以他对麦迪逊表示，"我懂得，要进行全面的修改，使这些东西适合所有各州的习惯也许是困难的……"[1] 他建议权利法案中的各项条款的实行要区分轻重缓急，对于各州都有共识的方面可以首先确定下来，其中包括陪审团制度、人身保护、出版自由和信仰自由以及和平时期废除常备军等。这些共识是各州在长期的对英斗争中所达成的，几乎没有什么反对意见。对于其他有较大分歧的方面，则可以通过辩论逐渐添加进去，这些方面就包括他极力反对的总统任期制以及参议员的轮换原则等，这些行为也反映出杰斐逊思想的保守性。新宪法确立的原则与以往邦联制下的宪法原则有很大的不同，其中一个显著特点就是大大加强了中央政府的权力。虽然杰斐逊身处海外，但他对新宪法的内容还是很熟悉的，尤其是在同麦迪逊等人的信件交流中他充分了解了宪法制定的全过程。他之所以没有对新宪法有太大的反对意见，是出于对该原则的理解和认可，在自己的意见得到制宪会议考虑并且修改的若干条款后，他对新宪法表示欣然接受，他在给友人的信件中写道，"我非常高兴地获知新宪法有了进展。实际上，我早就相信它会获得人民的好感，因为我承认它获得了我的好感。……经过思考和讨论，绝大多数问题已经解决了。"[2] 所以，杰斐逊对新宪法的意见只是在于个别条款之上，对于总的原则他则是支持的，不能因为他有反对意见就认为他站在民众一边，反对在美国复辟封建君主制的企图。实际上，当时已经很少有人对君主制有好感，就连亚当斯也公开发表意见抨击君主制，提倡共和制，杰斐逊与他们之间没有根本的分歧，反而有许多共识，他们之间

---

[1] [美]托马斯·杰斐逊著：《杰斐逊选集》，第444页。
[2] [美]托马斯·杰斐逊著：《杰斐逊选集》，第440页。

的不同是在共同目标下具体采取哪种手段的不同,并且杰斐逊在后来也或多或少地接受了亚当斯等人的观点,这说明两者具有一致性,即都带有一定的保守色彩。

此外,杰斐逊对民众的态度也并非毫无原则的赞扬。的确一直以来,杰斐逊都被看作是大众政治上的代言人,他在许多言论中也都表现了亲民的一面,也对大众参与政治的能力表示认可。但是,这些言行并不能掩盖他对民众的真实看法,即民众还不具备自治的能力这一观点,这也是为什么他与亚当斯等人一样都提倡教育的原因。杰斐逊教育观的出发点便是承认人与人之间存在不平等,政府发展教育的目的就是发掘那些因客观原因所致,埋没在大众中的优秀人才,从而使其成为日后各个领域的精英。这实际上就是一种精英教育的理念,它将注意力放在所有教育对象中那些为数不多的天资聪颖的人身上,而导致对大多数普通受教育对象关注的缺失。杰斐逊在弗吉尼亚期间,曾起草过《关于进一步普及知识的法案》(Bill for the More Diffusion of Knowledge),该法案的内容远不如其标题所显示的那样关注普通大众,而是借普及知识来推行精英教育的措施。法案一方面认为,完善的制度不能保证掌权者滥用权力,有效阻止暴政的手段在于"尽可能地启发广大人民的思想……尤其是让他们了解人类历史和其他国家的情况,这样他们才能运用自然权利来遏制暴政的野心。"[1] 但另一方面又认为,"法律是否能合理制定和认真实施,要看制定和实施法律的人是否贤明和诚实,凡天赋高,品德好的人,应使他们受到与之相称的充分教育。"[2] 法案的重点显然在于后者,其目的是通过教育选拔出天赋突出者,使其成为决策阶层的一员。传记作者希纳尔对此有颇有微词,他认为,"按现代对民主的理解,这算是民主的观点吗? 这无论如何也不是现代政治家使用的民主词句。它并没有出于固有的正义感而对身份上的不平等表示任何反对,没有要求

---

[1] Paul Leicester Ford, ed., *The works of Thomas Jefferson* (New York and London, G.P. Putnam's Sons, 1904-5), Vol. II., P266.
[2] Paul Leicester Ford, ed., *The works of Thomas Jefferson*, P266.

让每个人在人生中享有公平的机会,也没有指出人人生而平等,一切儿童都应有平等的机会。"[1] 他一针见血地指出,杰斐逊在试图废除弗吉尼亚世袭贵族的同时,又造就了一批新的贵族,这些人可以被称为学识和智力的贵族,他们才是杰斐逊心中理想的统治阶层。这也从侧面反映出他对普通民众的参政能力持怀疑态度,不相信他们有充分的自治能力,甚至隐含有认为他们中有些人天生就缺乏政治素养的宿命论观点。

第三节 杰斐逊民主的两面性

当1800年杰斐逊经过激烈的选举最终得以入主白宫时,面对前来聆听其就职演说的人群,他发表了"我们都是共和党人,我们又都是联邦党人。"的观点,这句颇有深意的话也许给许多双方的支持者带来了很多想象的空间。这句话至少可以从这几个方面来理解:首先,两方的确存在许多分歧,且难以调和;第二,作为总统的杰斐逊本人试图抛开党派的成见,将双方统一到一起。在演说中,杰斐逊强调了团结的重要性,为此他不惜将少数与多数置于平等的地位,认为,"虽然在任何情况下都应该以多数人的意志为重,但是那个意志必须是合理的才能站得住脚,而且少数人也享有相同的权利,必须受平等的法律保护,如果加以侵犯就是压迫。"[2] 这种腔调显然与联邦党人类似,它不是一味站在大众的一边,而是看到了缺乏理性的大众可能带来的多数的暴政。曾几何时,当他与亚当斯讨论政府构建原则的时候,他还坚持反对过大的行政权,认为它会侵害大多数民众的利益。是时,亚当斯将这种分歧形象地称为"一个人与几个人"的关系。在以前的辩论中,杰斐逊的重点都是

---

[1] 〔美〕吉贝尔·希纳尔著,王丽华等译:《杰斐逊评传》,中国社会科学出版社1987年版,第91页。
[2] 〔美〕托马斯·杰斐逊著,朱曾汶译:《杰斐逊选集》,商务印书馆2011年版,第318页。

在后者,不过在就职演说中,他把两者放在了同等的地位,这不能不说是观点上的变化。

实际情况也是如此,在杰斐逊当政后,一些联邦党人在位时制定的政策都没有太多改变,有的甚至得到了强化。以银行业为例,杰斐逊与汉密尔顿在关于设立国家银行问题上的争执由来已久,早在1791年华盛顿内阁时期,作为国务卿的他与财政部长汉密尔顿就为此事发生过争吵。按照后者的计划,设立国家银行,实行灵活的借贷制度,对于刚成立的美国有很大的好处,能有效地促进经济体系中较薄弱的工商业的发展。但是杰斐逊对此不以为然,他专门向华盛顿递交辞呈,论述了设立国家银行的弊端。他反对的理由主要是它违反了宪法,因为宪法并没有授予国会批准成立国家银行的权力,其依据有二:首先,宪法条文中没有明确表述该权力属于国会,虽然宪法规定国会可以借债、征税以及规范与外国、各州以及印第安部落的商业,但这些与国家银行都没有丝毫关系。其次,即使是对宪法宽泛解释也没有设立国家银行的表述,尽管汉密尔顿的依据在于国会可以制定必要与恰当的法律,以便能确保各项权力的行使,但是,即便没有国家银行,国会的权力仍然可以得到正常执行。杰斐逊对银行的态度主要是出于对工商业的反感和对农业社会的追求,他认为银行只会加剧商业投机行为,对农业构成威胁。杰斐逊站在民众的立场对设立国家银行,实行借贷制度提出了批评,他在1792年5月23日给华盛顿的信件中表明,"所有在纸币投机中使用的资本都是空的和无益的,像在赌桌上一样不会自然增益……它使我们的公民养成道德败坏和游手好闲的习惯,而不是勤劳和道德高尚的习惯;它提供有效的手段来腐蚀议会很大一部分人,致使诚实的选举人之间的天平偏向它所指引的任何方向。"[1] 然而,在他成为总统后,他对银行的态度便逐渐趋向缓和,这主要是在于他意在联合各方力量,避免出现失衡。1802年10月,巴尔第摩银行因出现困难而求助于联邦政府,杰斐逊对

---

[1] 〔美〕托马斯·杰斐逊著:《杰斐逊选集》,第502页。

此十分重视,他给当时的财政部长阿尔伯特·加勒廷(Albert Gallatin)写信时表示,"巴尔第摩银行的申请很重要……我们要对银行进行审慎的区分,这样方可争取该行业的人士对改革的支持,或者至少是默许,这对公众不无裨益。"[1]他后来也承认商人是共和党的盟友,要尽力联合他们,以便取得他们对政府的支持。

除了对工商业的态度发生改变以外,杰斐逊在其他问题上也有很大的不同。例如,他一直都主张对宪法进行严格解释,不主张三方中任何一方行使超出宪法规定的权力。但是在实际行动中,他却有时与此背道而驰,尤其是路易斯安那购地一事,这显然是对宪法作宽泛解释的一例,联系到他在反对汉密尔顿设立国家银行时的依据,就不能不说是此一时彼一时了。为此,杰斐逊还专门撰文进行辩解。他在给马里兰州弗雷德里克镇《共和拥护者报》主编约翰·科尔文(John Colvin)的信中写道,"严格遵守成文法无疑是一个好公民的重要义务之一,但并不是最重要的。迫切需要、自我保存、危急时保卫祖国等法则是更重要的义务。死板地遵守成文法以致失去了祖国,也就失去了法律本身,失去了生命、自由、财产以及所有那些与我们一同享受那些东西的人,从而荒唐地为了手段而牺牲了目的。"[2]此处杰斐逊有明确所指,他将自己的行为与战争期间的非常规手段相提并论,如华盛顿为击败盘踞在某个庄园中的敌人,而不惜摧毁整个庄园;弗吉尼亚州长在非常时期曾强征民间物资以击退敌人,等等。也许他认为自己对宪法原则的宽泛解释和实际行为也与此类似,但是他也许忘了当他不在其位时,又是另一种说法了。无论他对宪法采取哪种方式的解释,只能说明当上总统之后的杰斐逊对行政权没有了以往的反感,反而多了几分推崇。当然,他两党关系的问题上并没有完全倒向自己原来的政党,或者说没有走向重农主义的极端。这方面最有代表性的就在于他对待弗吉尼亚州的共和党人约

---

[1] Thomas Jefferson, *The Works of Thomas Jefferson*, Federal Edition 1904-5. Vol. IX, P280.

[2] 〔美〕托马斯·杰斐逊著,朱曾汶译:《杰斐逊选集》,商务印书馆2011年版,第596页。

翰·伦道夫(John Randolph)的态度上,后者是杰斐逊的表亲,也是一位资深的共和党人,素以信奉纯粹的农业思想著称。他曾于1799—1833年间担任过众议员和参议员,也曾担任过时任总统的杰斐逊的发言人。但是,1803年由于意见不合,他与杰斐逊公开决裂,并在共和党内成立新的一派,自称"老共和党人"。他们是州权的极力维护者,坚决反对联邦政府对各州有太多的干涉,其依据是1798年杰斐逊和麦迪逊起草的"弗吉尼亚决议"和"肯塔基决议"。两个决议案主要是为了反对亚当斯推出的《客籍法》和《反颠覆法》,两项决议在谴责两个法案严重干涉州权的同时,也指出各州有权根据实际来判断联邦政府的法案是否违宪,可以说是开创了州权反抗联邦权力的先河。让杰斐逊没有想到的是,时隔几年,当他成为总统之后,依然还有该决议案的忠实维护者。伦道夫便是弗吉尼亚精英在政治上的代表,他比杰斐逊更加狂热地崇拜农业社会,可以说他是在不折不扣地贯彻杰斐逊早期的观点。但是时过境迁,杰斐逊已不再是当时义愤填膺、慷慨激昂的在野派了,他自然也不会像以前一样真心实意地完全站在州的立场来发表观点了。因此,他对待伦道夫的态度显得不冷不热,随着后者的行为愈加出格,尤其是指责杰斐逊的一些政策的时候,杰斐逊对他的不满终于爆发了。伦道夫一直担任众议院赋税委员会的主席,但当他在1806年谋求连任时,杰斐逊却在暗中干扰选举,他利用总统的影响力最终使得伦道夫连任失败。1806年5月4日,杰斐逊在给时任驻英国大使的詹姆斯·门罗的信件中写道,"伦道夫先生的行为引起了大家极大的警觉,胆怯的人认为这是政府软弱的表现,如果任由他蛊惑的话,我们的国家必定会陷入无政府的混乱之中。"[1]杰斐逊认为伦道夫出众的口才势必会在众议院赢得不少支持,为了消除其影响,必须终止其连任。具有讽刺意味的是伦道夫很早就追随杰斐逊,极力提倡农业立国的思想,而此时却遭到了杰斐逊的

---

[1] Paul Leicester Ford, ed., *The works of Thomas Jefferson* (New York and London, G.P. Putnam's Sons, 1904-5), Vol. X, P162.

抛弃，这从侧面说明杰斐逊本人对于绝对的重农主义已经不感兴趣，他所追求的是在农业与商业之间形成平衡，不想出现一方独大的局面。

到了晚年，杰斐逊的思想更加趋向保守，从他与亚当斯两人的通信中可以看出他们在对一些问题的看法上已经非常相似，这倒不是亚当斯观点改变所致，而是杰斐逊在朝对方靠拢，或者说他们之间看似紧张的冲突的背后隐藏的是许多的一致。例如他在1813年10月给亚当斯的信中写道，"我的意见与你相同：人类中有一种天然的贵族。这种贵族的基础是美德和才能……可不可以说，最有效地选择这些天然的贵族进入政府机关的政体是最好的政体？"[1]这与亚当斯之前的论调何其相似。亚当斯当年就是坚持精英政治观，致力于通过总统称呼、参议院的设立等来使天然的贵族在政府管理中能有一席之地，也正因为此亚当斯饱受政敌的攻击，杰斐逊却因为提倡平等，反对贵族政治受到了民众的欢迎。然而时过境迁，进入人生暮年的杰斐逊终于发现，他和亚当斯之间根本不是对立双方，反而有许多共性。他也认为大自然创造了社会状态的人，却没有平等地为每个人提供美德和智慧来管理社会事务，这实际上就是承认人与人之间存在差异，这种差异并不是后天形成的，而是与生俱来的。如果让这些天然贵族通合适实的途径进入政府，那么这样的政府必将是最好的政府。他认为美国之所以优越于欧洲就在于有健全的政体以及一批明智的民众，而这些民众主要指的是农业社会的自耕农，相反，他把欧洲的民众称为"暴民"，如果让他们掌握权力的话，他们就会滥用，给社会造成破坏。值得一提的是，杰斐逊在以前曾对法国大革命持肯定态度，提出适当的暴力对社会是一剂良药的著名观点，但现在他却转而批评法国革命，认为它说明了暴民掌握权力的可怕后果。这种观点的前后不一也说明了他思想上的复杂性，他甚至还承认在某种条件下，君主制是最可取的政府形式。因此，从本质上而言，杰斐逊与亚当

---

1 〔美〕托马斯·杰斐逊著，朱曾汶译：《杰斐逊选集》，商务印书馆2011年版，第623页。

斯之间的并没有太大分歧，他们一生都在致力于巩固政治精英的政治地位，都试图在精英与大众之间寻求平衡点，只是在方式、手段方面存在不同而已。如果我们将两人对立起来，认为他们代表了两种不同类型的民主，那就是曲解了他们的本意，不符合客观事实。

第三章 托马斯·杰斐逊：美国早期政治的改革者

第四章
亚当斯与杰斐逊的对立

在许多学者看来,亚当斯与杰斐逊是美国政坛两种截然不同的政治理念的代表。政治学家梅里亚姆将美国获得独立后,在建立联邦过程中的倾向分为两种,一为"反动倾向",一为"激进倾向","反动派的学说在宪法本身,在《联邦党人文集》中,以及在约翰·亚当斯和亚历山大·汉密尔顿的著作中表现得十分清楚。激进派的学说则由民主派的实际政策和政治哲学的核心人物托马斯杰斐逊作了最充分的说明。"[1] 梅里亚姆的话至少有两方面的意思,首先,亚当斯与杰斐逊在政治上处于对立;其次,美国宪法更多地体现了以亚当斯为代表的保守派的政治思想。亚当斯与杰斐逊分歧的背后是形势的发展,也即民众的不断壮大,成为双方都不能忽视的政治力量。无论是气势磅礴的法国大革命,还是发人深省的谢司起义,都对两人的政治观有重要影响。杰斐逊从运动中看到了民众力量的无坚不摧,并因此产生由衷的敬佩与推崇;而亚当斯从中看到的则是瞬间爆发的激情的无序,及其巨大的破坏力,角度的不同是导致两人在许多问题上相背而行的原因。就他们对民众运动的态度而言,如果抛开他们的思想实质不谈,仅从表象来看,孰为大众,孰为精英,一目了然。但是,如果要了解他们的思想实质,还要结合具体的史实,以及他们为此所撰的代表性的文章来考察。

---

[1] 〔美〕梅里亚姆著,朱曾汶译:《美国政治学说史》,商务印书馆1988年版,第51页。

第一节　对法国大革命的分歧

亚当斯与杰斐逊的分歧最早或许体现在对法国大革命的反应之上。当这场声势浩大的革命爆发时,亚当斯并不在欧洲,但此前他在任职驻英大使期间感受到了这场即将爆发的法国革命的浪潮。1787 年的夏天,时任美国驻法大使的杰斐逊给亚当斯写信,描述了法国当时山雨欲来的情形,字里行间透露出对巴黎民众的同情和对法国贵族的不屑。他写道,"巴黎(据说在全法国)所有的人都在任意讲话,从未有过一张反政府言论许可证在伦敦实行得比这里更加自由或更加普遍。……国王长期来习惯于借酒浇愁,现在越陷越深。王后痛哭流涕,但继续作恶。"[1] 当时的巴黎仿佛陷入了极度的疯狂之中,人们藐视一些权威,敢于对原本高高在上的贵族进行指责,有时甚至是施加暴力。这一切在杰斐逊看来无疑是群众维护自身权利的合理表达,也许他从巴黎民众的激进行为之中,看到了北美殖民地民众对抗英国政府不屈抗争的缩影。不仅如此,杰斐逊对任何民众的骚乱都表现出了极大的兴趣,就连发生于同年的谢司起义他也不无同情。他在给亚当斯的女婿威廉·斯蒂芬斯·史密斯 (William Stephens Smith) 的信中表述了著名的观点,"一两个世纪内丧失几条生命意味着什么?它意味着自由之树必须经常用爱国者和暴君的鲜血来浇灌,使之常绿长青。鲜血是自由之树的天然肥料……"[2] 然而,与杰斐逊不太一样的是,亚当斯对法国革命持审慎的态度。虽然他表示法国革命的起因是民众受到不公平的对待所引发的,但他认为究其根本还是权力缺乏制衡而导致,对此美国应该保持警惕,防止缺少监管

---

[1]〔美〕托马斯·杰斐逊著,朱曾汶译:《杰斐逊选集》,商务印书馆 2011 年版,第 428 页。
[2]〔美〕托马斯·杰斐逊著:《杰斐逊选集》,第 430 页。

的权力造成的危害。

1788年6月，长期出使欧洲的亚当斯终于被大陆会议召回美国，准备着手建立以新宪法为原则的美国政府。由于对美国革命的杰出贡献以及巨大的牺牲精神，他在美国民众中享有很高的声誉，在次年的选举中他以34票的选举人票数当选为美国的首任副总统。这个票数虽然没有过半，但已遥遥领先于其他的候选人。不过，选举的过程受到了作为华盛顿的左膀右臂的亚历山大·汉密尔顿的干扰。出于对华盛顿的敬重和爱戴，汉密尔顿害怕亚当斯影响过大，以至于会出现使华盛顿难堪的结果。于是他四处活动，劝说他人不要将选票投给亚当斯。结果汉密尔顿目的达到，亚当斯成为副总统，但是亚当斯对这一切却毫不知情。传记作家麦卡洛在近作《约翰·亚当斯》一书中对此事进行了详细地描述，表达了对这位政坛巨人的同情和尊重："汉密尔顿的计划成功了……华盛顿全票当选为总统。亚当斯……票数虽未过半，不过已遥遥领先于另外10名候选人。亚当斯却感到很屈辱，他的自尊心受到了深深的伤害，不过他对汉密尔顿的暗中活动一无所知。"[1] 不过，按照美国新宪法，副总统即为参议院议长，从这方面而言，这位长期为两院制摇旗呐喊的政治精英也算是实至名归吧。

亚当斯的副总统生涯并非一帆风顺，也许是长期寓居欧洲，也许是固执倔强的性格使然，他的很多观点在参议院倍受争议。一个明显的例子便是上文提到的在对美国最高首脑华盛顿的称呼之上，亚当斯扮演了与多数意见相左的角色。在亚当斯看来，头衔对于威信的建立至关重要，合众国的总统应该有别于其他的政府官员，最直观的区别就是赋予其与众不同的称呼。这倒并不完全是出于对华盛顿的尊敬或是崇拜，更多的是其政治观的明确反映。正如同他在《为美国宪法辩护》一文中所表述的那样，亚当斯认为人与人之间是存在差别的，一些能力出众的人

---

[1] 〔美〕戴维·麦卡洛著，袁原、戴晓征译：《约翰·亚当斯》，中国社会出版社2003年版，第304页。

永远不会甘为人下，只要时机成熟他们就会脱颖而出。这些天然贵族使得社会带上了等级的烙印，也成为了维护社会稳定的重要力量。当这些天资出众的人担任公共职务，为社会提供服务时，他们显然要失去相应的物质利益，因此必须给予这部分人适当的补偿，否则一旦他们感到不满或是有怨言，其后果将会是灾难性的。出于这一初衷，亚当斯力主给予华盛顿一个类似封建制度下君主的头衔，以确立先例供后人仿效。为此，参议院专门成立了一个委员会来讨论这一问题，亚当斯原本以为与会的代表都同意其观点。殊不知经历了独立战争的美国民众对带有等级色彩的繁文缛节不怎么感兴趣，于是，总统头衔的问题在议会受到了冷遇。众议院首先表示，对于总统的称呼应该是越简单越好，可以称其为"美国总统乔治·华盛顿先生"。这当然不能令亚当斯满意，他在参议院发起了新一轮的讨论，建议将总统称为"美国总统阁下及美国权利的保护者"。但是即便是在参议院内部也有许多反对意见，这项提案历经了一个多月都无定论。反对者以美国宪法为依据，认为美国不得向任何人授予爵位或是头衔，他们甚至以亚当斯身材矮小为由，讥讽式地称呼其为"胖墩阁下"。最终，议会通过了称呼华盛顿为"美国总统"的决议，亚当斯的努力以失败告终。

总统称谓之争让亚当斯的君主主义者的名声广为人知，其政治影响力也受到了削弱。但是即使如此，他也并没有轻易放弃自己坚守的信仰，并且这次失败让他开始重新审视美国民众的实际状态。当他把目光转向国内时，在这个令他熟悉又陌生的国度里，他发现了太多与过去相去甚远的情形。在1789年5月给英国政治学家理查德·普莱斯的信中，亚当斯写道，"我发现我们的国人们开始变得狂暴，由于对政府错误的理解，使他们狂热而缺乏理性地信奉类似《常识》所宣扬的理论，他们陷入了极度的危险之中。"[1] 他在写给其他一些友人的信中也表

---

[1] Charles Francis Adams, ed., *The Works of John Adams* (Boston: Little, Brown and Co., 1856), Vol. IX, P570.

达了类似的看法,认为美国"到处充斥着腐化堕落的野心、对金钱和奢靡难以抑制的渴望。"[1]他在给女儿的信中不无失望地表示,"我发现自从我离开以后,这个国家发生了翻天覆地的变化,人、社会风尚、道德准则和舆论都跟过去大相径庭了。"[2]他甚至认为美国民众的做法与他们一直以来追求的自由事业正在背道而驰,在给来自罗德岛的法官亨利·马彻特(Henry Marchant)的信中,亚当斯写了这样一番话,"在经过争取自由的斗争(长达20年)后,美国人似乎忘记了自由的意义所在。经过为保护财产而浴血奋战后,他们却将这些置之脑后。商业自由也不复存在,而作为政府最终目的的公平也被抛到九霄云外。"[3]对民众的看法一方面反映出亚当斯坚持精英立场的固执,另一方面也客观地表明美国民众意识形态的变化,或者说民情正在与独立战争期间面对强敌时的高度同一性相偏离。亚当斯的担心也是不无道理的,因为谢司起义已是前车之鉴,如果民众的热情不加以适当的遏制,其后果就会危及国家社会的稳定。然而,就在此时法国大革命突然爆发,由此引发暴力冲突此起彼伏,原有的秩序被颠覆,一切人为的等级制度被彻底打倒,人类似乎迎来了一个绝对平等的社会。所以当革命爆发时美国的民众为之欢欣鼓舞,杰斐逊也表示站在民众一边,为维护自由而斗争,整个美国陷入了狂热之中。亚当斯与杰斐逊在法国大革命问题上的分歧是二人政治观的直接体现,反映了前者重精英的观点在不断兴起的民众力量面前受到了挑战。通过对两者在具体事实上的不同看法,分析他们在政治观点方面存在的差异,就可以进一步理清在大众开始崛起时,亚当斯的精英政治观的发展和变化。

前文言及杰斐逊对法国大革命推崇有加,认为法国民众的革命为世界树立了一个榜样,体现了民主发展的方向。相较杰斐逊,亚当斯对法

---

1 〔美〕戴维·麦卡洛著,袁原、戴晓征译:《约翰·亚当斯》,中国社会出版社2003年版,第317页。
2 〔美〕戴维·麦卡洛著:《约翰·亚当斯》,第308页。
3 Charles Francis Adams, ed., *The Works of John Adams* (Boston: Little, Brown and Co., 1856), Vol. IX, P571.

国大革命的态度显得有些保守,这并非是他反对法国人民推翻王权的行为,实际上他也曾在不同的场合表示对民众奋起反抗压迫的支持。但是,亚当斯在法国民众反对王权斗争的表象之下,更多地关注的是暴力冲突的破坏性所带来的严重后果,以及由此而引发的思考。因此,当巴黎民众于1789年7月14日攻占巴士底监狱时,亚当斯立刻就预料到了革命会很快失败,这是基于他在欧洲担任外交官期间,与法国两派人物都有过接触而作出的判断。他对美国记者所说的一番话颇耐人寻味,"在革命过程中,最残忍的人物和最反复无常的天才往往比有理智和判断力的人势力更强大,意志薄弱的人可能会采取愚蠢的措施来反对最能干的人提出的明智举措。"[1] 可以说,亚当斯预见到了缺乏理智的民众在暴力革命中的行为,实际情况也印证了他的看法。当然,亚当斯的观点在彼时的美国并非受欢迎,相反,一些人因为他的类似言论加之以往的行为,将他贴上了君主主义者的标签而加以批判,有的甚至对他进行人身攻击,这让亚当斯颇感沮丧。然而,有趣的是虽然他在国内的支持者寥寥,一些外国的政治学家的观点却与他不谋而合,其中最为人熟知的就是英国的政治学家埃德蒙·伯克(Edmund Burke)以及他那篇广为流传的《对法国革命的反思》(Reflections on the Revolution in France)。伯克撰文的目的主要是出于对既定秩序的维护和对暴力冲突的厌恶,他在文中清楚地表明民众是不可信赖的,如果将国家交由他们来治理,那将会是灾难性的结果。由于伯克对民众的蔑视,包括杰斐逊在内的许多民主倡导者纷纷对其加以批判,认为他的观点失去理智。另外,伯克在文中用较大的篇幅对普莱斯进行了批评,因为后者曾公开表明支持法国革命并号召英国民众起来推翻邪恶的君主。这引发了普莱斯的支持者的反击,其中较为著名的有英国女权主义的奠基人玛丽·沃斯通克拉夫特(Mary Wollstonecraft)。与普莱斯一样,玛丽对法国大革命充满同情,认为

---

[1] 〔美〕戴维·麦卡洛著,袁原、戴晓征译:《约翰·亚当斯》,中国社会出版社2003年版,第324页。

大革命是社会进步过程中虽痛苦但却十分必要的一步。她曾于 1792 年去往法国,切身感受到了大革命的猛烈气势。于是她专门撰写了《为男性权力辩护》(*A Vindication of the Rights of Men*) 一文,详细阐述了当时社会中存在的种种不公和罪恶,从而肯定了法国大革命的进步意义。同年,她还写下了《为女性权利辩护》(*A Vindication of the Rights of Woman*) 一文,指出女性长期以来饱受压迫,遭受不公平的对待,已经沦为了男性的附属品,毫无自由、平等可言,这一切的根源都在于君主制社会。要改变女性的状况就必须像法国革命那样彻底摧毁君主制度,以最直接的方式让民众决定国家事务。玛丽的论点受到了许多革命激进派的支持,《常识》的作者托马斯·潘恩对其推崇有加,威廉·戈德温 (William Godwin) 等也表示极大关注。一时之间,法国大革命成了追求民主的榜样,其支持者们力图通过实例来找到印证民众革命胜利的原因。

面对普莱斯的支持者,亚当斯站在了伯克的一边,尽管他对普莱斯在美国革命期间给予美国民众的支持仍记忆犹新,但这一次他选择了以自己惯有的理智的方式对待法国革命。从双方的观点来看,虽然他们在所持态度上大相径庭,但是仔细考察他们的言论就可以发现,他们之间的争论仍然在于政府原则、议会制度、分权与制衡等。这些都是在以往旧秩序被推翻,新制度即将建立时多次争论的焦点。如对于一院制便是一例,无论是潘恩还是玛丽,他们都是一院制的鼓吹者,他们认为政府越简单越好,这是亚当斯不同意的。就如同他在以前驳斥潘恩的观点一般,他认为玛丽对法国大革命的认识是幼稚而肤浅的,缺乏对历史事实的基本理解,他认为"这位有着男性理解力的女性对公众事务缺乏经验。"亚当斯将玛丽描写为一位软弱的女性,充满了"幼稚女性的热情"。亚当斯尤为不能容忍的是玛丽对一院制的欣赏,他认为,"称颂一院制的政府的行为是愚蠢的,所有最简单的政府都是专制政府。"他在同时期与普莱斯的通信中也表达了类似的观点,"我不能对法国革命无动于衷,一想到过去的痛苦经历,我就会对它不寒而栗……如果将所有权力归于一院的话，那么国王和贵族便会随心所欲地攫取权力，而一旦他们之间有了分歧，他们就诉诸武力，两百年前的混战将会重演。"[1]

为了详细地表述自己对法国大革命的看法，进一步宣传其政治观，亚当斯从1790年4月份开始，陆续在《美国新闻报》上发表系列文章，前后大约持续一年。后来这些文章被编辑结集出版，名为《论达维拉》(Discourses on Davila)，这是一部全面而系统地看待法国革命及对其反思的作品。在这部作品中，亚当斯对意大利人恩里克·卡泰利诺·达维拉所著之《法国内战史》进行了评论。在此过程中，他不仅追述了法国历史发展的重要事件，更重要的是通过对经典的重读表达其借古讽今的意图，尤其是大众在政治生活中的影响，以及如何防范缺乏制衡的权力走向滥用。除此之外，他还论述了自己对人性的看法，即人类之间就品行、美德而言，有高下之分，不能不加区别地赋予所有人以绝对相等的参与政治的机会，否则将会引起如同法国一样的混乱。文章甫一发表便引起了轩然大波，因为在文中亚当斯通过对法国内战的分析指出，法国革命缺乏合理的依据，会走向流血和冲突。针对亚当斯的观点，一些革命的同情者指责其带有帝王思想，蔑视共和价值，旨在维护贵族遗产。面对这些老调重弹的指责，亚当斯不以为然，依然坚持己见，极力维护其长期形成的重视精英的政治观。

《论达维拉》开篇便将矛头指向法国历史形成的政治制度。亚当斯认为，从法国历史来看，虽然她是一个王权国家，但与萨克森和日耳曼等民族国家一样，也存在王公贵族和平民。他们会定期会晤协商，继而制定法律，这是早期君主制国家的共性。但是法国政治制度的缺陷在于三方之间关系不明，职责不清，尤其是缺乏彼此间的制约。这是导致流血冲突不断的原因所在，整个法国的历史也表明这个问题从未得到解决。法国的历史与现实说明，王权与民权之间一直存在冲突，主要表现

---

[1] Charles Francis Adams, ed., *The Works of John Adams* (Boston: Little, Brown and Co., 1856), Vol. IX, P575.

为双方为争夺更大的权力而相互倾轧，甚至不惜动用武力来达到目的，乃至造成生灵涂炭，百姓流离失所。亚当斯认为，这种政治灾难的根源是简单的二元对立所导致的不可避免的结果，因为如果两种政治力量之间发生争斗，其结果必然是你死我活的，尤其是对于王权与民权这两种在根本利益上有冲突的力量。如果王权强势，民众的权力势必会遭受践踏，反之亦然。这不是一个可以妥协的问题，只能是以一方胜出，另一方失败而告终。法国波旁王朝国王路易十四便是一个明证，他利用权势打压贵族和染指司法，制造王权至上的论调，将忠于国王者派驻至法国各地，使得当地的行政权、司法权包括军权直接受王室的控制。于是在他的治下，王权成为超越一切的权力，其他力量对其毫无制约，即便是贵族也被王权所消解，沦为其附属。而当前正在发生的大革命无疑是另一方面的体现，王权在革命中受到了彻底的打击，结果又走向了另一个极端，这仿佛就是法国历史的循环。

如何克服这种一方独大的局面，使得权力不致由某一方所独享，这是亚当斯论述的重点。亚当斯认为，为了消除对立双方的争斗带来的灾难，最重要的就是引入第三方，即通过相互制约来保持平衡，这也是亚当斯在以前多次提倡的政治理念。亚当斯认为，"当争斗仅限于两方时，无论是个人还是团体，其结果必然是一方被吞噬直至消亡，另一方成为绝对的主宰，这是天性使然。有趣的是古往今来人们都没有意识到第三方制约的重要性，其实它是最简单和最明显不过的。"[1] "制约"是亚当斯在《论达维拉》中多次使用的词语，尤其是对于立法机构。他认为法国政治制度中很重要的一个缺陷就在于她采用的是一院制，这是容忍乃至造成独裁的主要原因。"一院制下的政府与君主治下的独裁政府毫无差异，他们的方式一致，都是对优于自己的人士进行压制。"[2] 亚当斯还强调了三方中行政权的重要性，这主要与他重视政治精英的个人能力

---

[1] Charles Francis Adams, ed., *The Works of John Adams* (Boston: Little, Brown and Co., 1856), Vol. VI, P216.

[2] Charles Francis Adams, ed., *The Works of John Adams*, P253.

有关。法国内战的事实表明,王权过大会僭越本职,竭力压制其他两方中固有的有识之士,国家也就日益走向专制。行政权对王权是很好的制约,行政首脑不应成为王权的附属,相反它应当充当对王权的制约,防止其过于强大,从而避免专制制度形成。

与政治制度紧密相连的是人性,这是亚当斯着重考察的对象。他认为,"自然赋予人类以激情、嗜好和倾向,还有各种才能,其中最重要的莫过于对'与众不同'的渴望。……不论是谁,都渴望被人看到,被人听到和被人谈论,他们希望别人赞同和尊重自己。"[1] 从亚当斯的表述来看,这种渴望可以幻化为野心、嫉妒、仇恨和虚荣,从而导致美德与邪恶,幸福与苦难并存。一言以蔽之,它是造就人类差异性的根源,是人类历史的真实写照。对这种与众不同的追求造成的结果就是一批人从普通民众中脱颖而出,成为社会潮流的引领者。他们的言行对周围民众的影响极大,是政治领域的主宰者,是不折不扣的精英。亚当斯认为,"名声寓于我们内心,与我们亲密无间,世界由真正的美德所控制。人之所以受到尊重与他们的天赋、美德以及乐于奉献紧密相连。"[2] 当然,在这些卓越人士之中也有着较大的差别。亚当斯对他们进行了细分,从中也可以看出他所强调的政治精英应该具备的条件。他在文中谈到人的美德时,使用了 fame 和 celebrity 两个词。在亚当斯看来,fame 是根植于人的内心,是与天赋、美德以及奉献精神紧密相关的。而 celebrity 只是为他人所熟知,与之相关的是诸如出身、财产或是美貌等。因此,我们按照这种理解,fame 与中文对应的翻译应为"声望",而 celebrity 仅仅与"知名"联系在一起。上述两者的区别实际上也体现了亚当斯对于"精英"的理解。这与他的天然贵族理论是有关联的。

亚当斯的时代还只是政治精英的时代,或曰大众参与政治极少的时代。虽然民众的政治意识在一定程度上被唤起,他们也在政治中发挥了

---

[1] Charles Francis Adams, ed., *The Works of John Adams*, P156.
[2] Charles Francis Adams, ed., *The Works of John Adams*, P268.

一定的作用,但是从整体来看,民众的政治参与度是较小的。一些关系到国家命运和未来的大事都是由民众选举出的代表代为行使的,而这些代表的选出带有明显的主观色彩,他们要么是富甲一方的士绅,要么是德高望重的名流。长期以来,这些杰出人士在本地区的事务中就起着举足轻重的作用,民众对他们也很信赖,因此他们理所当然地成为了民众的代言人。对此,亚当斯并不否认,他所关注的是对精英群体的划分,"声望"与"知名"的区别就深刻地体现了他的观点。亚当斯认为并非一切知名显赫之士能称之为精英,真正的美德应该在于其成就和准确的判断力。对于美德的错误界定是许多人对真正的精英产生误解的原因,因为,"人们更多地追逐美貌、权势和优雅的举止,而天赋、才能或美德则次之。"[1]亚当斯急于对精英进行细分是出于他对代议制民主的担忧。因为代议制民主最核心的就是代表本身的人格,若选出的代表品德有瑕疵,很难说他是否能在是非问题上会摒弃私心。当然,这并非表明亚当斯反对代议制,相反,他这种急于清晰地界定精英真伪的观点,也表明了他对代议制的提倡。因为亚当斯所要反对的只是直接民主之下的普选制,这种制度产生的代表有可能不称职,由此而产生的意见纷争与贪污腐败将会层出不穷。直接普选的缺陷在于其范围太广,过程不仅费时费力结果也会事与愿违。亚当斯还认为,即便是其替代者分区选举也存在不足之处,因为美德之士的分布是不均衡的,人口稠密的都市也许找不出一人可堪重任,而在瓮牖绳枢之所也许遍地可寻,尤其是在美国国土如此广阔的国家。若实行分区选举,必定会以整体美德的丧失为代价,即各区推举的代表未必具备真正的才能。

《论达维拉》是亚当斯借法国内战史来阐述诸如制衡、分权以及人性的观点,是他以往政治观点的重述,论点的主观决定了材料的取舍也难免厚此薄彼。但是,由于正在发生法国革命声势浩大、影响广泛,更重要的是没有人能够准确地预测它的走向何方,就连久经沙场的政客也

---

[1] Charles Francis Adams, ed., *The Works of John Adams*, P270.

只能根据直觉和过去的案例来揣测、琢磨，因此围绕大革命所发生的争论最能反映出参与者本人的真实思想。在法国革命期间，许多美国政治家都纷纷发表文章，对革命进行评论，其中绝大多数是正面的，考虑到美国曾经的情况，这也是情有可原的。

虽然亚当斯对革命持谨慎的态度，但他的政坛对手杰斐逊与之相去甚远，后者曾多次在公开场合和与友人的通信中表达了对革命的大力支持。前文曾提及亚当斯与杰斐逊两人在革命爆发之初时的分歧，随着革命的深入这种分歧显得愈加明显，对两者言论的分析也可以更加深刻地理解他们的政治理论和思想。

在革命爆发初期，狂热的民众将矛头指向法国宫廷及其政治象征物，如皇宫和监狱等。他们破坏宫廷设施，杀死卫兵和政治犯，据《波士顿报》统计，1789年9月间就有数以千计的人被杀害。许多人在未经合法审判的情况下被秘密处决，法国陷入了人人自危的恐慌之中。革命形势的失控使得原本对其抱有同情心的人士出现了动摇，就连先前著名的激进派玛丽·沃斯通克拉夫特都开始犹豫，要知道在以前她是维护法国革命攻击伯克论点的代表性人物。她于1792去往法国并定居两年，此间她经历了许多暴力和混乱，这大大削弱了她在早期持有的乐观主义看法。于是，她在1794年发表了《法国革命起源和进展的历史观和道德观》(*Historical and Moral View of the Origin and Progress of the French Revolution*)，该文旨在调和非理性的流血冲突和理智之间的矛盾，这与她之前的观点相去甚远。还有许多以前与玛丽持相同看法的人也纷纷停止对革命的称颂，开始反思自己的观点。但是，即便许多人的观点在改变，杰斐逊对法国革命的热情没有丝毫变化。就如同他对谢司起义的看法一样，他认为政府的责任心要远比其稳定性更为重要。当杰斐逊于1789结束大使任期回到美国时，他的私人秘书威廉·肖特(William Short)继任驻法公使，后者目睹了法国国内的混乱形势，对此深表担忧。他在给杰斐逊的信件当中对法国的激进派进行了批评，认为是他们的煽动导致了暴力行为的发生。杰斐逊在回信中批评了肖特的言论，他写道,"你的几封信的语调使我痛苦良久,因为它们极其激烈地批评了法国雅各宾派的作为。我把这个派别看成是共和爱国者……国民赞同他们的意见……我宁愿看到半个世界人烟灭绝,也不愿这个事业失败。"[1]杰斐逊毫不掩饰对雅各宾派的喜爱,将其看作是维护共和者,是与美国革命者相同的爱国者。他警告肖特要坚持自己的观点,不要因为有人受到痛苦就迁怒于某种思想,否则只会让人感到厌恶。可以说,杰斐逊自始至终对法国革命持支持的态度,这也让他与亚当斯之间的隔阂增大,乃至到水火不容的境地。

第二节　政府组织原则的分歧

由于存在对法国革命理解方面的根本差异,杰斐逊与亚当斯不可避免地在一些场合发生观点上的冲突,这也被一些史学家认为是两人交恶的开始。实际上两人在此前就有观念的不同,也产生过诸如政府组织原则、议会制度等方面的分歧,但这一次在法国革命之上的争论显得十分激烈,甚至导致二人长期友谊的终结。这种看似偶然实则必然的背后反映出的是两人政治观的不同,这一点在对待潘恩的态度上较为明显。

上文提及潘恩在伯克发表《对法国革命的反思》一文后,旋即撰写了《人权论》(*Rights of Man*)对其进行了激烈地回击。潘恩在该文中对伯克为之维护的君主制或曰世袭制提出了严厉的批评,指出君主制将受委托的权力与不受委托的权力混为一谈,借民众授权的合法外衣之名行权力无限扩张之实,它僭越本职将民众视为愚弄的对象,玩弄于鼓掌之间。更有甚者,君主及其维护者将这种行为制度化,使得生者永远受死者约束,如此这般,循环往复,无穷无尽。潘恩认为君主制的毒害

---

[1]〔美〕托马斯·杰斐逊著,朱曾汶译:《杰斐逊选集》,商务印书馆2011年版,第510—511页。

在法国尤甚，它业已深入到社会的方方面面，各行各业都有自己的专制制度及由此产生的暴君，如不加以革除民众将永无天日。从这个角度而言，法国革命的勇气和功绩令人无比钦佩，任何对其攻击的言论都是不负责任的。针对伯克对法国民众的批评，即他认为法国革命中民众对国王的残暴行为远远超过任何时代国王所犯下的罪过，潘恩针锋相对地指出，"这个国家的人民起来造反并不是反对路易十六，而是反对政府的专制原则。……君主与君主政体是截然不同的东西；起义一开始，和整个革命过程反对的乃是君主政体的专制，而不是反对君主个人及其原则。"[1] 潘恩的意思也就是说人在替制度代为受过，路易十六性情固然温和，行为尽管得体，但他仍然是专制制度的代表，是应当被消除的对象，这是革命斗争所无法避免的。潘恩认为伯克错误地将对某个君主个人的同情化为对整个制度的维护，是良莠不分，极其错误。潘恩在文中花费了大量的笔墨来为革命的暴力行为辩护，力图证明它并非像伯克所描述的那样血腥和非理性。这部分是两人对具体事实理解上的差异，颇具主观色彩。

除了批判君主制以外，潘恩还细数了法国宪法的种种优点。他指出法国宪法将国王与主权分开，前者只具有公务性质，后者由民众以国民议会的形式共享，这是英国宪法无可比拟的。此处潘恩把矛头指向英国的政治制度，他认为英国的制度缺乏制约机制，监督与被监督的界线不分，会导致权力被滥用。尤其是议会的组成和运转全凭国王的恩赐，毫无自由和代表民众可言。潘恩在这部分的立论之处在于伯克所提倡的世袭制的荒谬，他抓住了后者逻辑上的疏漏，即"政府是人类智慧的发明"这一观点，指出"承认政府是人类智慧的一项发明就必须承认世袭继承和世袭权利——如它们所号称的那样——不在此例，因为智慧是不可能世袭的……"[2]，由此潘恩推论出世袭制的政府是荒谬的，因为世袭

---

1 〔美〕托马斯·潘恩著，何实译：《常识》，华夏出版社2004年版，第121页。
2 〔美〕托马斯·潘恩著：《常识》，第188页。

制意味着垄断，即将一切普通民众排除在管理层之外，从而使得权力为少数人所拥有。潘恩据此将伯克的观点理解为，"政府是不受任何原则管辖的；它可以任意以恶为善或以善为恶。简言之，政府是专横的权力。"[1] 潘恩以发生在美国的革命为例，阐明真正的共和制不需要君主的参与，民众完全可以将国家管理得井井有条。值得指出的是，潘恩对一院制有着强烈的推崇，这种情感甚至影响到了他对英国两院制中原本带有民众色彩的下院的看法。他认为，"说到下院，它不过是由一小部分国民选举产生的……使这个机构代表国民，而国民就本身却变得无足轻重。"[2] 究其根源，政府腐败在于其不具代表性可言。潘恩认为，即便是混合制政府也会出现权责不清、相互推诿的情况。虽然混合制政府排除了君主制下的一方独大以及权力的世袭，但由于该制度下的内阁、议会等各方彼此交叉，职责与权限相互依赖，因此很容易形成利益共同体。再则各方之间产生的行贿受贿问题，使得民众成为这些不必要开支的实际承担者，由此而产生的税收等无疑会让百姓难以承受，相较于君主制该制度也就毫无优越性可言。潘恩将理想的专制制度归结于真正的共和制，即所有代表俱由民众选举产生，政治上实行绝对的一院制，在这种制度之下，"由于不存在倾轧，也就无需通过行贿而妥协或通过阴谋诡计而混淆是非。"[3] 潘恩还将战争的根源归结为非共和制的提倡者为了维护其地位，确保其利益而发动的。他还认为若实行真正的共和制，各方只会尽力避免战争，减轻民众的赋税负担。在这方面，当前实行一院制法国无疑是各国效仿的榜样。

以上都是《人权论》上部所涵盖的要点，由于潘恩在批评伯克的同时，也在阐述自己对政治制度的理解，因此这部分显得有些杂乱，时而谈到革命，时而论及宗教、法律等方面。为了进一步批判伯克的观点，也为了应对第一部分出版以来受到的非难，他很快又撰写了第二部

---

1 〔美〕托马斯·潘恩著：《常识》，第189页。
2 〔美〕托马斯·潘恩著：《常识》，第202页。
3 〔美〕托马斯·潘恩著：《常识》，第212页。

分，与前面一部分相比，这部分显得更系统，主题更突出。也许是因为潘恩在上部中的观点过于激进或是极具煽动性，伯克也撰文表达了强烈的不满，认为该文作者的观点离经叛道，理应受到审判。对此，潘恩以该文在欧洲受到的欢迎程度作为依据来反驳伯克的论点，他认为只有全民作为陪审团才有资格审判自己，否则一切审判都违背民众意愿，都不合理。两人的交锋毋庸赘述，不过潘恩此时也提出了一些新的观点。在《人权论》下部中，潘恩将论述的重点放在了对政府的理解之上，其核心的观点在于政府恶的一面，他认为，"文明越是发达，越是不需要政府，因为文明越会处理自己的事务，并管理自己……"[1]这是典型的直接民主推崇者的观点。他把新兴的美国当做共和制的典范，认为美国没有阶级对立，没有君主贵族阶层，民众不用为了维持世袭制的运转而缴纳沉重的赋税，因此，"全部建立在代议制基础上的美国政府才是在性质上和实践上现存的惟一真正共和国。"[2]虽然潘恩对美国体制大加赞赏，但这也并非意味着他对其认全面认可，在议会制度问题上便是一例。在对君主制贬低和代议制颂扬的同时，潘恩也认识到了直接民主自身的缺陷。例如在幅员广阔、人口众多的国家，如何在一定时间之内将民众召集起来，就重要的事件进行表决，就是一个亟待解决的问题。对此，潘恩提出了自己的解决方法，也就是将一院制的议会分为若干个小组，重大事项经小组讨论后交由全体议员表决。为了表现议员的多样性，潘恩还着重提出了议员改选的原则，这也是潘恩一院制的核心所在。从他的描述来看，这种制度的确可以最大限度地激发民众的参政热情，并且通过轮选，使得民众能控制政治事务，而不是仅仅由少数人长期把持。但是，潘恩没有看到，这种民主有着致命的缺陷，即不论参政者的来源有多广泛，他们的行为又有多积极，它避免不了直接民主带来的多数的暴政。实践反复证明，民众的热情如不加以适当的遏制，必将贻害无穷，

---

[1] 〔美〕托马斯·潘恩著：《常识》，第231页。
[2] 〔美〕托马斯·潘恩著：《常识》，第244页。

这也是亚当斯多次强调的。

《人权论》是一部具有争议性的作品，各方对此反应不一，在美国就有截然不同的两派。其中，杰斐逊和亚当斯的观点非常有代表性。1792年6月，杰斐逊在给潘恩的一封信中，既表达了对该文的支持，也谈到了对精英民主提倡者的批评。他写道，"在这个国家里，有一些显要人物，他们需要你关于共和主义的教导……我们这里有一帮人拼命鼓吹和宣扬关于国王、贵族和平民的英国宪法，渴望戴上王冠、小冠冕和主教冠。"[1] 杰斐逊在不同的场合也提到了君主制的危害，尤其是对亚当斯的观点。他认为后者"已变节投身到世袭君主制的怀中。"[2] 尽管亚当斯对此保持沉默，但这件事加深了两人的嫌隙，成为后来不和的导火索。有意思的是，虽然亚当斯对杰斐逊的攻击不置一词，他的儿子昆西·亚当斯此时却跳了出来，替父辩护。他在《哥伦比亚哨兵报》上以"帕布里科拉"(Publicola)为笔名连续撰文，抨击《人权论》及其支持者。昆西一开始就对一些人狂热推崇《人权论》的做法提出了质疑，他写道，"如果潘恩先生被当作我们政治信念的奠基者，或者说将本文(《人权论》)的话奉为至理名言的话，那么我们至少要对其进行仔细考察一番。"[3] 针对潘恩认为伯克立场错误，会迷失方向的指责，昆西尖锐地指出，尽管自己费尽心机在《人权论》中去找寻所谓正确的立场，却是一无所获。因为文中根本就没有正确的政治立场和观点，有的只是作者本人的主观见解，例如对法国制度的称颂，对英国制度的贬低，还有对伯克及其著作的讽刺和挖苦。昆西把潘恩的文章核心归纳为三点：其一，向英国人证明他们有权订立一部新宪法；其二，他们必须立刻行使此项权力；其三，他们所仿效的最佳榜样就是法国的国民议会，除此之外别无其他。关于第一点，昆西承认英国国民拥有天赋的不可剥夺的权

---

[1] 〔美〕托马斯·杰斐逊著，朱曾汶译：《杰斐逊选集》，商务印书馆2011年版，第506页。
[2] 〔美〕戴维·麦卡洛著，袁原、戴晓征译：《约翰·亚当斯》，中国社会出版社2003年版，第334页。
[3] John Quincy Adams: Writings of John Quincy Adams (New York: Macmillan, 1913), Vol. I, P67.

力,去制定宪法,成立政府。但这并不意味着所有国民可以不受约束随性而为。因为废止现存制度的前提是在此制度指导之下成立的机构不称职,无法行使保护民众的职责。而任何一项法律制度的制定均是经过深思熟虑,考虑了各方利益的前提下才成文的。就此而言,1688年的英国国会制定的宪法并不像潘恩所说的那样一无是处,相反,其相关指导思想依然在起作用,就连美国宪法也带有类似的表述。如果草率地废除已有的制度,加之又缺乏新的、更合理的制度予以替代,那只能是使得社会重新回到蒙昧时期,其代价无疑是高昂的。昆西认为,即使在法国,关于整个国家是否真正陷入了恶劣制度的危害之中,在许多杰出的政治家中都存在争议。那么,相对国内政治形势较为安宁的英国,是否有必要将已有的制度全盘推翻,是值得仔细思考的问题,何况历史证明英国的宪法确有独到之处。潘恩指责英国根本没有宪法,现有的的宪法是诺曼征服的产物,是独裁者僭越职权,强加到民众头上的,昆西认为这极其错误。因为,早在距离诺曼征服900多年前,英国就有了关于宪法的原则,直至今日该思想仍然被运用到英国政治制度中,美国的宪法从很大程度上而言也是这些原则的体现,而不是前无古人后无来者的全新之作。就此,针对潘恩认为伯克完全不懂何为宪法的指责,昆西指出潘恩自己对宪法的理解就有误。例如,后者认为宪法与政府的关系,犹如政府与后来制定的各项法律与法规的关系。昆西指出,宪法并非清晰可见的具体条文和措施,而是一整套原则体系,这种体系得到了民众的认可,他们愿意受其约束,至于具体的法律则是其精神的体现。所以潘恩认为英国宪法没有具体可见的条款,据此来说英国没有宪法,这种理解是错误的。英国不仅有宪法,而且该宪法还行之有效。从这个角度而言,昆西认为潘恩对英国宪法的指责毫无道理,是无知的体现。

针对潘恩鼓吹英国民众要像法国人那样推翻政府,重建新政府的观点,昆西认为这既不合理也不合法。因为根据宪法的精神,除非有确切的事实表明现有的政府违背了宪法,无法有效地管理国家,否则他们没有权力推翻政府,更没有权力订立所谓的新宪法。那么,谁来判定政府缺乏管理国家的能力呢？这是一个值得考虑的问题。根据潘恩的观点，只有民众才能决定一切，他们不仅能够将现存政府推翻，还能够按照自己的意愿来订立新的宪法，创立新的政府。但是，昆西对此却提出了疑问，要是民众在行使权力的过程中，缺乏指导，不加节制地滥用该权力，其结果可能会比不称职的政府产生的危害还要大。这就牵涉到了一个问题，即国家与民众的关系。显然，两者在利益上既有一致性，也有着难以调和的冲突。这也就是为什么在制定宪法的时候，国家会保留一部分的权力，防止自己在失去理智的民众面前毫无自卫的能力。而宪法的相关原则不仅不能被违背，相反应该得到加强，直至制定合理的修宪制度，而不是单单由民众来决定其取舍。昆西指出，潘恩将一切矛盾的源头指向英国宪法的言论实为不当，因为导致英国政坛腐败，官吏贪污成风，民众苦不堪言的原因是当时的社会风气使然。这种风气不仅在英国存在，在欧洲大陆也盛行一时。要解决这个问题，仅仅推翻英国政府，废除长期沿革的宪法是行不通的，必须要另选方法来根除腐败现象的发生，从而将英国的现状恢复到最初的理想境地，也就是说宪法精神产生之初的状况。昆西在此反复提及回到过去，保持已有的制度以及反对盲目的暴力革命，其目的还是很明显的，他与其父亚当斯都是精英政治的倡导者，相信既定的秩序，对民众保持有相当的警惕，唯恐别有用心的煽动者借革新之名，颠覆长期形成的政治制度。他与亚当斯都认为民众易于失去理智，认为"他们无法对自己行为的原则和动机作出理智的判断，只要是他们认为的斗争对象，无论好与坏，他们都会诉诸武力来达到最终的目的。"[1]

对于潘恩极力推崇的法国国民议会制度，昆西只是简单地评论道，"整个国家，譬如法国、英国或美国，只能实行代议制，代表的行为即为国家的行为。我们还可以推远一些，代表中多数人的行为就是整个议会的行为，也即国家的行为。因此，如果这样的议会缺乏法律的规范，

---

[1] John Quincy Adams: Writings of John Quincy Adams, P82.

仅凭个人利益和好恶来指导，那么民众又能凭借什么来保全自己不可剥夺的权利呢？"[1]昆西认为虽然潘恩宣扬的一院制看似彻底，但它在现实中是无法实施的。一院制的议会不能决定类似于废除政府，制定新宪法的行为，因此法国的国民议会在政治制度方面不仅没有建树，反而容易带上代表个人的好恶而沦为其谋利的工具。至于宪法，昆西认为尽管潘恩极力否认英国没有一部合理的宪法，并主张效仿法国成立国民议会来制定宪法，但是实际上法国也没有行之有效的宪法。因为大革命之后的法国虽然成立了国民议会，但却只是处于无休止的争论之中，根本没有着手制定所谓合理的宪法，其所起作用与英国议会相比好不了多少。

综合上述分析，昆西认为《人权论》并没有给英国提出问题的解决方法，也就是说，潘恩的文章缺乏建设性可言，只是在不断地讽刺和批判。这不禁让人联想起之前当潘恩的《常识》发表时，亚当斯本人对它的看法，两者如出一辙。实际情况也是如此，根据相关资料记载，昆西以"帕布里科拉"为笔名撰写文章事先得到了亚当斯的默许，两人对一些政治事件的看法是一致的，很多观点也是心照不宣。父子二人的默契让外界对这位半路杀出来政治评论家的身份感到费解，他们纷纷猜度事件的幕后主使，但是由于亚当斯三缄其口，猜测就愈发甚嚣尘上。但是，还是有些人对此有大致的判断，其中就包括麦迪逊和杰斐逊。前者向后者暗示，也许是亚当斯授意其子发表的上述言论。杰斐逊本人对此事也是心知肚明的，因为这一切都是因他而起。当初潘恩发表的《人权论》在美国大受欢迎，准备再版，杰斐逊应邀为撰写前言。在前言中，杰斐逊除了向公众推荐该书外，还称赞其是对当时美国"政治异端"的回应。众所周知，此前亚当斯就曾对潘恩的《常识》进行过批评，公开表示支持伯克对法国革命的看法，而《人权论》又是潘恩对伯克著作的反驳，所以，当杰斐逊提到"政治异端"时，明眼的人一下就能看出所指。因此，当署名"帕布里科拉"的系列文章出来之后，也许是自觉有

---

[1] John Quincy Adams: Writings of John Quincy Adams, P70.

愧，杰斐逊立刻给亚当斯写了封信，他在信中解释了事件的缘起，为自己的无心之过进行了辩解。他写道，"你我在最佳政体问题上意见不合，这我们两人都很清楚。但是我们两人是像朋友那样意见不合，尊重各自动机的纯洁，并且把意见分歧限制在私人谈话中。我可以向天发誓，在这件事上，我从未将我们两人的名字公布于众。我们之间长久的友谊和信任促使我要对此作出解释。"[1] 杰斐逊在信中急于澄清自己并非是个人攻击的始作俑者，希望亚当斯能明白他没有将政见分歧与私人恩怨混为一谈。亚当斯对杰斐逊的解释表示了理解，他认为是出版商的行为，让两人原本友好的私人关系因不明真相的公众参与而变得糟糕，同时他认为许多人对他的政治观点有误解。亚当斯表示，许多人把他当作是君主主义者，认为他想要在美国实行世袭制，将国王、贵族和有限选举而出的平民作为政府的组成部分，这些都是误解。这些人要么是没有阅读过他的著作，要么就是仅凭看过的只言片语就妄下定论，于是就形成了当前对他铺天盖地的指责和攻击。至于"帕布里科拉"究竟为何人，亚当斯没有明确说明，只是含糊地说，"我认为，他（帕布里科拉）不过是觉得潘恩的小册子攻击了一位他所尊敬的人，而这位无辜的人不能受到诋毁，于是就造成了目前的局面……这些文章既不是我写的，我也没有为其润色。其作者仅仅是出于自己的消息来源，而作出的审慎的判断，其间，没有得到我的丝毫帮助。"[2] 亚当斯还向杰斐逊表示，他与杰斐逊一样，也从不在报纸上刊登不署名或是借他人之名撰写的文章。针对杰斐逊认为两人在政体问题上意见不合的说法，亚当斯予以了否认，他认为他们两人根本没有在一起讨论过政体问题，更谈不上有意见分歧。对于企图建立世袭制政体的指责，亚当斯表示，"假如你认为我已经或是曾经试图在美国或者某个州建立国王、贵族和平民的政府，以及在行政和议会上提倡世袭制，那么你就完全误解了。我从未在公开文章或是私

---

1 〔美〕托马斯·杰斐逊著，朱曾汶译：《杰斐逊选集》，商务印书馆 2011 年版，第 497 页。
2 Charles Francis Adams, ed., *The Works of John Adams* (Boston: Little, Brown and Co., 1856), Vol. VIII, P558.

人信件中表达过类似的观点,要是有人找到了我的文章带有这种观点,我就敢与他们对质。"¹亚当斯在信中还表达了对美国政坛出现的一些现象的担忧,主要是因野心导致的相互攻讦,并表示想尽早退出政治界。当然,在信件的结尾他感谢了杰斐逊在关键时刻的来信,也表达了对两人十几年友谊的珍视。

亚当斯的一番话的确是发自肺腑,因为法国革命的爆发在美国引起了太多的反响,当受到鼓舞民众将革命热情转向美国国内时,素以精英自居,并维护传统,提倡制衡,反对一院制的人士就成了革命的对象。不用说,亚当斯首当其冲地成了攻击的对象。对此,他希望能够得到他人的理解,尤其是曾经的朋友,不要因为外界的夸大其词而对自己产生误解。然而,现实毕竟是现实,亚当斯的信并没有消除别人的误解,杰斐逊也不会在这个微妙的时刻改变立场。在收到亚当斯的信后,杰斐逊立刻又回了一封信,在信中,杰斐逊把一切归咎于匿名的"帕布里科拉",认为批评潘恩就是批评美国民众,只要谁敢于攻击潘恩,无数的人就会站出来替潘恩辩护。对于自己在《人权宣言》前言所指的"政治上的异端",杰斐逊表示这并非是说亚当斯,他写道,"我所暗指的是那些公开声称颠覆现有的政府,企图在美国建立国王、贵族和平民组成的政体的人。因此,你知道我根本无意造成这种结果,有人在未经我同意的情况下将我置于公众舆论之下。"²据学者后来考证³,杰斐逊的这番话是言不由衷,因为他在之前给华盛顿和麦迪逊的信件中,承认自己在用"政治上的异端"的措辞时,脑海中出现的就是《论达维拉》的作者,在这里他却矢口否认这种想法,颇有言不由衷的意味。在信的结尾,杰斐逊还不忘将法国革命赞扬一番,他不仅表示对革命充满信心,还认为法国国民议会具有爱国热情,代表法国全体民众的真实意愿。亚当斯对

---

1 Charles Francis Adams, ed., *The Works of John Adams*, P559.
2 Charles Francis Adams, ed., *The Works of John Adams*, P561.
3 据亚当斯传记作家麦卡洛考证,杰斐逊曾承认"政治异端"指的是亚当斯,他在给华盛顿的信中将亚当斯称为"变节投身到世袭君主制的怀中"。具体参见戴维·麦卡洛著,袁原、戴晓征译:《约翰·亚当斯》,中国社会出版社2003年版,第334页。

杰斐逊的回信有如何反应，我们不得而知，但有一点可以肯定的是，在这场唇枪舌剑的交锋之中，双方都在一定程度上强化了原本的立场，使得彼此的对立显得更加突出。虽然论战并没有分出成败，但是很明显，相对于意气风发，激情满怀的杰斐逊而言，老气横秋，因循守旧的亚当斯处于了下风。正如麦卡洛所言，"鉴于托马斯，潘恩和法国革命如此大受欢迎，此事对亚当斯造成了巨大的伤害……'思想堕落'和'君主主义者'的标签，这两项不公正的指责一直伴着亚当斯度过了余生。"[1] 也许是出于平息争论的考虑，亚当斯并没有继续回信，并且此后一连几年两人都没有通信往来，这被一些史学家认为是两人交恶的开始。虽然1793年亚当斯受邀出席美国哲学会，并出任会员时，杰斐逊曾陪伴他一同前往，并且亚当斯在给妻子阿比盖尔的信中将此描述为"我们仍然在交往。"但言语之间更多的却是对关系不复从前的感慨。自此以后，双方逐渐疏远，几乎形同陌路，直至垂暮之年才又和好如初，这是后话了。

第三节　分歧的实质

从亚当斯与杰斐逊的争论中，我们可以清楚地看出两人政治分歧所在：一方提倡遵循传统，竭力维护既定的秩序，维护英国宪法的原则，一方则极力批评旧制度的缺陷，强调民众的自治力，主张将一切交由民众决断。这些分歧体现在现实中实际上就是英国模式与法国模式的问题，前者历史悠久，一直以来也行之有效，只是当前在具体执行上出了问题，导致民怨载道。后者则在彻底废除旧制度，打倒旧统治者之上，

---

[1] 〔美〕戴维·麦卡洛著，袁原、戴晓征译：《约翰·亚当斯》，中国社会出版社2003年版，第336页。

试图建立起一院制的政府,将封建贵族制度的残余全部清除。如是观之,两人的分歧似乎不具有可调和性,只会在各自坚持的道路上越走越远。的确,这种分歧使得双方出现了分裂,由于在许多问题上双方的矛盾无法解决,于是便导致了美国政党的出现,杰斐逊与麦迪逊等人成立了民主共和党,汉密尔顿则继续坚持联邦党的主张,两派不断地以各自的舆论工具为阵地,攻击对方的政治观点,有时甚至不惜使用恶毒的语言来达到目的。杰斐逊无疑擅长于此,他充分发挥善于宣传的长处,发动美国民众抵制一切与君主制的沉渣泛起有关的言论和人物,将自己塑造为大众民主的代言人。他还在暗中策划,阻挠亚当斯继续担任华盛顿的副总统,他甚至还将攻击的矛头指向华盛顿本人。

但是让人颇觉意外的是,在外有如火如荼的法国革命的鼓舞,内有杰斐逊等人充满激情的宣传的气氛下,原本善于辩论的亚当斯此时却显得相对沉默。这倒不是他厌倦了政治,或是不敢表明自己的观点。亚当斯之所以在论战中鲜有发声,其原因主要有二:其一是特殊的身份,其二是其善于独立思考的个性使然。副总统的职位一方面体现了国人对亚当斯政治贡献的承认,另一方面又给他带来了很多言论和行为上的束缚。实际上,他在参议院的日子并不很愉快,由于职责所限,他无法在议员之间的论战中表明立场(除非出现势均力敌的场面)。同时,作为华盛顿的副手,他必须随时与总统保持一致,哪怕出现意见分歧也要以大局为重。(若干年后,杰斐逊任亚当斯内阁副总统时可就比他有叛逆精神得多了。)因此,在联邦党与民主共和党两派的纷争中,他只能保持独立。他曾对妻子阿比盖尔说,"我的国家以自己的智慧为我设计了一个最不重要的职位,一个人类创造出或想象得出的最没分量的位子。"[1] 即便如此,他仍然恪尽职守,力图不卷入政治斗争。当大选即将来临,以汉密尔顿为首的联邦党人需要他担任候选人时,他也没有立刻表明态度,虽然他的立场与联邦党一致,但作为副总统是必须要超越党

---

[1] 〔美〕戴维·麦卡洛著:《约翰·亚当斯》,第348页。

派利益的。除了职位因素，亚当斯没有过多参与党派之争的重要原因在于他一直信奉的政治观点和立场。从早先的波士顿事件到建国时期的政治制度之争等诸多政治事件中的表现来看，亚当斯从来就不是一位从众的政治家，相反，他总是在狂热的情绪中起着镇静剂的作用，有时甚至有点逆潮流而行。这是出于这一点，亚当斯对热衷于党派斗争的杰斐逊颇觉反感。值得指出的是，包括杰斐逊在内的许多政治家对党派都持否定态度，更不用说你死我活的党争了。但是，理论与实际或者说言论与行动总是相脱节的，立场与观点的差异很快将这些人分成了若干群体，党同伐异也就屡见不鲜了。不过，亚当斯在这些人之间显得较为另类，他很独立，不容易受他人观点的左右，一旦他对某事有了自己的看法，这种观点便根深蒂固，轻易难以改变。

1793年底，杰斐逊辞去了国务卿的职务，归隐弗吉尼亚，享受田园生活。他声称决定离开政治，远离尔虞我诈的费城政坛，他与亚当斯关于法国革命的争论也暂时划上了句号。但这并非意味着两人完全和好，两人在这个时期为数不多的通信往来表明，他们在一些问题上仍然存在分歧，例如在对待世代传承的文件、契约的态度上，他们就有不同看法。众所周知，多年前杰斐逊就在弗吉尼亚废除了长子继承权和限定嗣序权，理由是去世的人无权决定活着的人的权力。这被看作是杰斐逊反对陈规陋俗的有力举措，他的主张也得到了许多人的支持。当杰斐逊归隐乡间后，亚当斯恢复了与其中断了两年的通信联系，在信件中，他们探讨了许多问题，其中就包括对待习俗和传统的态度。杰斐逊一如既往地认为，上辈人的决定不能影响下一代，否则社会不会进步。亚当斯反对将对待传统的态度简单化，他认为，"一代人的权利在某种程度上应该取决于另一代人传下的文件，社会契约和法律最终必须归于书面材料。遵守这些书面文件应该成为一个国家的惯例，这些文件不应该因革命而变更……。"[1] 从两人的分歧中不难看出他们的观点差异，一直以民

---

[1] Charles Francis Adams, ed., *The Works of John Adams* (Boston: Little, Brown and Co., 1856), Vol. VIII, P568.

众代言人自居的杰斐逊主张更彻底的民主，其民主主要表现是在对传统的否定之上。正如他支持的潘恩那样，将社会中出现的问题统统都归咎于旧制度所致，认为问题的解决之道在于彻底打破旧俗，以另一种截然不同的制度取而代之。所以，他对法国革命充满了热情，主张美国效仿法国模式，建立类似国民议会的立法机构等。与杰斐逊偏好否定旧制相对，亚当斯则更多地将注意力集中于传统制度，仔细找寻其合理之处，再以此为基础加以完善。他强调渐进式而不是颠覆性的变革，认为一切都诉诸革命的手段反而造成巨大代价，给社会带来损失。他的言行，如维护英国传统，反对法国革命，主张实行两院制，对民众的激情保持警惕等都反映了他相对保守的精英政治观。当然，不管两人有多少分歧，有一点值得肯定的就是，民众的影响力一直贯穿于两者政治生涯的始终，是他们在发表观点，进行辩论，乃至制定政策所必须要考虑的因素。也只是因为这一点，使得出身贵族的杰斐逊一直在不断地改变，去迎合民众的诉求，并且去修改与完善美国政治制度，他也因此成为美国早期政治改革者的先驱之一。

第五章
安德鲁·杰克逊：美国大众政治的开创者

经过杰斐逊的苦心经营，到他离开白宫时，联邦党人的势力大受打击，美国政坛只剩下民主共和党这惟一一个有影响力的政党。因此，该党的总统候选人，詹姆斯·麦迪逊在1808年的选举中轻而易举地获得了胜利。麦迪逊在位时期主要忙于对外事务，如与法国、英国之间的关系等，其间还发生了1812年的对英战争。这些事情在让麦迪逊应接不暇的同时，也使得美国国内民众与政府之间的关系趋向缓和。加之美国的版图在不断地扩大，国力也在不断增强，同时与英国的外部矛盾凸显，因此，美国国内民众与政治精英原有的矛盾逐渐淡化。麦迪逊在任8年，卸任之时民主共和党的势力达到顶峰，他的继任者，同样来自弗吉尼亚的詹姆斯·门罗也成为了美国历史上继华盛顿之后，第二位众望所归的总统候选人。他赢得了几乎所有的选举人票，除了其中一票不知何故被投给了亚当斯的儿子约翰·昆西·亚当斯。作为弗吉尼亚王朝的继任者，门罗深谙杰斐逊政治思想，是其思想的绝对继承者。杰斐逊曾将门罗称为"品德无暇"的人，他在任职总统期间，以一直穿着殖民时期的服装而为公众熟知，这也说明他对传统的尊重与提倡。门罗在位8年，期间联邦党人基本从政坛消失，但这并非意味着他们的政治思想也一并消亡，实际上门罗也将联邦党人的思想纳入到他自己的政治理念中。在维持常备军，强化海军以及支持制造业等方面，门罗都与联邦党人的观点一致。1817年，门罗就任总统后不久开始了在新英格兰诸州的巡视，马萨诸塞州的媒体热烈欢迎，并将这一时期称为"和谐时代"。

这一时期，民众的利益与政府的作用达到了平衡，国内矛盾退居次要。

门罗最重要的外交成就就是推出了"门罗主义"。从 19 世纪早期开始，美国的近邻拉丁美洲各国开始了争取独立的斗争。西班牙在拿破仑战争中的失败导致了其对拉美控制地位的丧失，1815 年以后的五年间，阿根廷、智利、秘鲁等国相继独立，哥伦比亚的独立战争也在西蒙·玻利瓦尔 (Simon Bolivar) 的领导下如火如荼地进行。拉美诸国的独立运动引起了欧洲列强的不满，最大的反对来自这些独立国家的宗主国西班牙，由于利益受到严重损失，西班牙主张对拉美国家进行严厉镇压。俄罗斯和法国在拉美都有扩张意图和经济往来，他们也不愿意看到一个独立的拉美。至于英国则想借在拉美的扩张遏制不断发展的美国，从而在两者的斗争中处于有利地位。作为新兴的资本主义国家，美国并不甘心欧洲强国在美洲指手画脚，她也开始谋求自己应有的国际地位。门罗主义与小亚当斯密切相关，由于自小便随父出使欧洲，担任过华盛顿内阁的驻荷兰、葡萄牙大使，亚当斯内阁的驻德国大使和麦迪逊内阁的驻俄国大使，小亚当斯对欧洲各国的情形非常熟悉，是一位不折不扣的资深外交家。因为具有丰富的外交经验，昆西在担任门罗内阁国务卿时，对美国周边的国际形势表现出了极大的关注。当时，法国与西班牙结成盟友，试图干涉拉美的独立运动，以俄罗斯为首的神圣同盟也准备插手美洲甚至美国的事务。在这种背景下，英国外交大臣乔治·坎宁建议英美两国联手发表声明，反对他国在拉美恢复殖民统治。坎宁的建议在美国引起了激烈的争论，人们对此反应不一。当时年事已高的杰斐逊写信给门罗，认为与英国合作对美国有利，有了英国的支持，欧洲列强会对美国有所忌惮。但是，作为主管外交事务的国务卿，昆西很清楚英国的目的。1812 年对英战争的惨痛结果仍然历历在目，如果完全接受英国的提议，那么美国势必很快沦为其附属国，成为其推行扩张政策的工具。正是出于这种担忧，昆西力主撇开英国，由美国单方面来阐述对拉美独立运动以及外交政策的态度。于是，在他的构思与主持之下，一项有关美国与美洲国家关系的政策逐渐形成。以此为蓝本，1823 年 12 月

2日,门罗总统向国会发表国情咨文,系统阐述了美国在美洲事务中的立场,史称"门罗主义"。这个将欧洲列强排除在美洲事务之外,从而将美国置于西半球领导地位的文件极大地增强了美国的国际地位,也强化了政府的凝聚力。

门罗在位时期,美国政治和谐,社会稳定,民众与政府之间的矛盾相对缓和。然而在一个利益多样化的新生国家,尽管民众表面平和,但社会却潜藏着矛盾。伴随着人口增长、交通方式的改进,这种区域发展不平衡导致的分歧已经出现,加之奴隶制的顽疾,使得分歧愈加明显。到1819年,已有9个州相继加入联邦,它们几乎都位于西部或南部,边疆地区的发展形成了该地区独有的草根文化特色,它与传统的东部有着强烈的反差。而就在这时,美国出现了1819年的经济恐慌,贸易停滞,银行倒闭,农产品价格一落千丈,民众不满的情绪开始蔓延。虽然门罗任职期间,美国国内几乎没有什么太突出的矛盾,但是,这段"和谐时代"并没有持续多久,当他的继任者,也就是约翰·亚当斯的儿子小亚当斯当选总统之后,形势发生了变化,主要表现在民众开始崛起,他们不甘于远离政治,希望充分地表达自己的政治诉求,并获取相应的政治权力。虽说在门罗时期就出现了这种趋势,但由于矛盾没有激化,其表现形式也就不明显。但是小亚当斯上台对依旧却不以为然,他仍然墨守成规,拒绝对政治作出改革来取悦民众,哪怕是一些象征性的措施。由于他的保守,在竞选第二任的时候他败在了来自相对偏远的南、北卡罗来纳交界的安德鲁·杰克逊手下。众所周知,昆西·亚当斯出身名门,又挟在任总统之势,却败在了一位出身普通、教育程度不高且性格暴躁易怒的杰克逊手下,这不能不让人颇感意外,就连小亚当斯自己都感到意外,甚至愤怒,为此他连杰克逊总统的就职仪式都没有参加。但是,仔细考察当时美国的政治形势以及随之而来的变化,这种情况虽说在意料之外,却也在情理之中。下文将通过考察昆西·亚当斯与杰克逊两人在位时期的不同,尤其是后者独特的政治风格和人格魅力,来解读美国早期精英政治发展的特点,从而发掘其民主政治的发展方向和趋势。

第一节　杰克逊时代精英的衰落和大众的崛起

许多历史学家把昆西·亚当斯称为美国最伟大的外交家，却很少提及他在担任美国总统期间的成就，这至少说明了两个方面的事实：其一、他为美国的外交做出了巨大的贡献；其二、他并不是一位优秀的总统。的确也是如此，当 1824 年门罗按照惯例不再谋求第三次连任的时候，他的继任者是谁在当时显得扑朔迷离。竞选者共有五人，分别是来自南卡罗来纳的约翰·卡尔洪 (John Caldwell Calhoun)；"大妥协"起草者、来自肯塔基的亨利·克莱；还有先后担任驻法大使和门罗政府财政部长，来自佐治亚的威廉·克劳福德 (William Harris Crawford)；以及 1815 年在新奥尔良打败英军的战争英雄安德鲁·杰克逊和时任国务卿的约翰·昆西·亚当斯。后来克劳福德因病退出竞选，而卡尔洪则因为阅历不够退而竞选副总统，于是总统职位的争夺就在克莱、昆西·亚当斯和杰克逊三人之间展开，三人得票基本相当，但无一人获得超过半数的选票，于是按照宪法，总统人选便交由国会众议院来决定。最终在一场被杰克逊称之为"腐败交易"的协商中，昆西·亚当斯当选总统，很快他便提名克莱担任政府国务卿，而杰克逊则空手而归。杰克逊的指责并非没有道理，当时他获得了超过 15 万的普选票和 99 张选举人票，都领先于第二名的昆西·亚当斯。为了与华盛顿的政治精英们保持距离，杰克逊辞去了参议员职务，开始为下一次总统大选做准备。从亚当斯和杰克逊的出身和渊源来看，这次选战既是两人，也是两个不同的阶层代表之间的第一次正面交锋。昆西·亚当斯是传统东部政治精英的代表，以维护联邦为己任，超脱于党派和利益，与民众有一定的距离。杰克逊则是包括南方和西部在内的边疆地区的代表，致力于维护州和普通民众的利益。当然，这并不是两者之间的第一次对立，实际上双方的博弈由来已久，甚至可以上溯至殖民时期。不过这一次的对立却与以往有着显著的不同，主要是民众阵营的变化，经过长期的发展，民众的数量在不断扩大，也享有了以往所没有的政治权力，他们已不再是沉默的多数了。

作为马萨诸塞名门望族的代表，昆西·亚当斯与他的父亲有很多相似之处，且一直以来在政治实践中都与他的父亲保持一致。早在1791年，他就在《哥伦比亚哨兵报》上以"帕布里科拉"为笔名连续撰文，抨击潘恩《人权论》及其支持者，为亚当斯的政治理论辩护，这一度还引发了杰斐逊与亚当斯的支持者之间的争论，加深了两人意见的分歧。当选总统后，昆西·亚当斯更是坚持乃父的不党不派的独立立场，不仅不卷入政治纷争，甚至连与民众也保持一定的距离。为此他拒绝了马里兰州一年一度的奶牛展览会的邀请，他给出的理由就是总统必须超越世俗利益。他主张对宪法作宽泛的解释，以赋予总统更多的权力。在路易斯安那购地事件中，他是杰斐逊的坚定支持者，认为总统有权根据具体情况获得宪法没有明文规定的隐性权力。在联邦政府与州政府的关系上，他与其父一样竭力维护联邦权力，主张扩大中央政府在各个方面的权限，包括处理国家土地、发展公共交通、促进教育事业等。昆西·亚当斯在维护联邦权力的强势作法引起了州权提倡者的反对，为其以后的总统任期埋下了不稳定的因素。由于这些主张，一些历史学家把他当做新国家主义的先驱。虽然在党派上他属于共和党，但他的思想却是与老亚当斯一脉相承，具有明显的东部精英特色。但是他在总统任期内包括前后的经历却与其父迥异，这些经历对他而言极其不愉快，以至于在竞选连任败给杰克逊之后，他甚至愤而归隐田园，连后者的总统就职典礼都没有参加。如果说老亚当斯时期精英们在政治理论与政治看法有一定的共识的话，那么到了昆西·亚当斯时期却成了一边倒的局面，代表传统政治精英的人已经难以为民众所容。

按照常理，小亚当斯是名门之后，又常年出使在外，为美国的外交做出了重要的贡献，国内民众也应该像欢迎其父一般来迎接他。可是他第一次参选总统就出师不利，民众将选票更多地投给了战争英雄杰克逊，而他只能依靠私下协商才勉强得到总统职位。然而4年任期一满，民众早已迫不及待地把选票给了杰克逊，作为在任总统的小亚当斯甚至连首轮攻势都没有发动就退出了角逐。那这是什么原因造成的呢？对此小亚当斯本人一定也感到困惑，不然他也不会在离开白宫时一脸落寞的神情。不过现在来看，这种情况的出现并不是他没有与他的父亲保持一致，也不完全是他个人品行或是美德有所欠缺，而是当时美国国内外形势发展使然。首先，他所在的政党发生了分裂，削弱了他的政治影响力。是时，共和党一分为二，小亚当斯属于坚定的国家共和党，即辉格党的前身，后改名共和党。而其余的则在杰克逊的带领下成立民主党。前者以维护联邦权威为己任，通过征收高关税来维持联邦政府在基础建设方面的开支，这些措施造成了工业制成品价格的上涨，明显有利于北方工商业主，因而它也触怒了杰斐逊思想的忠实信徒——南方奴隶主阶层，就连杰斐逊本人也批评小亚当斯的行为会给各州带来破坏，人为地造就了凌驾于普通国民之上的贵族阶层。其次，他在对待印第安人的态度上以及对外关系上也遭遇到了挫折，小亚当斯主张政府应遵守与印第安人签订的协议，应通过购买而不是强占来获得他们的土地。这不利于急于获得土地的南部和西部，因而遭到了他们的反对。他试图通过和平手段从墨西哥手中得到德克萨斯，还想说服西印度公司扩大与美国的贸易，但是这些努力都以失败告终。对外遭到挫折，对内小亚当斯一味坚持传统的政治观，刻意与包括民众在内的各方保持距离，殊不知这种姿态在等级观念深入人心的欧洲或许奏效。因为它可以让民众在没有与当权者亲密接触的前提下而感受到他们潜在的威信，从而怀有敬畏之心，不敢有任何僭越之举，这也许是小亚当斯从其父的政治生涯中所得出的金科玉律。但是他不知道的是，在美国社会高度发展变化的时代，一味仿效过去的政治作风已经不合时宜了。正如霍夫施塔特所言，"亚当斯总统是一位伟大的正直人士，但又是一位典型的即将过时的职业政客……"[1] 小亚当斯的失败与其归咎于其自身性格,还不如说是时势使然。他的失败也有着明显的时代意义,"亚当斯的下台标志着一个时代的结束,他是美国建国后精英统治中的最后一位总统,他的悄然离去宣告了在一个实行普选制的民主社会中,少数精英终将失去对大众的控制。"[2]

在谈及 19 世纪初的美国时,史学家帕灵顿在《美国思想史》中写道,"从经济角度看……富有冒险精神的年轻一代商人已经取代了老一代稳健派,巨大的财富正以前所未有的速度积累着。"[3] 的确,当时的美国正处于经济开始快速增长的时期,源源不断的欧洲移民在带来了技术的同时也提供了足够的劳动力,城市的规模也在不断增大。据资料统计,1774 年,美国人口大约为 235.4 万。尽管经过独立战争,美国人口有所损失,加之许多保皇党人回到欧洲,但美国人口仍然呈增长趋势,到了 1790 年美国的总人口为 390 万,其中有 370 万人生活在乡村,只有不到 62000 人居住在国内最大的两个城市。到了 1820 年,美国居民总人数已上升至 960 万,其中相当一部分生活在城市。这些人后来成为了城市工人阶级,他们的人数在不断壮大,对政治的渴望也与日俱增。但是长期以来,工业制造业都被认为是农业的附属,它们的功能在于为农业提供必要的工业制成品,仅此而已。但是随着工业的发展,它与农业之间的关系正在发生变化,18 世纪后期到 19 世纪初,农业在美国的经济中依然占据重要地位地位,到了 19 世纪中后期它逐渐变得弱小,直至最终被工商业所取代。但是,小亚当斯等来自东部的政治家依然固守陈规,拒绝将工业及其从业者与农业平等对待,这就造成了城市工人阶层与东部精英之间的对立。在麦迪逊和门罗任期内,由于外部矛盾的激化和对外政策的影响,这种对立并没有立刻显露出来,但一俟时机成

---

[1] 〔美〕理查德·霍夫施塔特著,崔永禄 王忠和译:《美国政治传统及其缔造者》,商务印书馆 1994 年版,第 55 页。
[2] 钱满素:《美国文明》,中国社会科学出版社 2001 年版,第 44 页。
[3] 〔美〕沃侬·路易·帕灵顿著,陈永国等译:《美国思想史》,吉林人民出版社 2002 年版,第 508 页。

熟，这些城市平民必然会寻找自己的政治代言人，以获取与其经济地位相当的政治权力。

除了城市平民阶层的增长以外，南部和西部的领土扩张也给东部的政治精英带来了巨大的冲击。美国的领土扩张始于1783年的《巴黎条约》，在条约中英国政府将加拿大南部，密西西比河东部以及佛罗里达地区给予美国，但在当时由于殖民者人数较少，这些名义上的领土基本上没有移民居住。美国领土扩张中最为浓墨重彩的一笔就是杰斐逊在在位时期的路易斯安那购地，它使美国版图扩大了将近一倍，通过这次购地，美国也获得了密西西比河的航运权。后来美国通过1845—1848年的墨西哥战争以及俄勒冈的加入，美国的版图最终扩张至太平洋沿岸。在不到60年间，美国的领土已从当初的200多万平方公里，增加到将近800万平方公里，将大西洋与太平洋连接了起来。斯坦利·L·恩格尔曼(Stanley L. Engerman)在《剑桥美国经济史》中写道，"政治的边界确保了充分的产权，且为一个稳定社会提供了物质保障，在跨越2000英里地貌丰富多变的土地上，好几万猎人，矿工，牛仔和农民找到了自己的工作，他们身上体现了两种力量：民主和资本主义，而这正是创立美国19世纪文明社会的两大主要文化动力。"[1]正是在这些新移民的共同努力下，西部和南部边疆地区开始发展，成为构成美国文化的重要成分。也正是在这种环境下，一位身上带有明显的大众色彩的政治家开始出现在公众的视野中，他就是来自边疆地区的安德鲁·杰克逊。

---

[1]〔美〕斯坦利·恩格尔曼著，高德步等译：《剑桥美国经济史》，中国人民大学出版社2008年版，第286页。

第二节　杰克逊及其民主的内涵

美国早期的政治家们幼年时期家境一般颇为殷实，也受到过良好的教育，后来大多都成为律师继而步入政界。他们举止优雅、谈吐得体、学识渊博，在民众心中享有极高的威望。但是，杰克逊却不类常理，他的经历和行为似乎与早期美国政治家的形象相去甚远。杰克逊的早年生活颇为浪荡，他反应机敏善于打架，15岁之时他继承了祖父一笔不菲的遗产但却没有珍惜，狂赌滥饮很快花光。之后他突然间洗心革面，认真学习法律，遂于20岁时取得律师资格。此前他与哥哥罗伯特一起参加了大陆军与英军作战，后被英军俘虏并遭受英国军官的虐待之后以交换战俘的形式被释放，他也成为惟一一位当过战俘的总统。从政以来，杰克逊历任国会众议员、参议员和田纳西州高等法院法官，1825年他接受提名成为总统候选人。在长达三年的准备期中，他最大限度地开动政党机器，发动竞选攻势，将自己塑造为民主主义精神的象征，是以东部贵族为代表的精英政治家们的死敌。在以往的总统竞选中，竞选者是不会参加支持者们举行的任何活动，因为在当时拉票被认为有失风度的事，但是杰克逊对此毫不理会，他参加过包括纪念新奥尔良战役的庆典活动，目的是为了向民众宣传自己的业绩。与此同时，为了得到选举胜利双方在选战中你来我往，唇枪舌剑，甚至恶言相向。杰克逊派指责亚当斯任上挥霍钱财以装修白宫，私生活上有失检点，而亚当斯派认为杰克逊犯有通奸、赌博、重婚、酗酒、欺骗、凶杀等罪行。尽管小亚当斯及其所属政党极尽攻击的能事，给杰克逊造成了巨大的心理伤害，但这仍不能阻挡民众对杰克逊的支持。1828年杰克逊在选举人票上以178对83击败亚当斯当选总统，四年任期届满后他继续谋求连任并如愿（此次优势更为明显，他获得了219张选举人票，大大领先位居第二的国家共和党人亨利·克莱的 49 票)。两届任期内,杰克逊开创了诸多美国政治制度之先河,党内提名、分肥制、搁置否决权的使用、废除合众国银行、打压国会、维护联邦统一等,无一不是惊人之举,以至于其反对者将其冠名"国王安德鲁一世"。杰克逊的行事风格从一开始就引起了极大的争议,当初他被提名参与总统角逐时,仍然健在的杰斐逊就在私人信件中表达了担忧。杰斐逊在信中表示,"对于杰克逊将军成为总统的前景我深感惊讶,他是最不适合担任这个职位的人之一。他对法律和宪法缺乏尊重,不过是一位善战的将领而已。他的激情很可怕,我在担任参议院议长期间,他任参议员,期间我曾目睹他多次由于克制不了心中的怒火而口不能言……他是一个危险的人。"[1],杰斐逊对群众如此欢迎杰克逊感到很恐惧。

虽然传统的精英政治家们对杰克逊并不看好,但是,杰克逊的言论和行为使得民众的政治热情被煽动到了极致,他们狂热地推崇这位心目中的政治偶像,在总统选举结果出来之后,有的人甚至步行几百英里只为目睹杰克逊在白宫的就职典礼。在这场被保守派称之为"暴民君临天下"的运动中,杰克逊无疑是最大的赢家。在这些看似混乱的竞选活动乃至总统就职典礼热潮中,美国并未走向无序,反倒由精英政治顺利过渡至大众政治,而作为所有官吏中惟一由全民选举产生的总统开始成为美国政治的中心,一直延续至今。杰克逊传奇性的人生经历赋予了其独特的人格魅力,逆境中不妥协,近乎固执地坚持己见,对待友人满腔热情,对待敌人毫不留情,这些都是民众心中的理想代言人。杰克逊的成功有着深刻的社会原因,是适应民众发展的必然结果。如政治学家梅里亚姆所言,"杰克逊民主有两大力量作为支柱。第一是西部和南部的边疆条件及思想;第二是城市和工人阶级的发展。"[2] 大众队伍的不断扩大,其同质性不断加强,他们不再顺从、追随、尊重那些天然的精英,而是

---

[1] Thomas Jefferson, *The Works of Thomas Jefferson*, Federal Edition 1904-5. Vol. XII P325.
[2] 〔美〕梅里亚姆著,朱曾汶译:《美国政治学说史》,商务印书馆 1988 年版,第 93 页。

谋求取而代之，不论精英是否接受，这都是现代民主的必然，也是顺应潮流的产物。它开启了大众与精英之间较量的新阶段，所以可以认为，"杰克逊的当选正是西部各州民主化导致的结果，同时又进一步推动了美国民主的发展。大众把杰克逊看作他们自己的总统，把他的当选称作民主政治战胜寡头政治的'1828年革命'。"[1]

当杰克逊上台时，传统的精英们纷纷哀叹世风日下，并且成立辉格党以对抗杰克逊的民主党，但面对强势的杰克逊，他们的努力均以失败告终。而作为东部精英最后一位代表的昆西·亚当斯无疑是最沮丧的人，在与杰克逊的竞争中，他以完败告终，面对拥护新总统的熙熙攘攘的人群，他心中更多的就是强烈的挫折感，对民众如此支持这样一位有着诸多缺陷的人感到极为不解，同时他也担心美国的未来该走向何方。但是与欧洲的历史不同的是，杰克逊时代的美国并没有在双方的对立中走向混乱，反倒由传统精英一方独大的政治局面顺利过度至大众更全面地关心政治，参与政治，与精英们分庭抗议的状况。在杰克逊的努力下，作为所有官吏中惟一由全民选举产生的总统开始真正毫无争议地成为了美国政治的中心，甚至给人强于行政和司法的印象，一直到现在仍然如此。杰克逊的政治遗产对美国历届总统都有影响。林肯曾在杰克逊任期内加入志愿兵参加黑鹰战争，当选总统后面临联邦分裂危机时，他也参阅过杰克逊对南卡罗来纳人民的演讲以图维护统一；罗斯福也曾借鉴杰克逊的思想带领美国度过了经济大萧条和战争的危机。尤其是后者将杰克逊的主张发扬光大，在大萧条中以不顾一切的态度大刀阔斧地推出大量的改革措施，其力度与魄力可以说是与杰克逊如出一辙，自此民主党在美国国民心中留下了善于管理政府、治理经济的印象。

杰克逊是美国历史上第一位出身贫寒的总统，他的前几任都是来自弗吉尼亚或马萨诸塞的名门望族，且都受过良好的教育。在他之前的历届政府中都有一种不成文的规定，即下任总统必须在前任的政府中担任

---

[1] 钱满素：《美国文明》，中国社会科学出版社2001年版，第44页。

过职务。例如，亚当斯和杰斐逊都曾在华盛顿内阁中任职，麦迪逊、门罗和昆西·亚当斯都担任过前任的国务卿，这已形成了传统，主要是出于后任总统必须获得治理国家所必需的政治经验，同时还能摒弃地域色彩，以全面的视角来处理国务。但是这一传统被杰克逊打破，他既没有在前任内阁任职，也不是来自政治核心区域。在他的带动下，他的下几任如范·布伦，波尔克也是如此，从这方面来说杰克逊也是开了美国政治的先河，是美国政治发展过程中的重要阶段。霍夫施塔特认为，"安德鲁杰克逊的崛起标志着美国政治制度发展的一个新的转折。"[1] 作为边疆地区的代表，杰克逊比以往的总统更接近民众，更受他们的欢迎，再加上其坚韧不拔的性格和无私奉献的行为，使他成为了民众当之无愧的代言人。

在杰克逊两届任期内，美国政坛发生了一系列带有明显大众化趋势的变革，这与过去有显著不同，史学家将此时期称之为"杰克逊民主"时代。主要表现为，"普通人的美德和能力受到前所未有的颂扬……普通民众的参政权大大扩展……大众的好恶情绪对政治产生了关键的影响。"[2] 实际上，对"杰克逊民主"的理解有狭义和广义之分，狭义而言，它指的是杰克逊担任总统期间所实行的一系列政治改革，包括政党制度，选举制度等。而广义上则是法国政治学家托克维尔所称之为的一个美国的历史时期，托克维尔对这个时期的特点有明确的描述，他在《论美国的民主》中写道，"在美国，立法者和执法者均由人民指定，并由人民本身组成惩治违法者的陪审团。各项制度，不仅在其原则上，而且在其作用的发挥上，都是民主的。"[3] 托克维尔敏锐地感觉到当时的美国正经历着巨大的社会变革，民主思想逐渐深入人心。伴随经济的发展，社会阶层之间的界线变得模糊，几乎每个人都在野心勃勃地追逐个人利

---

1 〔美〕理查德·霍夫施塔特著，崔永禄 王忠和译：《美国政治传统及其缔造者》，商务印书馆1994年版，第50页。
2 钱满素：《美国文明》，中国社会科学出版社2001年版，第45页。
3 〔美〕托克维尔著，董果良译：《论美国的民主》，商务印书馆1995年版，第220页。

益，整个社会似乎陷入了混乱之中。就在此时，托克维尔开始了对美国的考察，其中的核心就在于对美国民主的理解。他和好友博蒙于1831—1832年间访问美国，他们从罗德岛的纽波特登陆，遍访了当时美国24个州中的17个州，其中既有熙熙攘攘的大城市如波士顿、纽约、费城等，也有人迹罕至的西部地区；会见的对象既有如约翰·昆西·亚当斯，安德鲁·杰克逊等显赫之士，也有许多默默无闻的普通民众。在与这些人的接触过程中，托克维尔对新兴的美国产生了深深的困惑。例如，她声称人生而平等，却存在极其顽固的种族偏见；她强调尊重个人的自由，但权力却为缺乏理智的大众所把握；她的民众不遗余力地追求财富等物质利益，但宗教的影响却又无处不在；她拥有一部精心设计的宪法和一整套完善的政治制度，但大部分重要政策的制定却是深受大众舆论以及惯例的影响，凡此种种，不一而足。对此，托克维尔似乎找不到合理的解释，只能认为美国是一个充满矛盾的国家。托克维尔的困惑是可以理解的，它从侧面反映了美国当时的许多政治现实。19世纪初的美国正在经历许多变革，民众的思变之心日益迫切，他们需要一位强权人物来表达政治诉求。杰克逊这位出身贫寒、勇猛好斗且爱憎分明的西部英雄便应运而生。他以不计后果的姿态向以往的精英政治势力发起了猛攻，成果斐然。而正是在这种情况下，托克维尔来到了美国，他察觉到了一种与欧洲完全不同的新兴民主正在形成，这就是他所说的"杰克逊民主"。托克维尔到访美国的时间恰好是杰克逊任职期间，他还受到了时任总统杰克逊的接见，双方交谈了约半个小时。谈话的内容我们不得而知，也许由于先前对不断兴起的个人意识缺乏好感，托克维尔对这位民众的代言人兴趣不大，再加上杰克逊总统的接见也只是出于外交礼节，因此这次会面平淡无奇，结果也乏善可陈。

托克维尔与杰克逊之间的会面结果虽然有些出人意料，但思考之后却也在情理之中。作为托克维尔政治哲学的重要内容，多数的暴政是他对美国式民主，尤其是杰克逊式大众民主的主要担忧。当他在印第安纳州停留期间，在该州的一份名为《文森斯报》的报纸上看到一篇对杰克逊总统的评价,该文将杰克逊描述为一位冷酷无情的暴君。这也许是托克维尔首次非正面地接触到这位新大陆的最高元首,但是很可惜这是负面的报道,也正是这种不佳的第一印象为日后索然无味的会面埋下了伏笔。托克维尔后来在《论美国的民主》中这样评价杰克逊,"曾被美国人两次选为国家首脑的杰克逊将军,是一个性格粗暴和才能平庸的人,在他的整个任期中没有一件事证明他有资格统治一个自由民族……"[1]托克维尔坦言,美国人之所以将杰克逊推上总统宝座,仅仅是因为他在第二次对英战争中,曾在新奥尔良战胜过英军,他认为民众只是出于虚荣心而选举杰克逊。托克维尔还认为,相对于欧洲社会长期的战争造就的强权君主以及他们的文治武功,杰克逊的军事成就显得微不足道,仅凭一场战争就赢得民众狂热的追捧,这只能说明当时美国社会缺乏类似欧洲社会完整的进化过程,也从侧面反映出美国制度形成的偶然性和例外性。

当然,托克维尔与杰克逊之间距离感的产生并非仅凭第一印象那样简单而草率,其根源是深刻的。虽然托克维尔对法国式的贵族政治诟病颇多,曾多次对其批评,但作为身处其中的一员,他是无法完全脱离甚至是将其推翻而后快的。如同来美国考察的初衷一般,他只是想在两者之间寻找某种平衡点,或是互补之处,从而实现双赢的目的。但是他来得不是时候。当然,出于对新生事物的正常反应,他非常警惕地关注杰克逊民主的发展变化,不失时机地表述了对潜在负面因素的担忧。从民众在杰克逊对阵美国银行的斗争中表现的非理性行为中,他看到了大众民主的弊端,因而对缺乏政治素养的民众的参政能力表示怀疑。如何保全少数的正当权利,防止其遭受多数的暴政的侵害,这在《论美国的民主》中都有详细的论述,也是托克维尔政治遗产的

---

[1] 〔美〕托克维尔著,董果良译:《论美国的民主》,第361页。

重要组成部分。这是有了与杰克逊之间的会谈,托克维尔对杰克逊民主有了进一步的认识,由此也留下了《论美国民主》中对当时美国社会各阶层的深刻描写。

托克维尔笔下的美国民主的形成并非一蹴而就,而是经过长期发展,到杰克逊时代最终成型。上文谈到昆西·亚当斯在与杰克逊的竞争中一败涂地,他的失落与杰克逊的强势与其说是因两人性格导致,不如说是形势使然,因为当时的政治、经济环境正在悄然发生变化。从经济上而言,彼时的美国正在经历一场市场革命,经济逐渐由杰斐逊时期农业占主导地位向工业化、商业化发展,纺织业、制造业等开始呈规模化,一些行会组织的出现不仅极大增强了生产力,而且对社会生活的方方面面都产生了深远影响。历史学家埃里克·方纳认为,"家庭作为经济生产的中心地位的衰落,加上西进运动和都市化发展,造就了一个巨大的流动人口,这个流动人群不再依附地方社区,而是像雄心勃勃的企业家一样,四处流动,竭力寻求和抓住经济变化带来的一切机会。"[1] 经济上的改变必然会使得政治领域发生变化,19世纪早期,美国最显著的政治改革就是选举制度,与以往不同的是,出于一些客观原因,当时有关财产对选举权的限制正在逐步取消。1819年,始于英国的经济危机蔓延至美国,许多金融机构倒闭,财富急剧减少,这也引发了民众要求取消财产对选举权的约束,因为若严格按照各州宪法对选举权的规定,遭受危机后的民众只有少数才能享有选举的权力。以当时的纽约州为例,选举制改革之前,只有不到40%的成年男子有选举权,这大大限制了民众参政的机会。于是纽约州政府在1821年修改了州宪法,规定只要定期纳税或者是服兵役,所有成年白人男子都享有选举权。在5年之后,连这两项基本要求都被取消,普选制从而

---

[1] 〔美〕埃里克·方纳著,王希译:《美国自由的故事》,商务印书馆2005年版,第93页。

真正得以实现。到了1840年,整个美国除了路易斯安那、罗德岛和弗吉尼亚以外,其余各州都实现了普选制。选举制变化带来的影响是多方面的,它为美国社会的进步与发展提供了有利条件。方纳高度评价了选举制的改革,他写道,"这样一来,有产者的经济独立与在政治共同体中的传统对应关系被切断了。公民资格所必需的自主不再基于对财产的拥有,而是以对自身的拥有为基础。"[1] 此外,为了鼓励民众积极参与政治,大部分州都在全州范围内召开选举大会,将投票地点设在交通方便之处,延长投票时间以及以纸质选票的形式取代喧闹的现场大声喊票,极大地提高了民众投票的热情和效率。从某种程度上说,民众选举权的扩大也意味着政府权力的让步,到1824年,24个州中只有6个州还通过州议会来推举该州的总统候选人,8年之后就只剩下南卡罗来纳一个州了,到内战之前南卡也取消了这个规定。除了取消财产和纳税对选举权的限制以外,一些州还采取措施消除在选民居住时间方面的限制。它们规定,只要新移民表明想成为该州居民的意愿,他们就能享有投票权。这些措施大大方便了普通民众参与政治,使政治真正走进了千家万户。

就参政的意图而言,民众对权力的要求直接体现在他们对行政权改革之上,也就是说,他们迫切需要一位政治上的代言人。在建国初期,出于对行政权过大的担忧,制宪者们规定总统和副总统的候选人应当由各州议会推选出的选举人团来产生,这一方面避免了所谓"多数的暴政",另一方面也使得民众的影响力大打折扣。但是,形势的改变迫使政治领导者不得不作出让步,让民众参与到行政权的产生中来。对此,史学家查尔斯·A.比尔德(Charles A Beard)认为,"政治领导人终于慢慢地但确实是屈从于要求普选总统的呼声了……防止多数人专政的重要措施之一这时已淹没在波涛汹涌的民主浪潮中了。"[2] 因此,可以说这个

---

[1] 〔美〕埃里克·方纳著:《美国自由的故事》,第88页。
[2] 〔美〕查尔斯·A.比尔德著,许亚芬译:《美国文明的兴起》,商务印书馆2010年版,第575页。

时期是行政权开始迅速崛起，并逐渐超越立法、司法的时期，这种情形在老亚当斯时代是不可想象的，尽管亚当斯终身致力于行政权的维护，并不惜被贴上君主主义者的标签，可是当时行政权的弱小是一个不争的事实。时过境迁，杰克逊在维护行政权的强势一方面表明三权之间的争斗的激烈，另一方面也可以看出杰克逊从某种程度上实现了老亚当斯的政治理想，而且走得更远。

经济和政治的双重作用使得美国原本稳定的中产阶级出现了分化，形成了中产阶级的上层和下层。中产阶级上层指的是工商业资本家、金融家等，他们是汉密尔顿体系的受益者，拥护政府征收高额的保护性关税，主张由中央政府出资组织建立公路、运河等基础设施，支持强大的中央政府。这些人控制了当时为数不多的报纸、杂志等主流媒体，经常发动舆论攻势来推行其观点和看法。杰克逊把这些人称为"特权阶层"，以区别于普通民众。中产阶级的下层则指的是土地所有者和农民，由于行业性质，他们并不需要发达的交通系统和公共设施，但他们又得为此而纳税，这是他们感到不公的原因。为了维护自身权利，他们主张降低关税、限制银行权力、取消特权阶层的待遇等，最重要的一点就是，他们反对一个强大的中央政府，主张限制联邦政府权力，将州的事务完全交由各州处理。杰克逊把这些人称为"劳动人民"，是其政策的主要支持者。后者的规模在不断扩大，其政治诉求也有合理依据。联想到当初独立战争爆发前，英国对北美殖民地横征暴敛，引发了民众的抗议，他们使用了"无代表，不纳税"的口号，可以说与这时的情况如出一辙。只不过这次变成了国内特权阶层与普通民众之间的对垒，由此也带来了美国社会的变革。

伴随着政治民主化的过程，19世纪初的美国社会的各个领域也正在经历着一场去精英化的运动，一些原本高高在上的职业纷纷降低门槛，使得普通民众也能参与进去。律师不需要正式的培训，更多的是注重实际的经验；医生的资格也逐渐放宽，允许非正统的人士包括女性从事医疗职业。在商业领域中，对未来充满憧憬的年轻人随处可见，对财富的追求日益成为许多人心中的信条，这一切与传统的欧洲社会的思想显得格格不入。对此，托克维尔认为，"在欧洲，我们习惯于把人心的激荡、人们对财富的贪求和对自由的过分爱好，看成是一大社会危险。然而，正是这一切在保证美国的共和制度有长治久安的未来。"[1] 商业上流行的风气和做法也逐渐涉及政治领域，"最能振奋美国人的激情是商业激情，而非政治激情，或者不如说，他们把商人的习惯带进了政界。"[2] 讲求实际的务实作风开始成为政坛主流，在各州范围内，立法机构对官吏的任免权逐渐被剥夺，而改由民众直接选举产生；各级法官开始由民众选举产生，而不是任命。梅里亚姆认为，"这种做法所依据的理论是：立法机关多多少少是个贵族机构，人民应当直接参加选举自己的官员。"[3] 就连一些带有明显精英色彩的政治名词被大众化的说法所取代，如以往政治家们会用英式的 stand 来表示竞选公职，而现在则更多使用平民化的 run 来表示等等。当然，去精英化最明显的表现还是对特权阶层的批判，它被许多政治家认为是激起民众热情的最佳手段。在这个过程中，一些地方精英渐渐失去了影响力，取而代之的是精心包装的职业政客。其中著名的代表有马丁·范·布伦，他通过发起游行，资助报刊以及召开候选人提名大会，争取到了大批民众的支持。与此同时，民众也开始将斗争的矛头指向了一些精英色彩明显的组织，如对美国建国产生重要影响的共济会。这是一个高度精英化的组织，北美独立运动的先驱者几乎全部都是其会员，在签署《独立宣言》的 56 人中有 53 名是共济会会员，包括华盛顿在内的历任美国总统也几乎都是其成员，在 1820 年代，美国 24 个州的州长当中，有 22 个州长是共济会的会员。民众据此认为，该组织通过其代理人不断获得特权，来为自己谋利。为了反对共济会在政治上的特权，各地民众组织了游行活动，其中纽约州的运动声势最为浩大。反共济会运动的出现表明，民众对铁板一块的

---

1 〔美〕托克维尔著，董果良译：《论美国的民主》，商务印书馆 1995 年版，第 370 页。
2 〔美〕托克维尔著：《论美国的民主》，第 371 页。
3 〔美〕梅里亚姆著，朱曾汶译：《美国政治学说史》，商务印书馆 1988 年版，第 103 页。

精英政治产生了反感，希望能参与政治，以维护自己的利益。

杰克逊民主的表现是多方面的，但是内涵却是惟一的，即将民众置于政治领域的中心位置，在一定范围内最大限度地发挥他们的政治热情，这是传统精英在不断壮大的民众面前所作的让步，或者说是后者对前者的胜利。它再一次证明了现代社会民众力量的伟大，所谓得民心者的天下，传统政治精英们也明白这个道理，只不过他们为此付出了沉重的代价。

第三节 杰克逊民主与杰斐逊民主

如果仅从形式上看，杰克逊民主有很大的迷惑性，很容易将其看做一种全新类型的民主，因为它与传统有着太大的不同。从表象上看，杰斐逊民主与杰斐逊民主有着明显的不同。首先，杰斐逊提倡的是精英当政的政府，主张政府应受过良好教育，有才能的人管理，这些人无论是在亚当斯眼中，还是杰斐逊眼中，无疑是社会中的精英和社会发展的倚靠，而未经教化的普通民众显然不具备掌管政府的能力。杰克逊则主张民众应该自己管理政府事务，既可以通过代理人来行使权力，必要时也可以自己行使，这种论调很容易让人联想起独立战争期间潘恩的思想。其次，杰斐逊民主主要反映了以弗吉尼亚为代表的农业社会思想，强调与农业有关的一切美德，推崇农业化道路。而杰克逊民主虽然在一定程度上体现了农业社会的思想，但更多的是反映出不断兴起的工业社会思想，特别是城市平民和产业工人的政治诉求。第三，杰斐逊民主的作用主要体现在政治领域，涉及的只是政治体制、政治政策的制定与执行，与普通民众切身利益的相关度较小。而杰克逊民主不仅局限于政治领域的诸多改革，在社会经济各方面都有体现，是一种相对复杂，内涵丰富的民主思想。

杰克逊民主的迷惑性使得它与杰斐逊民主之间看起来有巨大差别，但是实际情况却并非如此。杰克逊在登上了政治舞台后，对政治制度进行了大刀阔斧的改革，浩大的声势很容易让人误认为他就是19世纪初美国民主运动的发起者，是传统政治秩序的颠覆者。实际上如果对杰克逊在担任总统期间的所作所为进行考察的话，上述看法却有一定的片面性。正如梅里亚姆所言，"尽管有这些显著的民主变化，政治学说的基本原则还是没有什么进展。杰克逊民主在很大程度上实现了杰斐逊民主要么没有想到实现，要么没有能够实现的理想。"[1]这种评论是中肯的，因为杰克逊民主本质上是脱胎于杰斐逊民主，它并没有与传统决裂，杰克逊在位时期的政治措施实际上是强化了他的前任的诸多政治主张。

虽然我们可以说杰克逊的胜利也就是大众对精英的胜利，但是这种胜利不是你死我活的，因为首先大众在欢庆之时，他们似乎忽视了对自己的政治偶像的考察。杰克逊出身贫寒，顽强的意志、鲜明的个性赋予了其与众不同的个人魅力，他的草根出身也很容易拉近与民众之间的距离。但如果仅从出身来考察杰克逊的政治思想和实践是远远不够的，实际上杰克逊的人生充满了变数和不确定性。他曾在北卡罗来纳州一家律师事务所当学徒，后来通过考试成为执业律师。在与出身富贵的蕾切尔·多纳尔森（Rachel Donelson）结婚后，杰克逊立刻变得富有并融入了中上层阶级。由于当时货币流通量较少，司法诉讼费用都通过土地、黑奴、棉花等实物支付，因此律师的生涯使得杰克逊迅速致富，并在田纳西州兴建了一座巨大的农庄，成为了富甲一方的奴隶主。对此，霍夫施塔特指出，"实际上，就阶级出身而言，杰克逊这位田纳西中部的富翁，他并不是典型的西南部下层民主人士的典型，而是开拓者和上层阶级怪异混合的典型。"[2]可以说，杰克逊身上体现的是多方的利益，是一个复杂的综合体。

---

1 〔美〕梅里亚姆著，朱曾汶译：《美国政治学说史》，第105页。
2 〔美〕理查德·霍夫施塔特著，崔永禄 王忠和译：《美国政治传统及其缔造者》，商务印书馆1994年版，第45页。

其次，杰克逊成长于杰斐逊思想占主导的北卡罗来纳，他很早便深受杰斐逊思想的熏陶，对于自由市场经济、农业立国、小政府等他与杰斐逊看法类似，只是在手段上显得更加激进。例如杰克逊认为金融界精英尼古拉斯·比德尔 (Nicholas Biddle) 领导下的合众国银行就像一只垄断怪兽不断吞噬劳动人民的利益，并且偏袒制造业，必须将其清除才能根治经济中的弊病。因此待到 1836 年合众国银行特许状到期时，杰克逊置国会参议院的反对于不顾毫不犹豫地否决再次授予其特许权，最终使其寿终正寝。对于废除合众国银行的后果暂且不论，其实质说明了杰克逊维护自由市场经济的决心。虽然杰克逊在竞选之前指责小亚当斯与亨利·克莱之间存在"肮脏的交易"，极力与他们划清界线，将自己塑造成民主主义精神的象征，是以东部贵族为代表的精英政治家的死敌。但是待到入主白宫后，他依然沿用上任的政策，并没有大规模更换内阁成员。另外，虽然激进的分肥制是杰克逊的首创，但是他之前历任总统都有任命亲信担任政府重要职位的做法，如老亚当斯在即将离任之时就匆忙签署命令，委任多人担任政府部门的要职，从而引发了著名的马伯里诉麦迪逊案。当时的纽约州和宾夕法尼亚州在政府人员组成上，也一直都采取类似的方法。所以，到了杰克逊时期，应该说这种大家都心照不宣的做法在美国政坛已成为事实，杰克逊只不过把它放大、系统化、公开化，从而使其成为了公认的政治行为。虽然他在竞选时出于策略的考虑，对该制度大肆渲染，但在当选后却没有大张旗鼓地实施。据统计，在杰克逊就职后一年半的时间内，他只替换了 1000 名左右的联邦职员，这只占总数的十分之一，他在任内也只更换了不到百分之二十的政府官员。这种相对保守的方式也表明杰克逊无意颠覆既有秩序，从而使民主改宗。

杰克逊的政治成就还在于它对联邦统一不遗余力的维护，这也表明他并非一味站在州的立场。虽然杰克逊在与合众国银行的对战中，向民众展示的是其重视州权，反对过多干涉各州内部事务的形象，但在州的利益与联邦利益发生冲突的情况下，他毫不犹豫地站在后者的立场。1830年，杰克逊否决了《梅斯维尔道路法案》，该法案的主要是授权动用联邦资金来修建一条位于肯塔基州境内的公路。尽管西部强烈支持该法案，但杰克逊认为这条公路只能让某一个州受益，与联邦的利益不符。与之形成对比的是，他鼓励修建州际公路，为联邦的发展提供物质上的支持。在杰克逊任内，南方已经开始表露出凌驾于联邦之上的意图，他们认为州有权否决侵害自身利益的联邦法律，这种论调其实并不新鲜，杰斐逊和麦迪逊就曾起草文件反对老亚当斯政府实行的《客籍法》和《反颠覆法》，开启了州权反抗联邦的先例。到了杰克逊时期，随着社会经济的发展，南方的种植园经济逐渐失去了其往日的地位。时值美国建国不久，又经历了第二次对英战争，国内经济凋敝，工商业遭到沉重打击。为了保护工商业利益，美国国会通过法令，对于进口货物均征收较高的关税。高关税的政策使得进口工业品的价格急剧上涨，增加了南方农业社会的负担。为了抵消关税的压力，其他国家便会减少从美国购买棉花等农产品的数量。在进口和出口两方面的不利因素叠加之下，南方各州怨声载道，指责政府不合理的关税政策。他们原本寄希望于同样来自边疆地区的杰克逊，但是杰克逊上台后仍然执行有利于北方的高关税等政策，这导致了他们的不满，有些州甚至威胁要退出联邦。副总统约翰·卡尔洪首先发难，他在南卡罗来纳州发表演说，认为州政府可以撤销联邦政府作出的不利于州的关税法案，并以此推而广之，认为对于所有类似法案州都有权拒绝执行。为了表明立场，南卡罗来纳州颁布了《联邦法律废止公告》，公开宣布联邦政府的关税政策在该州无效，并且还威胁道，如果国会通过法令对该州使用武力，南卡将推出联邦。对此，同样来自南方的杰克逊虽然表示同情，但对南卡分裂联邦的做法提出批评，并且发布了一个措辞强硬的声明，将南卡的行为等同于叛国。面对以南卡为代表的南方的挑衅，杰克逊旗帜鲜明地维护联邦统一，在1830年4月13号也就是杰斐逊日，杰克逊对卡尔洪说出了"我们的联邦，必须维护。"的名言，斩钉截铁地表明了自己的立场。反应机敏的卡尔洪立即作出回应，"这个联邦，次于我们的自由，尊敬的长官!"双方矛盾的不可调和性可见一斑。后来当南卡罗来纳试图以行动来否决联邦法律时,杰克逊甚至不惜动用武力来维护统一。在他的影响之下,国会于1832年通过《军力动员法案》,授权总统可以通过武力维护联邦的统一。杰克逊强硬的态度迫使南方不得不做出让步,双方达成关税妥协方案,避免了分裂的危机。由此可见,杰克逊看似激进的言论背后显露出的却是他相对保守的思想,就政治理论而言,该思想并不是全新的,而是与过去的精英当政时的主张有着紧密的联系,可以说是那些思想的延续。因此,霍夫施塔特认为,"1828年选举既算不上西部对东部的反抗,也算不上边疆部分的胜利……就民主政治的兴起而言,杰克逊的当选与其说是起因,倒不如说是结果。"[1]

上文提及政治学家梅里亚姆认为杰克逊实现了杰斐逊所没有实现的愿望,他只看到了事情的一面,从另一方面而言,杰克逊身上也体现了老亚当斯的饱受争议的政治思想。主要在于以下几点:首先,杰克逊上台后不断地致力于行政权的扩大,总统的权力越来越大,这要是在老亚当斯时期必定会受到杰斐逊派的攻击。此前当杰克逊在1824年被提名参与总统选举时,仍然健在的杰斐逊就曾明确表示他不适合担任总统,这不能不说是出于他对行政权扩大的担忧。一个重权在握的总统,及其治下的强大的中央政府正是老亚当斯所追求的政治目标。杰克逊在重视行政权方面比老亚当斯走得更远,他将总统的权力发挥到了极致,分肥制、否决权等都是强大行政权的体现。他与银行的斗争也带有维护政府权威的意图,当时中央银行的规模巨大,它通过发行货币、信贷等能控制整个国家的运行,其权力相比于政府有过之而无不及。这无疑对联邦政府和总统的威信构成了威胁,杰克逊是不会允许如此一只贪婪的怪兽环伺左右的,更有甚者,这只怪兽还在从事反对他的政治活动,所以他宁愿冒着经济损失的危险也要制其于死地。1832年,杰克逊否决了国会向银行继续颁发许可证的法案。翌年,他更是命令时任财政部长宣布公

---

[1] 〔美〕理查德·霍夫施塔特著,崔永禄 王忠和译:《美国政治传统及其缔造者》,第55页。

共资金不再存于国家银行，转而将联邦资金分散存于23家州银行。因为国家银行的缘故，杰克逊与国会之间产生了严重的分歧，当参议院要求他提交有关处理银行措施的书面材料时，杰克逊以行政特权为由表示拒绝，也即国会无权要求公开总统与内阁之间的私事。为了打压银行，杰克逊还不惜与司法对立，当时最高法院法官马歇尔裁决应当继续授予银行特许权，并号召民众支持该决议。即便如此，杰克逊依然不为所动，他的名言就是："银行试图杀死我，但我必将杀死他。"杰克逊对银行的强硬态度和不顾后果的行为直接导致了1837年的经济恐慌，这是后话，但也说明杰克逊个人作风的强势。他之所以如此坚决地遏制银行，一方面在于他信奉杰斐逊的思想，认为银行通过垄断地位获取不当利润，在不断吞噬民众的劳动成果；另一方面也是出于维护行政权的目的，因为他认为那些支持银行的人都是自己的敌人，是在干扰第二次选举的结果。

除了以上措施之外，杰克逊在具体的官吏任命制度上也与老亚当斯相似。例如官吏的轮换制，人们一直认为杰克逊是这一制度的首创者，实际上老亚当斯很早就曾在《对政府的思考》一文中表达过类似的看法，他建议官员应三年左右轮换一次，并且认为对包括议员、法官和政府官员在内的公职人员实行轮换制，有利于防止任期过长导致的腐败和渎职。这是老亚当斯理想的官吏制度，只不过当时囿于教育状况，真正适合担任官职的人士不多，如果全面实行轮换制度的话，就会造成人手短缺，不利于政府事务的开展。如果说老亚当斯的理想受客观条件的制约没有得到真正贯彻的话，那么到了杰克逊时期各种条件已经具备，他也能够果断地将官吏轮换制贯彻下来，成为美国政治中的常态，从这方面来说，杰克逊也实现了老亚当斯没有实现的政治理想。另外，表面看来杰克逊受到民众的狂热拥护，似乎会出现多数的暴政，但他上台之后却并没有毫无原则地满足民众的要求，也没有大刀阔斧地改革议会制度，使之成为类似当初潘恩等人宣扬的更具彻底性的一院制形式。他对司法权的态度也相对缓和，杰斐逊曾将司法复审制度称为"贵族统治"

而大加鞭挞，杰克逊没有对此进行攻击。在马歇尔通过案例确定了最高法院的复审权后，他也表示尊重。

由是观之，杰克逊并没有全盘推翻精英政治家们制定的制度，他所做的只是对其中的某些部分进行修改，适当加入一些与原则不背离的成分，从而形成的自己的民主。他在政治理念和实践上与亚当斯和杰斐逊都有着一致性，尤其是后者，应该说杰克逊民主是在杰斐逊民主的基础上，吸收了传统政治精英的若干思想而发展形成的。在这期间，杰克逊通过有效的宣传，使得民众成了其政治思想的忠实信徒，从而形成了自己独特的民主。

第四节　杰克逊民主的影响

当然，无论杰克逊民主与以往的民主有什么联系或者是不同，它毕竟开了美国早期民主政治的诸多先例，并且对以后的民主发展产生了重要的影响。在杰克逊的倡导下，1830年代美国政治发生了显著的变化，民主一词被赋予了新的含义，在建国时期，民主即意味着混乱与无序，甚至是无政府主义。而到了这个时期，无论是高高在上的政治家还是普通民众，他们都开始重新审视民主。在此时期，许多州重新修订宪法，降低民众参与政治的门槛，曾经严格财产限制逐渐放宽，宗教信仰也不再重要，总统选举也不再由州立法会议决定，而是交由民众表决。为了取得民众的支持，传统的美国政治精英们不得不放下身段重新审视他们的观点，开始重视民众的力量，在任何政治活动中都注意取得民众的支持。为此他们不惜争相显现亲民的一面，将自己打造成民众的朋友。例如，为了应对杰克逊"老山核桃"的亲切称呼，辉格党也将他们的候选人威廉·亨利·哈里森包装成从小圆木屋中走出来的平民英雄。虽然最终哈里森在竞选中败北，但这至少表明，双方都在竭力争取民众的支持。虽然辉格党（包括其前身联邦党）在尽力地朝民众靠拢，但是以往高高在上的姿态却使其很难在短时间内打消民众的成见，正如政治学家路易斯·哈茨所指出的，"联邦派和辉格派在一场反对他们的运动中失去了支配人们的机会……他们被孤立起来……粉碎他们的正是人民，而且同现实的距离也越拉越远。"[1] 一直以来他们都担心民众的壮大会出现暴民阶层，给社会带来危害。他们处心积虑地设计出许多政治规则来防止多数的暴政，事实证明他们的担心是多余的，美国社会的特殊性决定了它并不像欧洲社会那样存在激烈的社会矛盾和伴随而来的阶级冲突，或者说没有欧洲那样明显。但是，也许是对古希腊、古罗马的教训过于担忧，传统政治精英们却在不断地夸大这种威胁，通过财产、居留甚至是种族方面来限制民众参政，结果反而人为地造成了他们与民众之间的对立，直至以政治上的失败而告终。哈茨把传统政治精英们对民众的戒心比喻为"堂吉诃德式的悲怆"是恰如其分的，他进而将辉格党的失败归纳为三点："缺乏可与之斗争的贵族；缺乏可与之结盟的贵族；缺乏可加以指责的暴民。"[2] 其中第三点的教训尤为深刻。辉格党的变化也说明在民主政治开始深入人心的杰克逊时代，忽视民众、不相信民众的做法已经不合时宜。

杰克逊民主的另一重要影响还在于对行政制度的改革，他首先强调的是对政府权力的维护。实际上，在美国早期的三权分立政治体系中，行政权被认为所带有的消极色彩多余积极色彩。因为，"从殖民地时期总督的历史作用及其权力的演化中，美国人民得出一个感念不忘的教训，那就是行政权危害人民的自由，立法权保障人民的自由。"[3] 所以杰克逊以前的几任总统都在刻意保持行政权的良好形象，老亚当斯曾经表现出对行政权的青睐，但很快被贴上了君主主义者的标签而郁闷地告

---

1 〔美〕路易斯·哈茨著，张敏谦译：《美国的自由主义传统》，中国社会科学出版社2003年版，第84页。
2 〔美〕路易斯·哈茨著：《美国的自由主义传统》，第87页。
3 张定河：《美国政治制度的起源与演变》，中国社会科学出版社1998年版，第214页。

别了政坛，他的这一形象甚至还影响到了小亚当斯的政治生涯。相比之下杰斐逊要聪明得多，他不断强调对大众的重视，以期维护行政权的运行。但是这一切到了杰克逊时期就发生了明显的变化，行政权不再遮遮掩掩，而是堂而皇之地成为政治领域的核心。在全部政治生涯中，杰克逊都在身体力行地践行维护政府权力的行动，虽然他是联邦不干涉主义者，主张限制联邦权力，避免其过大而干涉州权，但在实际事务中却一直在致力于维护联邦政府的权威。这也逐渐成为民主党的特点，以至于人们把若干年后，罗斯福在位时为应对席卷全国的经济危机而实行的罗斯福新政归结为效仿杰克逊的结果。霍夫施塔特对两者有着清楚的分析，他认为杰克逊实行的措施是工商业处于上升时期，政府为保护中小工商业主免受银行等金融机构的剥削而实行的，是规范市场秩序的行为，其实质是自由放任主义运动。而罗斯福新政则是在经济发展已经完成，市场早已形成的前提下，强调政府对商业活动的支配的一种运动。霍夫施塔特认为，"'新政'……力图确立政府对商业事务的支配地位来应付局面……杰克逊的运动则起因于不断扩大的机会以及通过消除源于政府条例的限制和特权进一步扩大这些机会的共同愿望……大致上是一场有某些限制条件的自由放任主义的运动，一种使政府与工商业脱钩的尝试。"[1] 两者出发点不同，但解决方法却十分相似，不能不说后者从前者的政治活动中获得了许多经验，并将其运用到了具体的政治实践当中。除了加强政府权力，他还对官员任职制度进行了改革，提出了官吏轮换制以及政党分肥制等措施，这些作为政治制度中的重要部分被历任总统所接受。政党制度的改革是杰克逊对美国政治的一大贡献，在他任职前后美国两党制逐渐成型。杰克逊所在的民主党成为执政党，而与之对立的辉格党也进入了公众的视野，直至1850年代后者改称共和党，一直延续至今。与政党制度相对应的是出现了职业

---

[1]〔美〕理查德·霍夫施塔特著，崔永禄 王忠和译：《美国政治传统及其缔造者》，商务印书馆1994年版，第56页。

政客,杰克逊之前的政治家从政主要出于荣誉感,麦迪逊、杰斐逊、亚当斯等既没有为竞选大张旗鼓地宣传,也极少能通过担任公职来获取个人利益,相反有时还得作出不少牺牲。而杰克逊之后,职业政客可以光明正大地获取私利,有些甚至通过从政变得富有。民主党从1830年代开始,便以出任公职的形式来奖励在竞选活动中出力的支持者。作为回报,这些业已担任要职的民主党人将收入的一部分捐出,以资助该党的其他活动。这是一种良性循环,双方各取所需,在利益的刺激之下,许多有才华且野心勃勃的年轻人纷纷投身政坛,从而使得政治更进一步贴近大众。

第三,我们说杰克逊的成功得益于当时的民主潮流,是时势发展的必然结果。但这只是一个方面,另一方面杰克逊自身也对民主潮流也有着推动作用,正是在这种良性互动的过程中美国当代民主逐渐成形。选举权的改变便是一例,在杰克逊时代,选举权由以财产为标准扩大至以成年男性为标准,是民主的一大进步。梅里亚姆对此评论道:"慢慢地,不动产所有人是掌握政权的人民这种旧思想失去了威信,被扬弃了,道路几乎向一切成年男子敞开,地主阶级退位了,人民大众掌握了政权。这是杰克逊时代发生的最重要的变化,因为它大大地改变了共和国的基础。"[1]正是杰克逊的努力加速了选举中对选民财产限制的消失,民众也得以参与选举各级官吏。除了推动政治领域的改革以外,杰克逊对宗教的态度也值得注意。政教分离向来是美国政治领导者所提倡的目标,杰斐逊在1799年写给友人的信中表达了对宗教事务的看法,"我赞成宗教信仰自由,反对用一切手段使一个教派在法律上凌驾于另一个教派之上……"[2]后来他又在1802年给康涅狄格州浸礼会教徒的信中重申了这一原则,"让我深表敬意的是,美国人民要求立法者不去制定建立某种宗教或是干涉宗教自由的法律,这样就在教会与国家之间建立起了一堵

---

[1] 〔美〕梅里亚姆著,朱曾汶译:《美国政治学说史》,商务印书馆1988年版,第101页。
[2] 〔美〕托马斯·杰斐逊著,朱曾汶译:《杰斐逊选集》,商务印书馆2011年版,第534页。

墙，将它们分隔开来。"[1] 杰斐逊是较早公开提出政教分离原则的人，与杰斐逊类似的是，杰克逊也主张政教分离，神职人员与政府官员之间有着明显的界线。杰克逊就曾拒绝让他来命名某一个宗教斋戒日，主要是出于对政府过多干扰宗教事务会给其带来负面影响的担忧。宗教与政治分离，但同时又对民众产生无处不在的影响，这是杰克逊时代的美国不同于欧洲社会的一个重要因素。托克维尔在《论美国的民主》中专门对当时美国的宗教状况进行了分析，他看到的现象是，"美国没有对民主共和制度怀有敌意的宗教学说。那里的神职人员均有共同的语言，他们的见解同法律一致，可以说统治人们灵魂的治愈一个思想。"[2] 经过若干代人的努力，到杰克逊时期美国的宗教一方面完全融入到了大众的生活之中，而另一方面又与政治的界线泾渭分明。托克维尔认为，美国的宗教通过规范家庭行为来实现社会的稳定和发展，对政治起到了促进的作用。在欧洲，作为社会构成单位的家庭总是处于不稳定当中，这导致了整个社会和国家的不稳定。在两者的比较之中，托克维尔得出了这样的观点，"欧洲人喜欢用扰乱社会的办法来忘却其家庭忧伤，而美国人则从家庭中汲取对秩序的爱好，然后再把这种爱好带到公务中去。"[3] 由于宗教强调的秩序对家庭稳定的作用，美国社会才会在相对稳定中不断发展。托克维尔继而得出了以下结论，"在美国，宗教从来不直接参加社会的管理，但却被视为政治设施中的最主要设施，因为它虽然没有向美国人提倡爱好自由，但它却使美国人能够极其容易地享用自由。"[4] 这一切都是到了杰克逊时代才成为了现实，与杰克逊本人的大力倡导是分不开的，它也将继续影响到未来的社会发展。

杰克逊民主在继承前人成就的同时也提出了许多新的看法，推动了美国民主的前进，但这并不能说明它就是完美无缺的民主，实际上杰克

---

1 Thomas Jefferson, *The Works of Thomas Jefferson*, Federal Edition 1904-5. Vol. IX, P246.
2 〔法〕托克维尔著，董果良译：《论美国的民主》，商务印书馆1995年版，第377页。
3 〔法〕托克维尔著：《论美国的民主》，第380页。
4 〔法〕托克维尔著：《论美国的民主》，第382页。

逊民主存在许多不足，有些是因历史、传统而导致，有些则是出于他本人的成见，这是在研究杰克逊民主是必须要注意的。

杰克逊巧妙地将自己及其领导的民主党塑造为农民、城市平民的政党，来对抗商业精英和商业贵族，实际上除了扩大白人选举权的主张以外，民主党是反对平等和不民主的。首先，由于地域的关系，他们比辉格党更维护奴隶制，拒绝给予黑人平等的政治权利。杰克逊本人就是大奴隶主，他在家乡田纳西的农场占地达600多英亩，庄园中有150多名黑人奴隶。这样一个大种植园主不会在解放黑奴的问题上作出实质性的贡献，相反他会为奴隶制辩护。杰克逊对奴隶制的维护可以从一些事件中得到体现。他的前任小亚当斯一直都致力于废除奴隶制，并且向国会提交了一份相关提案，试图推动国会采取立法措施来废奴。当杰克逊得知以后，他将小亚当斯的行为称作"疯狂"，并阻止法案的通过。另外，1835年夏，一些北方废奴者试图通过邮件的形式向南方宣传废奴运动，在南方引起了轩然大波，南方的奴隶主阶层试图通过立法禁止这些所谓的"煽动性文章"在南方传播。在南卡罗来纳的查尔斯顿，少数激进者冲进邮局，把将要投递的含废奴宣传册的邮件付之一炬。当得知查尔斯顿的情形后，杰克逊在谴责暴徒焚烧邮件的同时，也愤怒地把废奴主义者称为"恶魔"，并且要求邮政局长把那些订阅废奴刊物的南方人的名字记录下来，将他们在报纸上曝光。在他的默许与纵容之下，南方奴隶制维护者更加积极，著名的代表人物卡尔洪甚至提出一项议案，认为如果涉及废奴运动的邮件出现在南方蓄奴州，当地的邮政局长就不能接受这些邮件，否则将会被视为非法。虽然该提案在议会没有通过，但这也足以说明在杰克逊任职期间奴隶制是多么根深蒂固。杰克逊对奴隶制的态度一方面是出于自身利益的考虑，他不会将矛头指向自己，毕竟他不像华盛顿那样高风亮节，也不像杰斐逊那样善于辞令。另一方面与他所处的地位有关，奴隶制的争论由来已久，存废双方都有严密的理论支持和显要的代表人物，政府偏向任何一方都会导致原本稳定的局面发生变化，形势也会失控。在这种情况下杰克逊不可能轻易表露自己的观点，只能在两者之间徘徊，充当和事佬的角色。但是，有一点杰克逊是了然于胸的，那就是奴隶制问题迟早会成为美国面临的严重危机，他曾预言因奴隶制分歧导致的冲突会即将到来。

其次，在对待少数族裔方面，杰克逊素以残酷无情著称。他的前半生似乎都在与印第安人作战，从佛罗里达到密西西比，印第安人被他领导的美国军队无情地屠杀。"他比他的前任们更有利地执行了把所有印第安人都迁到密西西比河以西的计划，迫使他们签约放弃土地西迁……被驱赶的印第安人处境极其悲惨，个别敢于反抗的部落遭到了镇压……"[1] 1814 年杰克逊召开所有印第安部落会议，在不允许印第安人发言的前提下，他以命令的语气强迫印第安人交出 2300 万英亩的土地给美国政府，并迁往西部。很难想象以民主维护者身份自居的杰克逊会对处于弱势地位的少数民族赶尽杀绝，这只能说他的民主带有双重标准，它并非像其宣扬的那样彻底。值得一提的是，在对待黑人和印第安人的问题上，杰斐逊和杰克逊似乎有一致之处。两人都曾声称维护普通民众的权利，主张人人平等，但实际上却是言行不一。他们都拥有大量的奴隶，也都支持将黑人和印第安人迁往他处。例如，在 1803 年路易斯安那购地后，杰斐逊曾建议如果印第安人愿意放弃他们在东部的土地，美国政府可以将新购得的土地授予他们进行耕种。杰克逊则对 1830 年通过的《移民法案》表示支持，该法案迫使东部的印第安人移居制密西西比河以西。杰克逊在位期间最遭诟病之举就是对切诺基印第安部落的迫害，在他的授意下，切诺基部落被从佐治亚驱赶到密西西比河以西的保留地。实际上在诸多印第安部落中，切诺基部落对白人文化持比较开放的态度，他们还将《新约全书》翻译成切诺基语。但是，1828 年佐治亚州单方面宣布将对印第安部落行使管辖权，而此时正值印第安土地上发现金矿，切诺基人极力争取自己合法的财产权。面对佐治亚州公然掠夺印第安的切诺基部落土地的行为，杰克逊对此表示支持，并以"无权

---

[1] 钱满素：《美国文明》，中国社会科学出版社 2001 年版，第 46 页。

反对各州对其治下的子民行使权力"为借口来为自己辩解。当切诺基部落上诉至最高法院时，首席法官约翰·马歇尔以印第安部落属独立的社区，不适用相关的法律为由，做出了对佐治亚不利的判决。依据已有的联邦政府与印第安人所订之条约，最高法院裁定切诺基地区为"特殊地区"，佐治亚州的法律对其没有约束力，除非征得同意，否则佐治亚州的公民不得进入切诺基人领地。对此，杰克逊冷淡地表示，"约翰·马歇尔做出了判决，那就让他来执行吧。"由于缺乏行政权的支持，法院的判决成为一纸空文，切诺基人最终被迫西迁，由此也开始了他们的血泪之路。据统计杰克逊执政期间，向西迁移了超过 45,000 名的印第安人，其中有四分之一的印第安人在迁移途中失去了生命。而美国政府甚至还向印第安人强行索要 600 百万美元，理由是用于迁徙的支出。从这些事件中，可以看出杰克逊的民主有一定的局限性，它所包含的范围仅限于当时有公民身份的人，至于其他人则一概被视为敌对方，被排除在民主之外。

第三，杰克逊在任期间，极力扩大行政权力，使得总统成为了"民选的国王"，这种强势的行政权也或多或少背离了民主的原则。他打压议会，遏制司法，为了实现取消银行特许权的目的，他不惜站在议会的对立面，任命新的财政部长，将联邦存款从合众国银行撤出，在遭到议会拒绝后仍然一意孤行。他对司法的干扰主要体现在多次使用否决权，在任内，他使用否决权的次数高达 12 次，其中有 7 次是比较消极的搁置否决，超过了前几任的总和。无论从言论还是行为上，他都比历任总统要强势和激进。在他的影响之下，各州的行政权也开始加强，成为三权中最重要的一方。主要表现在州长不由议会任命，而由民众直接选举产生，州长的任期延长，并获得了更多的否决权和人事任免权。梅里亚姆在《美国政治学说史》中对此作出总结，"很明显，十九世纪上叶民主运动的显著特点之一是：行政权得势，立法权失势。早期那种唯恐君主政体卷土重来的对总统的不信任感消失了，早期对立法机关的信任也化为乌有。"[1]可以说杰克逊利用了民众对特权阶层和贵族阶层的反感,将斗争从政治领域扩大到经济领域乃至整个社会,在这些声势浩大的运动中,杰克逊逐渐取得了以往总统未曾得到了地位与权力,而民众也在这个过程中被煽动得失去理智,等到他们清醒之后才发现,他们的总统已经大权在握,并将影响力渗透到了各个方面,对此他们也只能接受,因为这是他们自己选择的结果。

综上所述,与以往的民主相比,杰克逊主义具有独特的魅力,它的出现是政治精英们的影响力为大众所取代的必然结果。精英们确立起民主的基本准则,即作为自然人所应享有的基本权利。这种民主理想起初只是理论上的,但随着精英们坚持不懈的努力,它逐渐被大众所接受以致成为了生活的一部分。大众意识最终成形是在现代社会,而有意思的是它的形成是源自少数精英的培养。在社会形态完备的欧洲,大众意识的形成过程相当复杂,不同的制度有不同的大众意识,同一制度下也有地域差异,其表现形式也趋向多样化。而在社会形态单一的美国情况则要简单得多,加塞特以"法律面前人人平等"的观念为例,来考察欧洲与美国的差异,他得出的结论是:"在欧洲,只有那些优异显赫的群体才会感到自己是自己的主宰……而在美国自18世纪以来这一直就被认为是理所当然的。"[2]这种与生俱来的大众意识是美国民主的坚实基础。其形成过程具有清晰的脉络,它萌芽于清教时期,在革命时期被唤起,建国时期得到进一步发展,到杰克逊时期成形,并对美国政治产生了举足轻重的影响力。它的胜利是在与精英的斗争中所取得的,或者说是美国精英妥协的结果。精英与大众在美国并非是绝对的对立双方,他们之间也有融合,有时一方甚至能从对方阵营中找到自己的代言人,例如美国革命便是由精英领导,大众积极参与的结果,而杰斐逊、杰克逊等也在民众心中极具号召力。从纯粹意义上而言,精英与大众在美国已无法

---

1 〔美〕梅里亚姆著,朱曾汶译:《美国政治学说史》,商务印书馆1988年版,第97页。
2 〔西〕奥尔特加·加塞特著,刘训练 佟德志译:《大众的反叛》,吉林人民出版社2004年版,第18页。

分清彼此，但通过考察美国早期政治生活中精英与大众的交锋，我们可以大致找到美国政治的缩影及其民主的实质，无论主观意志如何，清教的民主，联邦主义者的民主，杰斐逊的民主，杰克逊的民主，这些都对大众政治的形成做出了贡献，它们也反映出以美国为代表的西方现代民主的趋势。

结　语

威廉·亨利在《为精英主义辩护》一书中指出,"民主与精英主义可以并存吗?答案是,在美国社会,两者已经兼容了。"[1]这是美国的现实,但它并非朝夕之得,而是一个长期的过程,期间历经了诸多的冲突、碰撞,甚至是反复,但是更多的是让步与继承。从亚当斯到到杰克逊的过渡也就是美国早期精英政治兴衰的过程,在此过程中民众也经历了从少数到多数,从劣势到优势的转变。这是一个此消彼长的过程,也是一个相互妥协的过程。当亚当斯、杰斐逊等传统精英们在政治上如日中天时,他们也并未忽视民众,而后者出于习俗等原因也自然地将精英们奉为理所当然的领导者;当民众的力量开始增大,对政治的渴望愈加强烈时,以杰克逊为代表的政治精英们也开始纷纷放下身段,修正政治主张,以迎合民众的诉求,直至成为其代言人。

在这个看似顺理成章的过程中也揭示出民众的存在和推动作用是政治精英不断让步的直接原因。例如,当亚当斯在为波士顿惨案中杀害殖民地民众的英国士兵辩护时,他将民众称为"乌合之众",在他心中出现的大众形象也许是与"非理性"、"易冲动"、"盲目"、"无序"等联系在一起的。但是出于对民众的重视,亚当斯不断强调教育的重要性,他认为这是提高民众素质的最好途径。他重视民众在政治上的作用,一方面他认为,清楚、简洁而明智的政府是基于人的天性和理智,是人所共知的。另一方面,政府的成立是以民众的同意为前提的,如果

---

[1] 〔美〕威廉·亨利著,胡利平译:《为精英主义辩护》,译林出版社2000年版,第20页。

反对各州对其治下的子民行使权力"为借口来为自己辩解。当切诺基部落上诉至最高法院时,首席法官约翰·马歇尔以印第安部落属独立的社区,不适用相关的法律为由,做出了对佐治亚不利的判决。依据已有的联邦政府与印第安人所订之条约,最高法院裁定切诺基地区为"特殊地区",佐治亚州的法律对其没有约束力,除非征得同意,否则佐治亚州的公民不得进入切诺基人领地。对此,杰克逊冷淡地表示,"约翰·马歇尔做出了判决,那就让他来执行吧。"由于缺乏行政权的支持,法院的判决成为一纸空文,切诺基人最终被迫西迁,由此也开始了他们的血泪之路。据统计杰克逊执政期间,向西迁移了超过 45,000 名的印第安人,其中有四分之一的印第安人在迁移途中失去了生命。而美国政府甚至还向印第安人强行索要 600 百万美元,理由是用于迁徙的支出。从这些事件中,可以看出杰克逊的民主有一定的局限性,它所包含的范围仅限于当时有公民身份的人,至于其他人则一概被视为敌对方,被排除在民主之外。

第三,杰克逊在任期间,极力扩大行政权力,使得总统成为了"民选的国王",这种强势的行政权也或多或少背离了民主的原则。他打压议会,遏制司法,为了实现取消银行特许权的目的,他不惜站在议会的对立面,任命新的财政部长,将联邦存款从合众国银行撤出,在遭到议会拒绝后仍然一意孤行。他对司法的干扰主要体现在多次使用否决权,在任内,他使用否决权的次数高达 12 次,其中有 7 次是比较消极的搁置否决,超过了前几任的总和。无论从言论还是行为上,他都比历任总统要强势和激进。在他的影响之下,各州的行政权也开始加强,成为三权中最重要的一方。主要表现在州长不由议会任命,而由民众直接选举产生,州长的任期延长,并获得了更多的否决权和人事任免权。梅里亚姆在《美国政治学说史》中对此作出总结,"很明显,十九世纪上叶民主运动的显著特点之一是:行政权得势,立法权失势。早期那种唯恐君主政体卷土重来的对总统的不信任感消失了,早期对立法机关的信任也化为乌有。"[1] 可以说杰克逊利用了民众对特权阶层和贵族阶层的反感，将斗争从政治领域扩大到经济领域乃至整个社会，在这些声势浩大的运动中，杰克逊逐渐取得了以往总统未曾得到了地位与权力，而民众也在这个过程中被煽动得失去理智，等到他们清醒之后才发现，他们的总统已经大权在握，并将影响力渗透到了各个方面，对此他们也只能接受，因为这是他们自己选择的结果。

综上所述，与以往的民主相比，杰克逊主义具有独特的魅力，它的出现是政治精英们的影响力为大众所取代的必然结果。精英们确立起民主的基本准则，即作为自然人所应享有的基本权利。这种民主理想起初只是理论上的，但随着精英们坚持不懈的努力，它逐渐被大众所接受以致成为了生活的一部分。大众意识最终成形是在现代社会，而有意思的是它的形成是源自少数精英的培养。在社会形态完备的欧洲，大众意识的形成过程相当复杂，不同的制度有不同的大众意识，同一制度下也有地域差异，其表现形式也趋向多样化。而在社会形态单一的美国情况则要简单得多，加塞特以"法律面前人人平等"的观念为例，来考察欧洲与美国的差异，他得出的结论是："在欧洲，只有那些优异显赫的群体才会感到自己是自己的主宰……而在美国自 18 世纪以来这一直就被认为是理所当然的。"[2] 这种与生俱来的大众意识是美国民主的坚实基础。其形成过程具有清晰的脉络，它萌芽于清教时期，在革命时期被唤起，建国时期得到进一步发展，到杰克逊时期成形，并对美国政治产生了举足轻重的影响力。它的胜利是在与精英的斗争中所取得的，或者说是美国精英妥协的结果。精英与大众在美国并非是绝对的对立双方，他们之间也有融合，有时一方甚至能从对方阵营中找到自己的代言人，例如美国革命便是由精英领导，大众积极参与的结果，而杰斐逊、杰克逊等也在民众心中极具号召力。从纯粹意义上而言，精英与大众在美国已无法

---

[1] 〔美〕梅里亚姆著，朱曾汶译：《美国政治学说史》，商务印书馆 1988 年版，第 97 页。
[2] 〔西〕奥尔特加·加塞特著，刘训练 佟德志译：《大众的反叛》，吉林人民出版社 2004 年版，第 18 页。

分清彼此，但通过考察美国早期政治生活中精英与大众的交锋，我们可以大致找到美国政治的缩影及其民主的实质，无论主观意志如何，清教的民主，联邦主义者的民主，杰斐逊的民主，杰克逊的民主，这些都对大众政治的形成做出了贡献，它们也反映出以美国为代表的西方现代民主的趋势。

结　语

威廉·亨利在《为精英主义辩护》一书中指出，"民主与精英主义可以并存吗？答案是，在美国社会，两者已经兼容了。"[1]这是美国的现实，但它并非朝夕之得，而是一个长期的过程，期间历经了诸多的冲突、碰撞，甚至是反复，但是更多的是让步与继承。从亚当斯到到杰克逊的过渡也就是美国早期精英政治兴衰的过程，在此过程中民众也经历了从少数到多数，从劣势到优势的转变。这是一个此消彼长的过程，也是一个相互妥协的过程。当亚当斯、杰斐逊等传统精英们在政治上如日中天时，他们也并未忽视民众，而后者出于习俗等原因也自然地将精英们奉为理所当然的领导者；当民众的力量开始增大，对政治的渴望愈加强烈时，以杰克逊为代表的政治精英们也开始纷纷放下身段，修正政治主张，以迎合民众的诉求，直至成为其代言人。

在这个看似顺理成章的过程中也揭示出民众的存在和推动作用是政治精英不断让步的直接原因。例如，当亚当斯在为波士顿惨案中杀害殖民地民众的英国士兵辩护时，他将民众称为"乌合之众"，在他心中出现的大众形象也许是与"非理性"、"易冲动"、"盲目"、"无序"等联系在一起的。但是出于对民众的重视，亚当斯不断强调教育的重要性，他认为这是提高民众素质的最好途径。他重视民众在政治上的作用，一方面他认为，清楚、简洁而明智的政府是基于人的天性和理智，是人所共知的。另一方面，政府的成立是以民众的同意为前提的，如果

---

[1] 〔美〕威廉·亨利著，胡利平译：《为精英主义辩护》，译林出版社2000年版，第20页。

政府的行为违背了人民的正当意愿、信任以及利益的话，人民就有权废除他们让渡给政府的权力。在亚当斯看来，治者与被治者是平等的缔约双方，他们彼此不仅有维护和履行契约的义务，也应承担违约所带来的后果，任何一方都不能凌驾于契约之上，这种与清教契约神学密切相关的思想表明了亚当斯对民众一定的信任。因此，在独立战争期间，当亲英派将普通民众与暴民划上等号时，亚当斯毫不犹豫地对他们进行了驳斥。他认为，民众天性渴望自由，只要对其加以正确的引导就不会出现混乱。革命领导者的使命就在于激发民众的信心，使其认识到自身的伟大，然后明确人生而平等，国王就如同教会中的牧师一般，他们的权力由民众赋予。当权力被用于压迫时，人们有权将其收回并给予他人，或者干脆自己保留。亚当斯相信，经过开启的民智有能力去完成革命，实现追求自由的使命。值得指出的是，囿于时代和立场，亚当斯对民众有一定的界定。他认为，不是任何人都能参与革命，那些对事件缺乏理解力，行为受制于盲目与冲动的人并不是合格的革命者，只有经过认真学习了解形势，具备基本政治素养的人方能从事革命活动。这一点在他与潘恩的论战中可以得到体现，潘恩对民众有绝对的信任，他认为由民众组成的单一议会完全能够胜任立法的职责，无需国王或贵族的参与，他们的参与只会妨碍共和政体的运行。而亚当斯则对民众是否有能力参与政治事务并管理好国家，持怀疑态度。他认为，国家的稳定和繁荣并不能单纯依靠民众，应当让政治精英成为主要的国家治理者，同时鼓励具备一定政治素养的民众参与政治，只有充分发挥精英与民众之间的制衡，才能确保国家的长治久安。因此，在政治精英与民众之间谁更能胜任管理国家的职责问题上，亚当斯无疑是倾向前者的。

在对待民众态度上，亚当斯的继任者杰斐逊走了一条不同的道路，他为法国大革命中民众爆发出的巨大力量而欢呼，也公开支持国内的起义运动，认为这有助于政治制度保持活力。作为美国早期人才辈出的弗吉尼亚几个名门望族的代表人物，杰斐逊自小便深受民主思想的熏陶，对民众带有同情之心。虽然杰斐逊出身高贵，但他在生活中毫无颐指气使的做派,也一直与民众保持最近的距离。他对民众有着极大的热情,认为民众有足够的能力来判断是非。相反,他对贵族极其不信任,他认为美国的贵族是以门第和财富为基础的,这些人为的贵族是社会前进的绊脚石,必须以天然的贵族取代之。杰斐逊对民众表现的是积极、肯定的态度,当然,这种根植于弗吉尼亚殖民时期绅治政府的政治观念对民众有着严格的界定。他所指的民众属于弗吉尼亚传统农业社会,按照是否拥有土地作为判断标准。换言之,他对新兴的市民阶级并不信任,在谈及民主的时候,也没有打算将他们包括在内。杰斐逊也主张为民众提供必要的教育,使其具备参政的基本素质,在这一点上与其政坛夙敌亚当斯的观点不谋而合,即通过大力发展殖民地的教育,鼓励充分发挥个人美德,来造就品德高尚者。杰斐逊非常重视对民众灌输道德的基本原理,让他们在思维定势尚未形成之时就能接受相关的道德准则。这样,当民众逐渐成长时,这些准则便可以发挥作用,指导他们去追求高尚的人生目标。他认为民众是保证政府安全运作的源泉,所以必须提高他们的道德修养,使他们参与到整个政府的管理之中。但是,在教育问题上,他的出发点并非完全站在民众的角度,他不主张毫无标准地为所有民众提供普及教育,而是着眼于民众中的精英分子。民众中的人才要经过相当繁琐的程序才能崭露头角,又经过长期的磨练方可成为殖民地决策机构的一员。那么,经过层层选拔的人才,再经过严格的教育以及道德思想的灌输,他们的看法已经与普通民众的思想有了很大的不同。他们已不再是往日的普通平民,而是一批受到教化,有高尚思想的杰出人士,毫不夸张地说他们是弗吉尼亚绅士的代表,俨然成了政治精英,对殖民地的事务发挥着重要的影响。所以说,杰斐逊关于民众的概念带有很强的理想色彩,范围也较狭小,它排除了与农业社会理想无关的一切人士。但是与亚当斯公开宣称相比,杰斐逊则显得比较含蓄,容易让人产生错觉,只看到了他注重民众的一面,而忽视了其民主的实质。

当然,无论亚当斯和杰斐逊的具体措辞如何,一个不争的事实是脱离民众，空谈政治在当时已不合时宜。当时的美国正在经历大众的不断崛起，其队伍不断扩大，同质性不断加强，他们不再顺从、追随、尊重那些天然的精英，而是谋求取而代之。杰斐逊之后，随着美国领土的扩大，移民数量的增加，传统精英的地位摇摇欲坠，一些固守陈规的政治精英在此过程中逐渐失去了民众的支持。只有最贴近底层民众，行事风格更大众化的政治家才能成为青睐的对象。霍夫施塔特将这些人称为"领导大众的能人"、"投合群众情绪的人"。杰克逊就是其中典型的代表，他身上汇集了上层与中下层的许多特点：虽出身贫寒，但苦心经营渐至富甲一方，虽寄身行伍，但不忘报国，凭显赫战功赢得了大家的尊重。他的出现迎合了不断崛起的大众的诉求。到这个时候，美国的民主潮流已不可阻挡，民众参政意识大大加强，普选制，政党制等逐渐深入人心，成为政治生活的必需。而杰克逊独特的人格魅力也使他既赢得了城市工人阶级的支持，也获得了包括西部在内的大批新移民的支持，成为了包容所有利益的代表。在杰克逊的任期内，美国政治制度与以往相比发生了巨大的变化，最明显的就是总统开始真正成为政治的中心，由此伴随而来的诸如党内提名、分肥制、搁置否决权的使用、打压国会等在以往都是不可想象的。但是民众对这一切抱有支持态度，除了少数东部政治精英之外，几乎没有人担心国家会因此而陷入独裁、集权之中。这在二十年前，哪怕是十年前都不可能出现，即使出现也一定会引起轩然大波。这种让东部精英们始料未及的结果与其说是杰克逊的功劳，倒不如说是民众对政治精英们不满的表现。当然，杰克逊民主也不是全新类型的民主，它并没有与传统决裂，杰克逊在位时期的政治措施实际上是强化了他的前任的诸多政治主张。在自由市场经济、农业立国、小政府等他都与杰斐逊看法类似，只不过在实施中，杰克逊的手段显得激进一些。正是在融合了大众与精英双重色彩的民主思想下，美国的政治方向逐渐发生了转变。应该说杰克逊民主有着多方面的表现，但是其内涵却是惟一的，即将民众置于政治领域的中心位置，在一定范围内最大限度地发挥他们对政治的热情，这是传统精英在不断壮大的民众面前所作的让步，或者说是后者对前者的胜利。杰克逊所做的只是将自己塑造为民众的代言人，以区别于东部传统的政治精英，从他开始，美国政治精英们不得不放下架子重新审视他们的观点，开始重视民众的力量，在任何政治活动中都注意取得民众的支持。

总之，杰克逊的出现并非偶然，严格意义上而言，他也并非是精英阶层的叛逆，他身上体现了精英与大众的双重属性。传统的政治精英到杰克逊时代已步入末路，面对大众意识的兴起，他们只能是步步退却，直至退出政治舞台，这就是美国早期政坛的现实，也是历史发展的必然。从亚当斯到杰斐逊，再到杰克逊，整个过程清晰地展现了美国早期政治发展的道路和方向，政治精英与大众也在较量的过程中逐渐找到了各自的位置，彼此之间也确立了一定的共识，这些共识为美国民主政治的发展奠定了基础。

参考文献

1. Abernethy, Thomas P. *From Frontier to Plantation in Tennessee: A Study in Frontier Democracy*. Alabama: University of Alabama Press, 1967.
2. Aldrich, John Herbert, *Hamilton vs. Jefferson: the Rise of Political Parties*, Cobblestone Pub., 2008.
3. Adams, Charles Francis. ed., *The Works of John Adams*. Boston: Little, Brown and Co., 1856.
4. Adams, John. *The Revolutionary Writings of John Adams Selected and with a Foreword by C. Bradley Thompson*. Indianapolis: Liberty Fund, Inc, 2000.
5. Adams, John Quincy. *Writings of John Quincy Adams*. New York: The Macmillan, 1913.
6. Bailyn, Bernard. *The Ideological Origins of the American Revolution*. Cambridge: Harvard University Press, 1992.
7. Bassettl, John Spencer. ed. *Correspondence of Andrew Jackson*. 7 vols. Washington, DC: Carnegie Institution, 1926-1935.
8. Beard, Charles A. *An Economic Interpretation of the Constitution of the United States*. Dover publications, 2004.
9. Beard, Charles A. *Economic Origins of Jeffersonian Democracy*. New York: The Macmillan Company, 1915.
10. Beard, Charles A., Beard, Mary R. *The Rise of American Civilization*. New York: The Macmillan Company, 1927.
11. Beitzinger, A. J. *A History of American Political Thought*. New York:

Ibis Pub., 1986.

12. Borden, Morton. ed. *The Anti-federalist Papers, Michigan State University Press*, 1965.

13. Boyd, Julian. ed. *The Papers of Thomas Jefferson*. N.J.: Princeton University Press, 1950.

14. Butterfield, L. H. ed. *The Diary and Autobiography of John Adams*. Cambridge, Mass.: The Belknap Press of Harvard University Press, 1961.

15. Cigler, Allan J., Loomis, Burdett A. *American Politics: Classic and Contemporary Readings*. New Jersey: Houghton Mifflin Company, 1995.

16. Chinard, Gilbert. *Thomas Jefferson the Apostle of Americanism*. Boston: Little, Brown, and Co., 1929.

17. Clinton, Rossiter. *Conservation in America*. Mass: Harvard University Press, 1982.

18. Cole, Donald B. *The Presidency of Andrew Jackson*. Lawrence: University of Kansas Press, 1993.

19. Dumbauld, Edward. ed. *The Political Writings of Thomas Jefferson*. New York: The Bobbs-Merrill Company, 1955.

20. Ellis, Joseph J. *The Passionate Sage: The Character and Legacy of John Adams*. New York: W. W. Norton, 1994.

21. Ford, Henry Jones. *The Rise and Growth of American Politics*. New York: The Macmillan Company, 1898.

22. Frisch, Morton, Stevens, Richard. ed. *American Political Thought: the Philosophic Dimension of American Statesmanship*. New York: Kendall/Hunt Pub. Co., 1976.

23. Hofstadter, Richard. *The Idea of a Party System: the Rise of Legitimate Opposition in the United States, 1780-1840*. Berkeley: University of California Press, 1969.

24. Holton, Woody. *Abigail Adams*. New York: Free Press, 2009.

25. Holton, Woody. *Unruly Americans and the Origins of the Constitution.* New York: Hill and Wang, 2007.

26. Isaak, Robert. ed. *American Political Thinking: readings from the origins to the 21st century.* Peking University Press, 2004.

27. James, Marquis. *Andrew Jackson, Portrait of a President.* New York: Grosset & Dunlap, 1937.

28. Jefferson, Thomas. *The Works of Thomas Jefferson.* Federal Edition Vol. 11. 1904.

29. John, P. Roche. ed. *American Political Thought from Jefferson to Progressivism* New York: Harper & Row, 1967.

30. Johnson, Paul E. *The Early American Republic, 1789-1829.* New York: Oxford University Press, 2006.

31. Kaminski, John P., Leffler Richard, ed., *Federalists and Anti-federalists: The Debate Over the Ratification of the Constitution.* Madison House, 1989.

32. Ketcham, Ralph. *The Anti-Federalist Papers and the Constitutional Convention Debates.* Signet Classics, 2003.

33. Killikelly, Timothy. ed. *Readings in American Politics and Liberalism.* Dubuque, Iowa: Kendal Hunt Pub. Co., 2000.

34. Main, Jackson Turner. *The Anti-federalists: Critics of the Constitution, 1781-1788* New York: W.W. Norton, 1974.

35. Malone, Dumas. *Thomas Jefferson and His Time.* Boston: Little, Brown, 1948-1981.

36. Matthews, Richard K. *The Radical Politics of Thomas Jefferson: a Revisionist View.* Laurence, Kan: University Press of Kansas, 1984.

37. Meacham, Jon. *American Lion: Andrew Jackson in the White House.* New York: Random House, 2008.

38. Miller, John Chester, *The Federalist Era 1789-1801*, New York: Harper & Row, 1963.

39. Miller, Perry. *Errand into the Wilderness*. Harvard University Press, 1956.

40. Miller, Perry. *The New England Mind: From Colony to Province*. Harvard University Press, 1983.

41. Miller, Perry., Johnson, Thomas H. *The Puritans: A Sourcebook of Their Writings*. New York: Harper & Row Publishers, 1963.

42. Mintz, Stephen. *Moralists and Modernizers: America's Pre-Civil War Reformers*. Baltimore: Johns Hopkins University Press, 1995.

43. Morgan, Edmund S. *The Puritan Dilemma: the Story of John Winthrop*. Boston: Little, Brown and Company, 1958.

44. Nelson Jr., John. *Liberty and Property: Political Economy and Policymaking in the New Nation, 1789-1812*. Johns Hopkins University Press, 1987.

45. O'Brien, Conor Cruise. *The Long Affair: Thomas Jefferson and the French Revolution. 1785-1800*. Chicago: University of Chicago Press, 1996.

46. Peterson, Merrill, *Thomas Jefferson: A Profile*, New York: Hill and Wang 1967.

47. Remini, Robert V. *Andrew Jackson and the Course of American Democracy*. New York: Harper & Row, 1984.

48. Remini, Robert V. *Andrew Jackson and the Course of American Empire, 1767-1821*. New York: Harper & Row, 1977.

49. Remini, Robert V. *Andrew Jackson and the Course of American Freedom, 1822-1832*. NewYork: Harper & Row, 1981.

50. Reynolds, David S. *Waking Giant: America in the Age of Jackson*. New York: Harper, 2008.

51. Satz, Ronald N. *American Indian Policy in the Jacksonian Era*. Lincoln: University of Nebraska Press, 1975.

52. Schlesinger Jr., Arthur M. *The Age of Jackson*. Boston: Little, Brown and Company, 1945.

53. Sellers, Charles G. *The Market Revolution: Jacksonian America 1815-1846*. New York: Oxford University Press, 1991.

54. Wagner, Heather Lehr. *Great American Presidents: John Adams*. Philadelphia: Chelsea House Publishers, 2004.

55. Waldo, Samuel Putnam. *Memoirs of Andrew Jackson*. Hartford: J.& W. Russell, 1819.

56. Wallenfeldt, Jeff. ed. *The American Revolutionary War and the War of 1812*. New York: Britannica Educational Publishing, 2010.

57. Wilentz, Sean. *Andrew Jackson*. New York: Time Books, 2005.

58. Wilentz, Sean. *The Rise of American Democracy: Jefferson to Lincoln*. New York: W. W. Norton& Co., 2006.

59.〔美〕埃里克·方纳著，王希译：《美国自由的故事》，商务印书馆2005年版。

60.〔西〕奥尔特加·加塞特著，刘训练 佟德志译：《大众的反叛》，吉林人民出版社2004年版。

61.〔英〕边沁著，沈叔平译：《政府片论》，商务印书馆1995年版。

62.〔美〕查尔斯·爱德华·梅里亚姆著，朱曾汶译：《美国政治学说史》，商务印书馆1988年版。

63.〔美〕戴安娜·拉维奇编，陈凯等译：《美国读本》，国际文化出版公司2006年版。

64.〔美〕戴维·麦卡洛著，袁原、戴晓征译：《约翰·亚当斯》，中国社会出版社2003年版。

65.〔美〕丹尼尔·J.布尔斯廷著，时殷弘等译：《美国人：殖民地历程》，上海译文出版社1997年版。

66.〔美〕戈登·伍德著，傅国英译：《美国革命的激进主义》，北京大学出版社1997年版。

67.〔法〕古斯塔夫·勒庞著，冯克利译：《乌合之众——大众心理研究》，广西师范大学出版社2007年版。

68.〔美〕赫伯特·J.斯托林著,汪庆华译:《反联邦党人赞同什么》,北京大学出版社 2006 年版。

69.〔美〕加里·纳什著,刘德斌译:《美国人民——创建一个国家和一种社会》,北京大学出版社 2008 年版。

70.〔美〕加里·沃塞曼著,陆震纶等译:《美国政治基础》,中国社会科学出版社 1994 年版。

71.〔意〕加塔诺·莫斯卡著,贾鹤鹏译:《统治阶级》,译林出版社 2002 年版。

72.〔美〕吉贝尔·希纳尔著,王丽华等译:《杰斐逊评传》,中国社会科学出 1987 年版。

73.〔美〕理查德·霍夫施塔特著,崔永禄 王忠和译:《美国政治传统及其缔造者》,商务印书馆 1994 年版。

74.〔美〕理查德·霍夫施塔特著,俞敏洪 包凡一译:《改革时代:美国的新崛起》,河北人民出版社 1989 年版。

75.李道揆:《美国政府和美国政治》,商务印书馆 2004 年版。

76.李剑鸣:《美国历史上的社会运动与政府改革》天津教育出版社 1992 年版。

77.刘军宁 王焱编:《直接民主与间接民主》,生活·读书·新知三联书店 1998 年版。

78.刘祚昌:《杰斐逊传》,中国社会科学出版社 1990 年版。

79.〔美〕路易斯·哈茨著,张敏谦译:《美国的自由主义传统》,中国社会科学出版社 2003 年版。

80.〔德〕马科斯·韦伯著,彭强 黄晓京译:《新教伦理与资本主义精神》,陕西师范大学出版社 2002 年版。

81.〔法〕孟德斯鸠著,张雁深译:《论法的精神》,商务印书馆 1963 年版。

82.钱满素:《美国文明》,中国社会科学出版社 2001 年版。

83.钱满素主编:《美国文明读本》,中央编译出版社 2014 年版。

84. 钱满素：《美国自由主义的历史变迁》，三联书店 2006 年版。

85.〔美〕萨克凡·伯克维奇著，钱满素等译编：《惯于赞同——美国象征建构的转化》，上海译文出版社 2006 年版。

86.〔美〕斯蒂芬·斯科夫罗内克著，黄云等译：《总统政治》，新华出版社 2003 年版。

87.〔美〕斯坦利·恩格尔曼著，高德步等译：《剑桥美国经济史》，中国人民大学出版社 2008 年版。

88.〔法〕托克维尔著，董果良译：《论美国的民主》，商务印书馆 1995 年版。

89.〔美〕托马斯·杰斐逊著，朱曾汶译：《杰斐逊选集》，商务印书馆 2011 年版。

90.〔美〕托马斯·潘恩著，何实译：《常识》，华夏出版社 2004 年版。

91.〔美〕托马斯·潘恩著，马清槐等译：《潘恩选集》，商务印书馆 1982 年版。

92. 王希：《原则与妥协：美国宪法的精神与实践》，北京大学出版社 2000 年版。

93.〔意〕维尔弗雷多·帕累托著，刘北成译：《精英的兴衰》，上海人民出版社 2003 年版。

94.〔英〕威廉·葛德文著，何慕李译：《政治正义论》，商务印书馆 2006 年版。

95.〔美〕威廉·亨利著，胡利平译：《为精英主义辩护》，译林出版社 2000 年版。

96.〔美〕沃侬·路易·帕灵顿著，陈永国等译：《美国思想史》，吉林人民出版社 2002 年版。

97.〔美〕小阿瑟·施莱辛格主编，复旦大学国际政治系编译：《美国民主党史》，上海人民出版社 1977 年版。

98.〔美〕雅各布·尼德曼著，王聪译：《美国理想：一部文明的历史》，华夏出版社，2004 年版。

99. 〔希〕亚里士多德著，吴寿彭译：《政治学》，商务印书馆2006年版。

100. 〔美〕亚历山大·汉密尔顿等著，程逢如等译：《联邦党人文集》，商务印书馆1995年版。

101. 〔英〕约翰·洛克著，瞿菊农 叶启芳译：《政府论》，商务印书馆1982年版。

102. 〔英〕约翰·密尔著，汪暄译：《代议制政府》，商务印书馆1982年版。

103. 〔美〕约瑟夫·斯托里著，毛国权译：《美国宪法评注》，上海三联书店2006年版。

104. 张友伦，陆镜生，李青：《美国通史（第二卷）》，人民出版社2002年版。

105. 张定河：《美国政治制度的起源与演变》，中国社会科学出版社1998年版。

后　记

美国建国前后是其历史上一个十分重要的时期，许多立国理念和具体政治措施都在此时出现并成文，为以后的发展提供了依据和方向。所以考察这一时期的政治历史的发展和演变可以深刻地理解美国早期精英政治的兴衰，以及大众社会形成的原因。本书希望通过分析美国早期若干位有代表性的政治人物的政治思想和实践，详解这一过程的变化，尤其是代表性观点的碰撞与交锋，为理解美国早期政治思想的实质提供一些参考。

本书的成文基于本人的同名博士论文。众所周知，学术论文的撰写是一个漫长而艰辛的过程，对初涉美国文明领域的人而言尤其如此，不仅需要大量阅读相关文献资料，更重要的是进行批判性的思考，而非被动与盲从。如果偏听偏信就很容易误入歧途，被他人牵着鼻子走。譬如，亚当斯与潘恩，普莱斯与伯克，以及杰斐逊、小亚当斯、杰克逊等，他们无一不是口若悬河、能言善辩之士，其言论也是思维缜密、令人信服。但是在很多方面他们看起来却是针锋相对，水火不容的对立面。那么，在观点上该如何判断与取舍便成了研究者亟待解决的问题。实际上，如果将这些看似复杂，相互抵触的观点置于当时整个特定的时期中来考量的话，我们就会发现它们都是一个宏大叙事中的若干细小组成部分，互不相让但又并行不悖。正如一度如日中天的美国精英政治从兴盛走向衰败一样，这是一个水到渠成的结果，也是历史发展的必然。

在本书的撰写过程中，本人除了伏案苦读的劳累之外，更多的则是知识上的收获。在刚涉及美国文明研究之时，我有幸得到了许多美国研究领域的专家无私的指导，他们的谆谆教诲我至今依然历历在目，也坚定了从事研究的信心与决心。不知不觉过去了若干个年头，如今的我对美国研究，尤其是早期政治思想的研究有了一定的了解，头脑中原本模糊的认识也逐渐变得清晰起来。但是，就是在这种知识的积累中，我愈来愈发觉研究的领域宽广无边，而自己又是多么的浅陋，惶恐之感与日俱增。所幸在我前行的路上还有许多的前辈，他们渊博的学识、严谨的治学和宽厚的性格让我获益良多。

感谢我的导师钱满素研究员，她是那么的善良、和蔼，在与她的交往当中，我感受到的不仅仅是学术上的教导，更多的是为人处世之道。她是我学术上的引路人，我对美国文明的了解均是始于她的教导。我仍清楚地记得十几年前，她作为南师大特聘教授给我们授课时的情景。她的身体原本就不是很好，但每节课她总是细致入微地给我们讲解美国文明的知识，厚厚的讲义凝聚了她无限的心血，我们则发现原来还有如此引人入胜的研究领域，由此也产生了浓厚的学术兴趣。可以说，没有她的鼓励与帮助就没有本书的问世。另外，南京师范大学外国语学院美国文明研究所的同仁也给了我极大的帮助，本书中许多的观点和灵感都是在研究所不定期举行的研讨活动中形成的。这样一个团结友爱且志趣相投的队伍不仅为我的研究提供了便利，而且还有不断向前的动力。在本书的撰写期间，我还有幸进入解放军国际关系学院外国语言文学博士后流动站从事美国文明的博士后研究，合作导师王波教授给了我悉心的指导和亲切的关怀，我对此感激不尽。美国南卡罗来纳大学历史系教授伍迪·霍顿对本书的完成不仅提供了许多有益的建议，还邀请我去往该校访学，使我能够有机会接触到详实的第一手史料，在此表示感谢。我还要感谢我的家人：勤劳朴实的父母，知书达理的妻子、乖巧听话的儿子，他们都是我人生中的宝贵财富。我需要感谢的人还有许多，有南师大外院的领导和同事，也有自己的亲戚朋友，他们的支持和理解，是我学术研究的动力之源。

　　总之，路漫漫其修远兮，吾将上下而求索，学术的道路永远没有止境，我将全力投入到美国文明的研究中去，将它当做毕生追求的目标，无怨无悔。

索 引

A

爱德华兹，乔纳森（Edwards, Jonathan） 017，022

奥蒂斯，詹姆斯（Otis, James） 031，042，106

B

白兰，海斯特（Hester Prynne） 020

半约（Halfway Covenant） 017

鲍登，詹姆斯（Bowdoin, James） 051

贝林，伯纳德（Bailyn, Bernard） 003，034

比德尔，尼古拉斯（Biddle, Nicholas） 012，170

比尔德，查尔斯·A.（Charles A Beard） 165

"波士顿惨案"（Boston Massacre） 004，037，038-039，046，048，081，184

玻利瓦尔，西蒙（Bolivar, Simon） 151

伯克，埃德蒙（Burke, Edmund） 017，129-130，135-141，143，194，197

伯克维奇，萨克凡（Bercovitch, Sacvan） 017，194

布尔斯廷，丹尼尔（Boorstin, Daniel J.） 002，018-019，024，086-089，098，098，101-103，193

布莱克斯通，威廉（Blackstone, William） 031

《布伦特里给其代表的指令》（Instructions of the Town of Braintree to Their Representative） 033，036

C

《常识》(Common Sense) 043-046, 048, 127, 130, 137-139, 143, 195

D

达纳,弗朗西斯 (Dana, Francis) 072

"大觉醒"(Great Awakening) 003, 017, 022

杜尔哥 (Turgot) 056-057, 059-060, 065

《对法国革命的反思》(Reflections on the Revolution in France) 129, 136

《对政府的思考》(Thoughts on Government) 031, 046, 048, 051, 053, 173

多纳尔森,蕾切尔 (Donelson, Rachel) 169

E

恩格尔曼,斯坦利·L. (Engerman, Stanley L.) 026-027, 157, 195

F

《法国革命起源和进展的历史观和道德观》(Historical and Moral View of the Origin and Progress of the French Revolution) 135

方纳,埃里克 (Foner, Eric) 002, 080, 164-165, 193

《弗吉尼亚笔记》(Notes on the State of Virginia) 093, 099, 104

弗吉尼亚决议案 (Virginia Resolution) 006

《弗吉尼亚宗教自由法案》(A Bill for Establishing Religious Freedom) 101

G

戈德温,威廉 (Godwin, William) 130

格莱德利,杰雷米亚 (Grady, Jeremiah) 031

格里,埃尔布雷奇 (Gerry, Elbridge) 072-073, 080

《关于进一步普及知识的法案》(Bill for the More Diffusion of Knowledge)
117

H

哈钦森，安妮 (Hutchinson, Anne Marbury)　018，020

汉密尔顿，亚历山大 (Hamilton, Alexander)　004-005，007-008，016，028，031，050，058，063，068-069，076，078-080，083，090，119-120，124，126，147，166，195

合众国银行 (Bank of the United States)　011-012，159，170，181

《红字》(The Scarlet Letter)　020

胡珀，威廉 (William Hooper)　046

胡珀，约翰 (Hooper, John)　020

霍夫施塔特，理查德 (Hofstadter, Richard)　011-012，084，089，091，096，100，155-156，161，169，172，176，187，194

霍桑，纳撒尼尔 (Hawthorne, Nathaniel)　020

J

《基督仁爱之典范》(A Model of Christian Charity)　018

继承制 (Primogeniture)　007，090

加勒廷，阿尔伯 (Gallatin, Albert)　120

加塞特，奥尔特加 (Gasset, Ortega Y.)　014，182，193

杰斐逊，托马斯 (Jefferson, Thomas)　006-013，016，027-029，031，050，055，062，065-067，069-072，076-101，103-122，124-125，128-129，135-136，140，143-151,，154-155，157，159，161，164，168-174，176-180，182，183-188，194-195，197

杰克逊，安德鲁 (Jackson, Andrew)　010-013，016，027，084，090，150，152-153，154-155，157-164，166，168-184，188-188，197

杰伊，约翰 (Jay, John)　005，058，067-068，070-071，077

《杰伊条约》(Jay Treaty)　067-068，070-071

科尔文，约翰 (Colvin, John)　120

科克，爱德华 (Coke, Edward)　031

克莱，亨利 (Clay, Henry)　012，153，159，170

克劳福德，威廉 (Crawford, William Harris)　153

客籍法和反颠覆法 (The Alien and Sedition Acts)　006

肯塔基决议案 (Kentucky Resolution)　006

L

拉什，本杰明 (Rush, Benjamin)　028，045

李，理查德·亨利 (Lee, Richard Henry)　041，106

伦道夫，约翰 (Randolph, John)　121

《论达维拉》(Discourses on Davila)　131-132，134-135

《论教规和封建法》(A Dissertation on the Canon and Feudal Law)　004，031-033，038-039

M

马彻特，亨利 (Marchant, Henry)　128

《马萨诸塞州宪法》(Massachusetts Constitution)　051-053，056，061

马歇尔，约翰 (Marshall, John)　073，081，101，173-174，181

麦迪逊，詹姆斯 (Madison, James)　005-006，009，028，077，101，103，105-106，110-112，114，116，121，143，145，147，150-151，156，161，170，171，177

麦卡洛，戴维 (McCullough, David)　029-030，038，055，066，068-069，082，126，128-129，140，145-147，193

梅里亚姆，查尔斯·爱德华 (Merriam, Charles E.)　019，022，124，159，167，169，172，177，181-182，193

《美国革命重要性及其对世界的益处》(Observations on the Importance of

the American Revolution: And the Means of Making it a Benefit to the World)　057

梅森，乔治（Mason, George）　115

门罗，詹姆斯（Monroe, James）　009-010，088，121，150-153，156，161

孟德斯鸠（Montesquieu）　007，041，046-047，090，194

"密苏里妥协"（Missouri Compromise）　010

莫斯卡，加塔诺（Mosca, Gaetano）　014，194

N

诺克斯，亨利（Knox, Henry）　070-072

诺克斯，约翰（Knox, John）　020

"诺万格鲁斯"（Novanglus）　040

P

"帕布里科拉"（Publicola）　140，143-145，154

帕累托，维尔弗雷多（Pareto, Vilfredo）　015-016，195

帕灵顿，沃侬·路易（Parrington, Vernon Louis）　022，029，049，156，195

潘恩，托马斯（Paine, Thomas）　138-146，149，154，173，185，195，197

培根，弗朗西斯（Bacon, Francis）　031

平克尼，查尔斯（Pinckney, Charles）　069-070，072-073，106

Q

契约奴（indentured servant）　026，027

《人权论》（Rights of Man）　136，138-140，143，154

S

史密斯，威廉·斯蒂芬斯（Smith, William Stephens）　110-111，125

斯科夫罗内克，斯蒂芬（Skowronek, Stephen） 090

斯托克顿，理查德 (Stockton, Richard) 028

斯托林，赫伯特·J. (Storing, Hebert J.) 005-006，193

斯托达德，所罗门 (Stoddard, Solomon) 017

T

塔列朗 (Talleyrand) 073，077，078

泰勒，约翰 (Tyler, John) 061-067

廷代尔，威廉 (Tyndale, William) 020

托克维尔，阿列克西·德 (Tocqueville, Alexi de) 013，023，161-164，167，178，195

W

威布，内森 (Webb, Nathan) 049

威廉斯，罗杰 (Williams, Roger) 018，020

《为美国宪法辩护》(A Defense of the Constitutions of Government of the United States of American) 031，056-057，061，126

《为男性权力辩护》(A Vindication of the Rights of Men) 130

温斯罗普，约翰 (Winthrop, John) 022，018-022，030

沃斯通克拉夫特，玛丽 (Wollstonecraft, Mary) 129，135

《五月花号公约》(Mayflower Compact) 017

伍德，戈登（Wood, Gordon） 024-026，193

限定嗣续权 (Entail) 007，090-091

肖特，威廉 (Short, William) 135-136

谢司，丹尼尔 (Shays, Daniel) 054-055，110-112，115，124-125，128，135

亚当斯，塞缪尔 (Adams, Samuel) 030-034，036-042

亚当斯，约翰 (Adams, John) 004，006-009，014，016，025，027-029，043-063，065-082，084-085，090-091，095，101，106，108，110，

114，116-118，121-122，124-136，140，142-152

亚当斯，约翰·昆西 (Adams, John Quincy) 010-012，153-156，158，160-162，164，166，168，170，171-177，179，184-186，188，193，197

《英属美利坚权利概观》(A Summary View of the Rights of British America) 092

《致马萨诸塞海湾殖民地居民》(Addressed to the Inhabitants of the Colony of Massachusetts Bay) 040